풍경의 생산, 풍경의 해방

FUKEI NO SEISAN · FUKEI NO KAIHOU – MEDIA NO ARUKEOLOGI
by Kenji Sato

사토 겐지 지음 ― 정인선 옮김

풍경의 생산, 풍경의 해방

미디어의 고고학

현실문화

| 차례 |

일러두기

1. 이 책은 佐藤健二, 『風景の生産·風景の解放 メディアのアルケオロジー』, 講談社, 1994를 옮긴 것이다.
2. 본문의 각주는 모두 옮긴이의 것이며, 지은이 주는 미주로 달았다.
3. 외국 인명, 지명 등의 표기는 국립국어원 외래어표기법을 원칙으로 하되, 국내에서 널리 사용되는 것은 관행을 따르기도 했다.

풍경이라는 텍스트—역사사회학의 시선

첫 페이지를 펼친 이들에게 이 책과 관련된 몇 개의 키워드를 던져보고자 한다. 키워드 중 하나는 '풍경'이다. 이 키워드는 '텍스트', '미디어'라는 다른 키워드와 단단하게 연결되어 그 의미가 확장될 수 있다. 역사적으로는 풍경이라는 개념 자체가 새로운 것을 보는 방법을 의미했다. '원근법'이라는 문법이 그러한 것처럼 풍경은 근대라는 이름을 가진 시대에 태어났다. 풍경은 텍스트의 누적으로, 사람들의 경험이 공유되고 그것들이 쌓이면서 만들어지는 것이다. 가라타니 고진柄谷行人의 『일본 근대문학의 기원日本近代文学の起源』(고단샤, 1980, 『일본근대문학의 기원』, 박유하 옮김, 비(b), 2010)에는 '풍경의 발견'이라는 표현이 나오며, 야나기타 구니오柳田國男의 『콩의 잎과 태양豆の葉と太陽』(소겐샤, 1941)에는 '풍경의 성장'이라는 표현이 있다. 이 표현들이 암시하는 것처럼 발견은 그 자체로 이미 그 나름의 역사적 축적을 갖는다. 이와 동시에 발견은 텍스트를 읽고자 하는 이들의 성장을 예고하는 것이기도 하다.

한편, 주체로부터 풍경을 떼어놓기 위해서는 거리가 필요하다. 혹은 어떤 대상을 틀에 넣고 보는 방법/보이는 방법을 전도시키기 위해서는 거리가 필요하다. 텍스트는 그렇게 주체와 대상의 사이에

있다. 주체라 할 수 있는 우리는 그 사이를 채우고 있는 무언가를 발견하거나 아니면 물끄러미 바라보며 세세히 관찰한다. 그때에 나타나는 표상에 붙여지는 이름이 텍스트이다. 독서도 이와 비슷하다. 서적은 응시의 대상으로 존립하고, 바라보는 이들은 주체로서 두드러진다. 『독서 공간의 근대讀書空間の近代』(고분도, 1987)라는 저서에서 나는 복제된 흔적(문자)이 표상을 담당하면서, 서적이라는 텍스트의 중층과 독자라는 주체의 능력을 양단에서 역동적으로 만들어낸다는 점에 천착했다. 그 틀을 원용한다면 풍경 또한 공간에 새겨진 텍스트가 된다. 풍경은 인간의 실천의 흔적에 의해 짜인, 인간 실천을 포용하는 거대한 한 권의 책이다.

풍경의 생산에 대한 아르케(기원)를 찾다 보면 미디어에 대한 물음이 불가피하게 피어오른다. 보는 것과 보이는 것 사이에 일정한 거리를 만들어낸 것은 무엇일까. 거리라고 하는 말은 사실 위험하다. 일본에서 거리라는 말은 멀다는 것을 의미하게 되었기 때문이다. 얼굴을 맞대는 감각이 중요시되는 곳에서 관계가 멀고 뜸한 소원疎遠은 비난할 만한 사태로 여겨지기 십상이었다. 그러나 거리란 관계의 형태이다. 거리는 공간이라는 말과 가장 가깝다. '미디어'는 주체와 거리 사이의 관계를 역동적으로 파악하기 위해 필요한 하나의 키워드이다.

질문을 통해 다시 시작해보자. 사진이라는 새로운 시각 경험은 우리의 인식에 어떠한 균열을 만들어냈는가. 대략 스케치한 다음 표로 분류하는 행위는 우리에게 어떠한 새로운 독해력을 전해주었는가. 열차의 네모난 창에 잘려 스쳐 지나가는 광경은 그 자체로 과거에는 느낄 수 없던 역동적 경험이 되지 않았을까. 또한 이미 잡지에서 본 적 있는 소문난 그 장소는 여행에서 어떠한 감동으로 다가올까. 풍경이라는 말 속에서 우리는 이처럼 미디어가 조직한 경험을 읽어낼 수 있다. 풍경에 대한 담론 그 자체가 풍경이라는 개념과 그것을 물들이는 여러 텍스트를 만들어내는 시대의 장치였다.

거기다 그 담론은 인쇄라는 복제 기술하에 책의 형태로 사람들에게 다가갔다. 이러한 기세를 제목으로 담은 최초의 책은 시가 시게타카志賀重昂의 『일본 풍경론日本風景論』일 것이다. 이 책은 지리학이라는 새로운 과학이 만들어낸 독해력을 가지고 명승지를 기운찬 한문체로 새롭게 써 내려갔다. 이 책을 관통하는 미의식의 내셔널리즘이라고도 할 법한 전환이야말로 『일본 풍경론』이 인기를 얻고 독자들이 이 책을 반긴 이유였다. 이 책은 제목 그대로 '일본 풍경'에 대한 글이다. 화산과 기후를 논하는 시선과 계절어·세시기*의 형태로 제도화해가는 문예가 합쳐져 일본의 풍경을 그리는 하나의 스타일이 되었다. 그 전통은 우에하라 게이지上原敬二의 『일본 풍경미론日本風景美論』 등에서 더욱 짙어졌다.

그러나 이러한 스타일의 풍경론은 대부분 생활 면에서의 해석을 놓치고 있었다. 이를 재빠르게 지적한 것은 제4장에서 논하게

---

* 계절어는 기고(季語)라고 하며, 계절을 나타내는 단어들로 하이쿠 등의 일본 문예에서 흔히 볼 수 있다. 세시기(歲時記)는 연중행사를 기록한 책을 말한다.

될 야나기타 구니오였다. 가쓰하라 후미오勝原文夫 또한 이러한 결락에 주목했다. 그의 책『농사의 미학農の美学』(론소샤, 1979)은 정주자가 바라보는 생활적 풍경과 여행자가 바라보는 탐승적 풍경을 제시하고 있다. 이 책의 부제를 '일본 풍경론 서설日本風景論序説'로 단 이유는, 가쓰하라의 책이 등산이라는 취미에 주목하고 있는 시가와는 그 입장이 다르다는 것을 자각했기 때문일 터이다. 가쓰하라의 지적을 받아들인 가토 노리히로加藤典洋의『일본 풍경론日本風景論』(고단샤, 1990)은 역사성을 내포하면서 '제3의 풍경'이라고도 이름 붙일 수 있는 장소의 발견을 테마로 하고 있다. 가토는 이 책에서 여행자의 '시선'과 생활하는 '신체'가 어긋남을 보여주고 있다. 또 이러한 어긋남 자체가 풍경으로서, 표상으로서, 텍스트로서 문제시되고 있음을 지적한다.

미디어 문화의 분석에서 빼놓을 수 없는 복제 기술에 대해 자각하면서 풍경을 논하기 시작한 것은 최근의 일이다. 1970년대의 영화 평론가들이 풍경 안의 권력 문제를 제기했을 때 비로소 문제시되기 시작했다고 볼 수 있다. 그러나 당시 이 논의는 매우 이념적인 것에 그치고 말았으며, 1980년대에 사진의 사회사에 대해 주목하기 시작하면서 풍경을 텍스트의 누적으로 읽는 방법이 조금씩 발전해나갔다. 그리고 지금 우리는 풍경을 둘러싸고 있는 수많은 미디어에 대해 논해야 할 필요성과 마주하고 있다.

밝혀내기 어려운 또 하나의 키워드군은 '감각'과 '사회조사' 그리고 우리의 '근대'이다. 부언하자면, 여기서 말하는 '사회조사'는 학문의 방법을 말한다. 어쩌면 사회 인식을 위한 상상력이라고 말하는 쪽이 의도하는 바를 더 잘 포괄할지도 모르겠다.

예전에 『사회학 사전社會學事典』 중 '관찰'이라는 항목에 대한 집필을 부탁받고 크게 고심한 적이 있다. 생시몽Henri de Saint-Simon이나 오귀스트 콩트Auguste Comte 시절부터 관찰이란 사회학의 실증성의 원점이 되는 방법이었다. 이러한 측면 때문에 관찰이라는 것은 많은 설명이 필요하지만 또 한편으로는 아주 추상적이기도 해서 그 정의를 내리기가 여간 어려운 것이 아니었다. 그렇다고 해도 개념을 처음부터 재검토할 시간적 여유는 없었기 때문에, 우선은 관찰이라는 것이 사회학 초창기의 사상가들이 당시 융성했던 자연과학을 의식하여 도입한 아이디어라는 점과 우리 현대인의 일상생활에 있어 '보는 것'의 기본 성격이라는 두 가지 측면을 염두에 두면서, 정해진 글자 수에 맞추어 일단 정리했다.

사전이 발간되고 얼마간 시간이 흐른 후, 사회조사에 관심이 있다는 연구자로부터 편지를 받게 되었다. 이 편지에는 나의 설명이 너무 시각에만 치우친 설명이지 않느냐 하는 비판이 담겨 있었다. 이 연구자는 사회적 관찰이라는 것에는 시각 이외의 감각 또한 필요하다는 취지의 문제 제기를 했던 것이다. 그 편지를 다시 읽어보면서, 내가 용어를 안이하게 사용하고 부사어를 오용해 의미가 불명료해졌음을 알게 되었다. '보는 것'을 통해 알아가는 과정을 강조하려던 것이 '시각을 통해'라고 표현하는 바람에 미묘하게 의미가 달라지고 말았던 것이다. 보는 것에서 시작하는 것이 아니고 시각만을 사용해 대상을 알게 된다고 오해하는 것도 무리가 아니었다. 그에 대한 반성과 함께 관찰이라는 용어를 여기에서 재정의해보고자 한다.

'관찰'이란 "넓게는 생시몽이 논한 것처럼 실증적인 사회조사 연구의 모든 것을 관통하는 기초적 방법으로 사용되지만, 아주 좁게는 보는 것을 통해 현상을 직접 파악하고 기술하고 분석을 구축해가는 방법을 의미한다." 이 정의의 후반부는 이 책에서 논하는 풍경의 독해라는 작업과 이어지는 것이다.

이 부분과 관련하여 나는 세 가지 측면을 염두에 두고 있다. 첫째로 '감각'의 주체성이다. 오늘날 획일화된 '앙케트 조사'가 범람하고 있다. 이러한 조사법은 고약하게 따지고 물어서 반응을 수집하고 이 신뢰할 수 없는 반응들을 픽션화하는 식으로 이루어진다. 어쩌면 이런 것들이 사회학을 진부한 것으로 만드는 함정이 아닐까 한다. 보는 것에서 시작하는 프로세스는 좀 더 다양한 분석을 가능하게 하지 않을까. 생각이란 여기에서부터 시작된다는, 이 기본 중의 기본을 강조하고 싶다. 보는 것에 내재해 있는 거리 또한 관계의 한 형태이다. '눈에 띈다'는 것은 평범한 대상과의 일정한 근접성을 필요로 한다. 어쩌면 소리도 채집할 수 있을지 모른다. 현상을 피부 감각으로 기술할 수 있을지도 모른다. 나아가 떨어져 있기 때문에 '응시'라는 형태의 집중도 생겨난다. 보는 것을 통한다는 것은 그러므로 조사자의 몸짓, 실천을 의미한다. 이 의미를 생각하면 보는 것은 결코 단순한 과정이 아니다. 이 부분에 대한 관심은 고현학考現学에 대한 평가(제2장)와 연결되어 있다.

둘째, '감각'의 역사성이다. 이는 시각이라는 용어를 안일하게 사용하여 빚어진 실패의 경험과도 깊게 관련되어 있다. 현대를 살아가는 우리는 오감을 병렬적으로 생각한다. 따로따로 떨어져 있는 능력인 것처럼 이미지화하고 있는 것이다. 그러나 이 책에서 논하고 있는 것처럼(제5장), 시각이 단독으로 작동하고 있는 듯이 상상하는 것 그 자체가 사실 현대 미디어 기술의 경험을 전제로 한 것이다. 사진을 비롯하여 기록과 서술에 필요한 기술의 발달이 시각을 감각의 복합체로부터 분리했을 가능성이 있다. 이 가능성을 포함하여 우리가 '감각'이라는 말로 얼버무려왔던 부분을 제대로 따져보지 않으면 관찰에 대한 설명은 결국 개념적인 것에 그칠 수 있다. '그림엽서'라는 물건 그 자체에 가능한 한 구체적으로 다가가려 한 것(제1장)도 이러한 생각의 연장이라고 할 수 있을 것이다.

셋째, 데이터를 만들어내는 과정은 더욱 인식을 가지고 이루어져야 한다는 점을 들고 싶다. 데이터란 어떠한 형태로 도려내진 것이며 관찰이란 이를 도려내는 실천 행위이다. 게다가 이는 막연히 여겨지는 것처럼 1차적인 조사에만 한정되는 실천이 아니다. 이 실천 행위는 표상으로서의 데이터를 처리·분석하여 구성해가는 과정 전체와 연결되어 있다. 그래야만 채집자를 넘어선 2차적 이용과 분석이 가능해진다. 단편적인 것에 그칠 수 있는 조사나 관찰에 대해 당사자만 가질 수 있는 확신을 넘어서는 기초가 만들어지는 것이다.

1970년대 이후 일본의 사회조사론은 이러한 기본적인 문제를 점차 묻지 않게 되었다. 이는 사회조사가 제도화되면서 나타나기 시작한 우리 내부의 자폐는 아니었을까. 우리는 풍경을 어떻게 해석할 것인가. 이 질문은 사회조사론의 서론과 이어진다.

언제나 서문은 집필의 마지막에 작성되는 탓에 본문의 범위를 넘어 너무 멀리까지 가버린 것 같다. 어서 마지막 키워드를 던지고 싶다. 여행은 조사의 원형이며 독서의 발전 형태이다. 또한 여행하며 관찰하는 신체에 작용하는 우리의 '근대'야말로 이 책에 엮어 올린 형형색색의 실을 뽑아내는 기계장치라는 환영의 누에이다. 근대는 독서 공간에 대해 고찰했던 지난 저서와 마찬가지로 이 작은 역사사회학적 고찰을 관통하는 고집스러운 키워드이다.

이노세 나오키猪瀬直樹의 정성스러운 해설을 덧붙여 복각한 시가의 『일본 풍경론日本風景論』(이즈카 쇼방, 1979)을 보면, 그가 이 책에서 사진을 전혀 이용하지 않았다는 것을 알 수 있다. 메이쇼즈에名所図会*와 같은 시선의 연장선상에 있는 삽화 정도만 있을 뿐이다. 거기에 서명되어 있는 세코樋畑雪湖(히바타 세코)라는 글자는 그림엽서 발행 역사에서 잊을 수 없는 인물을 가리킨다. 이들의 우연한 동거는 서적을 여행하는 경험에 있어 삽화가 갖는 힘과 세계를 읽는 경험에 있어 그림엽서가 갖는 위상을 비교하듯 암시하고 있다.

자신의 신체에 작용하는 것을 신체로부터 떼어내 그 모양을

---

* 명승지의 풍광 및 역사, 여행 정보 등에 풍경화를 삽입한 통속지.

그려내는 것은 쉽지 않다. 그렇기 때문에 내 자신의 논지의 기초가 된 자료에 대해 어느 때보다 분명하게 얘기하려고 노력을 기울였다. 그 탓에 주註가 많아졌는데, 간결하면서도 효과적인 책을 만들려고 했던 편집부에게는 그것이 거슬렸을지도 모르겠다. 그러나 짜올린 것이 마음에 들지 않는 방향으로 나아갈 때 실을 풀어 다시 고칠 수 있는 편리함은 독자의 비판력을 위해 필요하다고 믿고 있다. 그러한 비판력의 보증 위에서 성립하는 지식 공간이야말로, 우리가 바라는 근대의 잊어서는 안 되는 특질 중 하나이기 때문이다.

제1장

그림엽서 메모
: 미디어의 고고학

메이지의 《포커스》

그것은 하나의 발견이었다. 여행지에서 지인에게 엽서를 보낸 경험은 누구에게나 있을 것이다. 잘 지내요? 저는 지금 어디에 와 있어요. 이곳은 참 신기하고 재미있는 것이 많아요, 하며 안부도 전할 겸 인사를 건넨다. '그림엽서'라는 것은 이처럼 우리에게 늘 풍경을 담은 우편으로 여겨졌다.

그러나 언젠가 어느 연구자가 수집해놓은 '그림엽서'들을 보고 나는 깜짝 놀랐다. 그 집에서 본 그림엽서는 흔하디흔한 산수풍경을 보여주는 것이 아니었다. 어떤 시대의 그림엽서는 보도사진이라고 해도 무색할 정도로 사건과 재해의 '참상'을 담고 있었다.

예를 들어, 이 그림엽서는 수해 현장을 보여준다. 〈가메이도˙ 마을의 옥상 생활龜井戸町屋上生活〉은 〈메이지 43년 8월 대홍수 참상 明治四十年八月大洪水惨状〉이라고 이름 붙인 그림엽서 세트 중 한 장이다.

˙ 가메이도는 도쿄도의 동쪽 고토구에 위치한 지역으로 현재는 가메이도(亀戸)라고 표기한다. 스미다가와(隅田川)와 아라카와가 흐르며 도쿄만과도 접해 있다.

〈가메이도 마을의 옥상 생활〉, 그림엽서

1910년 여름, 일본을 덮친 태풍으로 수도 도쿄의 강 주변 동네들이 침수되었다. 기록에 따르면, 당시 침수 가옥은 시, 군부 합쳐 약 18만 5600채, 사망자는 27명에 달했다.[1] 분명 심상치 않은 풍경이다. 재해민들은 지붕 바로 아래까지 들어찬 물을 피해 가재도구를 있는 대로 지붕 위에 올려놓았다.

　다음 그림엽서도 마찬가지로 수해 장면을 담고 있다. 당시 그림엽서는 통상 몇 장을 세트로 하여[2] 봉투에 담아 판매되었는데, 봉투에는 전체 세트 제목이 새겨져 있고 낱장에도 세트 전체 제목이 함께 인쇄되어 있는 경우가 많았다. 괄호 안의 제목 〈텐메이* 이래

· 　에도 시대의 일본 연호 중 하나로 1781년에서 1788년까지 사용되었다.

〈도쿄 대홍수(1910년 8월)〉, 그림엽서

125년 만인 메이지 43년 8월 도쿄 대홍수天明以来百廿五年目之明治四拾三年八月東京大洪水〉가 전체 제목에 해당한다. 그 위에 조그맣게 "Scenes of the floods in Tokyo"라는 영문 표기가 있고, 물에 잠긴 채 아사쿠사 공원 근처를 지나가는 피난민들의 모습이 담겨 있다. 대부분의 남성들이 파나마모자라고 할 수 있는 외출용 여름 모자를 쓰고 있는 것이 눈에 띈다. 아마도 태풍이 물러가고 청명한 하늘이 열린 후, 사람들이 저마다 활동을 재개한 때의 모습인 듯하다.

　〈가메이도 마을의 옥상 생활〉 엽서에도 지붕에 펼쳐놓은 가재도구들 위로 이불이고 옷가지 등을 널어 말리기 시작한 모습이 보인다. 물이 빠지기를 기다리던 소년들이 모여 있는 모습도 사진 왼쪽 상단에서 볼 수 있다. 어딘지 모르게 이 소년들은 대홍수와 태풍으로 들떠 있는 것처럼 보인다. 아라카와荒川*의 방수로가 만들어지기 전이라 메이지기는 물에 대한 통제력이 매우 취약했고 그 때문에 홍수는 사실 도쿄의 여름 연중행사와 같았다.

사체도 그림엽서의 소재가 되었다. 1923년 9월, 관동대지진 무렵 발행된 엽서는 그 유명한 예이다. 세간에 나왔을 당시에는 발매 금지였기 때문에 이후 이러한 종류의 그림엽서에는 오히려 프리미엄이 붙기도 했다. 그 외에도 반다이산磐梯山**의 폭발 참상을 메이지기 말에 다시 펴낸 그림엽서에는 나무를 끌어안고 죽은 사체의 모습을 볼 수 있고,³ 전쟁 풍경을 찍은 엽서들 중에는 학살이라 생각되는 것도 한 장 있었던 걸로 기억한다. 언제부터인지는 모르겠지만 사체 사진을 인쇄물로 공표하는 것이 일본에서는 암묵적으로 금기시되고 있었는데, 이 금기를 깬 것이 1981년 10월에 창간된 사진 잡지《포커스FOCUS》***였다. 이 잡지는 창간 이후 사람들 사이에 사체를 들여다보는 감성을 범람하게 만드는 역할을 했다고 할 수 있다. 그러나 사실 거슬러 올라가보면, 70년 전에도 이러한 시선은 그림엽서의 형태로 이미 존재하고 있었다.

---

* 사이타마현에서 도쿄도를 흘러 도쿄만으로 이어지는 하천이다. 아라카와의 방수로는 본문에서 언급한 메이지 43년(1910년)의 대홍수 이후 정부가 근본적인 수해 대책을 세워 1913년 방수로 공사에 착공했다.

** 후쿠시마현에 위치한 활화산. 1888년의 분화로 인해 477명의 사망자가 발생했다.

*** 일본의 출판사 신조사가 발행한 사진 주간지로, 일본의 사진 주간지 붐을 불러왔다. 살인범의 얼굴이나 유명인 장례식장의 사체 사진 등을 실어 많은 논란을 불러일으켰으며,《포커스》의 성공으로 인해 유사 잡지가 대거 양산된다.《포커스》는 2001년에 휴간했다.

〈혼조(本所) 피복창, 조난자들의 유골〉, 그림엽서

　　러일전쟁 무렵 이토 긴게쓰伊藤銀月는 그의 에세이 「그림엽서에
관해絵ハガキに就いて」에서 사진 잡지의 속성이라 할 법한 것을 일찌감
치 다룬 바 있다. 예를 들어 그는 연극이 시작되면 곧바로 사진엽
서를 만들어 거기에 자기의 감상을 적고, 마치 신문 호외처럼 아직
연극을 보지 않은 이들에게 이를 재빠르게 보내는 풍습을 만들고
자 했다. 또, 관심이 집중되는 스모 시합이 있을 때에는 승부가 결
정되는 순간을 사진으로 찍어 관람객들이 돌아가기 전에 판매할
것을 제안하고 있다. "사진 기술과 인쇄 기술을 최대한 이용하면 세
상의 여러 가지 놀랍고도 아슬아슬한 순간들을 찍어 그것을 그림
엽서로 만들어내고, 또 그것이 날개라도 달린 양 전국 방방곡곡,
어쩌면 외국까지도 날아갈 수 있도록"[4] 하는 것도 어려운 일은 아

니었다. 그것이 그림엽서의 특성을 잘 살린 최상의 방법이기도 하고, 이런 면에 눈을 뜬 업자가 더 큰 성공을 거둘 것이라고 그는 적고 있다.

사실 메이지의 그림엽서에는 오늘날의 감각으로는 생각하기 어려운 신속함이 있었던 것 같다. "사회에 갑작스러운 일이 일어날 때, 예를 들어 황후 암살이 있었다고 하면 한 시간 정도면 신바시, 교바시, 니혼바시 등지에서 이미 목청 높여 그 그림엽서를 팔고 있다."[5] 이 서술은 문맥상 독일의 그림엽서 업계가 얼마나 재빨랐는지를 알려주기 위한 것이지만, 일본에서도 발행 속도를 두고 경쟁을 벌이는 감각은 존재하고 있었다.[6]

이처럼 그림엽서가 메이지의《포커스》혹은《프라이데이》*라고 부를 수 있는 인쇄물이었다는 점은 놀랍다. 세로 9센티미터 가로 14센티미터의 작은 화면은 그저 틀에 박힌 풍경을 전달하는 유포자가 아니었던 것이다.

---

* 일본의 출판사 고단샤가 매주 금요일 발매하는 사진 주간지로 1984년 창간되었다. 유명인들의 사생활을 몰래 촬영하는 방식의 취재로 악명 높으며, 1986년에는《프라이데이》에 의해 사생활 침해를 당한 기타노 다케시가 새벽에 편집부를 쳐들어간 '프라이데이 습격 사건'이 벌어지기도 했다.《포커스》의 휴간 이후 현재 사진 주간지 시장 1위를 점하고 있다.

그림엽서 연구소사

이런 것도 그림엽서

그림엽서라는 작은 인쇄물에 이런 면이 있다는 것을 알려준 이는 기타가와 지카시喜多川周之 씨였다. 지금은 도쿄도에 있는 에도 도쿄박물관에 보관되어 있는 그의 방대한 컬렉션을 처음 본 것은 사루가쿠초의 한 아파트에서였다. 벌써 10년 전의 일이다. 정성스레 정리된 그림엽서 파일의 페이지를 넘겨가며, 기타가와 씨는 천천히 해설을 덧붙였다. 그 해설을 들으며 일본의 근대 미디어사에서 그림엽서라는 형식은 어떠한 역할을 했고 또 어떠한 세계를 만들어 왔을까에 대해 진지하게 고민해보게 되었다.

이 미디어사라는 것은 매스 커뮤니케이션의 역사를 뜻하는 것은 아니다. 보도사진이나 사진 주간지와 비교하면서 그림엽서가 가지고 있던 선정성만을 강조하는 것은 오해를 부를 수 있다. 자칫하다가는 그림엽서를 매스미디어의 초기 형태로 간주하여, 사건 보도사의 일개 에피소드 속으로 욱여넣어서 신문 연구 중에서도 비인기 종목으로 내몰 수도 있다. 이는 신문 니시키에錦絵** 연구[7]가 신문에 대한 측면만을 강조한 결과, 근세의 커다란 발명이라 할 수 있

** 니시키에는 다색인쇄 목판화를 총칭하는 것으로, 우키요에(浮世絵)가 그 대표적 예이다. 메이지 유신 이후 신문 등의 미디어에 니시키에가 적극 사용되면서 정보 제공 기능과 오락성을 겸비한 니시키에 신문이 큰 인기를 얻었다.

는 니시키에라는 시각 문화가 근대에 어떠한 변용을 만들어냈는가를 깊이 있게 탐구하지 않았던 것과 마찬가지라 할 수 있다. 미디어라는 말을 통해 들여다보고 싶었던 것은 그림엽서와 관계된 의식과 그것이 현실 속에서 펼쳐져 있는 다양한 모습, 그리고 그 관계성의 힘이 가지고 있는 질감이었다. 그림엽서의 매개성에 천착한 나에게 기타가와 씨는, 예를 들면 명기들이 아름다움을 다투는 엽서들이나 요세기 세공寄木細工*을 얇게 썰어 엽서로 만든 것, 스카시 기법을 이용하여 만든 식물이나 나비의 날개가 붙어 있는 종이 한 장을 보여주면서 이런 것들도 그림엽서라고 알려주었다.

기념엽서가 사진을 이용하는 방식에서 흔히 볼 수 있는 것, 즉 독특한 테두리를 두르는 디자인은 어떠한 감각으로 받아들여졌을까. 사람들은 어떤 식으로 그림엽서를 입수하고 사용했을까. 이처럼 실제 형태에 대한 생각을 지운 채 물건으로서의 그림엽서의 전모를 아는 것은 불가능할 것이다. 또한 그림엽서의 생태를 물건=존재로서 폭넓게 파악할 준비가 되어 있지 않은 상태에서 미디어로서의 그림엽서를 논하는 것은 개념을 빈약하게 만들 뿐이다.

당시 나 스스로도 제대로 설명되지 않는 부분이 있었지만, "재미있으니까 연구해보세요. 자료는 제가 제공할 테니까"라고 기타가와 씨는 제안했다.[8] 마침 호세이대학의 학내 잡지로부터 짧은 글을

---

* 일본의 전통 목공예 기술로 목재들을 모자이크 형식으로 교차시키고 여러 가지 나무의 색상을 조화시켜 모양을 만들어낸다.

신문 니시키에

청탁받은 참이었기에 간단한 메모 정도로 정리했지만,[9] 여전히 풀리지 않는 의문이 많아 만족스럽지는 않았다. 처음에 느낀 놀라움을 체계적으로 풀어나가는 것은 간단한 일이 아니었던 것이다.

나의 부족한 글이 활자가 되어 나온 지 8년이 지났고, 기타가와 씨는 그간 작고하였다. 그 시간 동안 나의 연구는 그다지 속도를 내지 못하고 느릿느릿 진척되었지만, 간헐적으로 내 나름의 관심을 지속해갔다. 그 결과, 오늘날 일본의 그림엽서론이 어디까지 와 있는지를 어렴풋이나마 파악할 수 있게 되었다. 가지고 있던 그림엽서 관련 문헌들을 시계열적으로 다시 정리해보니(296쪽 부록1 참조), 시기적으로는 세 가지로 분류할 수 있을 것 같다.

1905년부터 1910년대 초까지가 제1기로 분류되는데, 이 시기에 일본에서 그림엽서 문화가 탄생했다. 일본엽서회가 《하가키분가쿠ハガキ文学》라는 잡지 활동에 기초하여 편찬한 『그림엽서 취미絵葉書趣味』 같은 책은[10] 그림엽서 문화를 폭넓게 대변해주고 있다. 이 책에는 유명한 이와야 사자나미巖谷小波[11] 외에 야나기타 구니오가 탑塔 그림엽서에 대해 집필했으며,[12] 하가 야이치芳賀矢一, 쓰보이 쇼고로坪井正五郎, 미쓰구리 겐파치箕作阮八 등의 기고자 이름도 발견할 수 있다. 오다케 주자부로小竹忠三郎와 같은 인물에 대해서는 어떤 단서도 나와 있지 않지만 그가 쓴 『일본 전국 명소 엽서 목록日本全国名所葉書目録』[13]은 만약에 그 뒤로도 지속되었다면 본격적인 연구의 기초 자료가 되지 않았을까 하는 생각이 드는, 독특한 노작이었다.

1930년대에는 회고적으로 그림엽서를 언급하는 경향이 나타난다. 이치시마 슌조市島春城, 이토 지쿠스이伊藤竹酔와 같은 취미사가들이나 야마모토 쇼게쓰山本笑月, 우부카타 도시로生方敏朗, 다이가 소텐大河素天과 같은 저널리스트들이 그들의 저서에서 그림엽서를 일부 다루고 있다. 왜 이 시기에 그림엽서가 이런 식으로 등장했는지 잘 알 수는 없지만, 다이쇼 말부터 쇼와 초기에 메이지 문화연구가 왕성하게 이루어진 것과 관련이 있을 수 있다. 이 제2기의 그림엽서론을 질적으로나 양적으로 대표한다고 말할 수 있는 히바타 세코의 『일본 그림엽서 사조日本絵葉書史潮』[14]는 실제 그가 기념 그림엽서 발행이라는 체신 관련 행정 업무를 한 경험에 기반하여 정리한 유일한 책이다.

제3기라 할 수 있는 전후의 그림엽서 연구는 오랜 시간 휴면 상태의 공백기를 거친 후, 1980년대 전후부터 조금씩 진척되었다. 수집가들이 컬렉션을 편집, 출판하면서 생겨난 고찰과 사진 그래피즘의 역사 속에서 그림엽서에 대한 독해가 이루어지고 있다.

그중 기타가와 씨의 일련의 연구는 수집가의 고찰이 드러난 연구 중에서도 선구적인 것이었다.[15] 기타가와 씨 외에도 고모리 다카유키小森孝之, 로카쿠 히로시六角弘, 오가타 미쓰히코尾形光彦, 아키야마 고도秋山公道, 이시이 도시오石井敏夫, 나카가와 고이치中川浩一 등이 집성한 연구[16]나 닐 페들러Alfred Neil Pedlar,[17] 필립 바로스Philippe Barros[18]의 컬렉션 소개 등도 있었다. 그 한편에는 가시와기 히로시柏木博나 다키 고지多木浩二 등 유럽의 그래픽 역사에 정통한 논자들이 새로운 이론을 도입했고,[19] 가야노 야쓰카榧野八束[20]는 디자인 문화사 입장에서, 기무라 마쓰오木村松夫[21]는 사진 저널리즘의 역사에 대한 관심에서 그림엽서를 다뤘다.

고립된 탐색

그러나 이러한 수집가들의 컬렉션과 연구가들의 탐색은 서로 간의 교류 없이 제각각 이루어져 온 듯하다. 더 야박하게 이야기하면, 전체적으로 기초 연구가 제대로 되지 않은 상태에서 논의가 전개되어온 것 같다. 고모리 다카유키의 『그림엽서 메이지·다이쇼·쇼와絵葉書 明治·大正·昭和』는 사진 도판을 통해 그림엽서를 풍부하게 소개하고 있는 유익한 집대성이면서 비교적 쉽기 때문에 가시와기 히로시나 가야노 야쓰카 등의 논고에도 많은 소재를 제공했다. 그러나 고모리의 소개만으로는 여타 다른 컬렉션을 횡단하며 그림엽서와 관련한 고찰을 해내는 것이 불충분해 보인다.

아직 수집된 그림엽서들에 대한 분석이 제대로 이루어지지 않은 상태이기 때문에, 현재의 그래픽론과 수집된 실제 그림엽서가 융합하여 그림엽서론의 새로운 단계를 열어젖혔다고 보기는 어렵다. 미야다케 가이고쓰宮武外骨의 『그림엽서 집성絵葉書集成』을 분석한[22] 마쓰다 데쓰오松田哲夫의 논고처럼 컬렉션 그 자체를 이해한 흥미로운 시도도 있지만, 이 또한 고립된 연구라 할 수 있다. 그런 점에서 근대 일본의 그림엽서는 여전히 제대로 밝혀지지 않은 상태라 할 수 있다.

그림엽서 연구의 가장 큰 문제는 축적된 데이터가 부족하다는 것이다. 다시 말해, 그림엽서를 데이터로 기록해 표시하는 방법이 아직 확립되어 있지 않다는 점이 문제이다. 그림엽서는 연구에서 주로 인용의 형태로 이용되는데, 안정적으로 이용되기 위해서는 제목과 간행에 대한 기록이 시스템으로 정비될 필요가 있다. 그러나 잡다한 인쇄물 중 하나에 불과한 그림엽서는 어지간해서는 다루기 곤혹스럽다. 또한 조직적으로 내용에 접근하는 데에 도움이 되는 분류 체계가 그림엽서 분야에는 아직 확립되어 있지 않다.

인쇄된 문자 자료의 정리와 고증에 관한 학문을 지금까지 우리는 서지학이라 불러왔다. 또, 편지를 비롯해 손으로 직접 쓴 자료의 정리와 고증은 고문서학이라고 하여 하나의 분야로서 방대한 축적을 이루어왔다. 그러나 그림엽서와 같이 낱장으로 인쇄된 자료는 서지학에서도 고문서학에서도 거의 주변부로 밀려나 있다.

19세기, 20세기의 종이 자료인 그림엽서의 데이터화는 분명 서지학의 과제이면서 동시에 사회학의 과제이다. 그림엽서는 우편 문화와 인쇄 기술, 사진 문화라는 세 가지의 요소가 결합하면서 탄생했고, 그 사회적 탄생의 메커니즘을 연구 대상으로 삼는 것이야말로 그림엽서 자료론의 원점이기 때문이다.

그중에서도 중요한 것은 우편으로 인해 가능하게 된 커뮤니케이션의 특징이고, 인쇄로 인해 가능하게 된 양적인 확대의 효과이며, 나아가 사진으로 인해 가능하게 된 정밀한 시각의 경험이다. 물론 이 요소들은 상호 간에 작용하는 것이기도 하다. 또한, 복제 기술이 가진 힘에 초점을 맞추면서 그림엽서의 생태를 체계적으로 정리하기 위해서는 그 중심축을 모색할 필요가 있다.

본 장에서는 그러한 관점에 기반하여 지금까지의 탐구를 정리하며 그림엽서라는 미디어를 개괄해보고자 한다.

미타테*의 공예

수공 그림엽서

우선 그림엽서 문화의 주변부적인 형태들을 하나의 분류로 묶어보고자 한다. 공예의 형태를 띤 수공 그림엽서는 주변화된 그림엽서 문화의 하나로 다음과 같은 요소를 포함하고 있다.

첫째, 종이 이외의 것을 소재로 사용하거나 부착한 것

둘째, 움직이거나 입체화를 시도한 것

셋째, 스카시透かし**를 이용한 것

---

* 見立て. 미타테는 서민 대중문화가 발달한 에도 시대에 '기지와 해학'을 중심적 가치로 삼은 문예 이념이라 할 수 있다. 에도 시대에는 상업경제를 바탕으로 대중들에 의한, 대중들을 위한 서민문학이 꽃을 피웠는데, 이 시기 가장 활발한 창작 활동의 원동력이 된 것이 미타테로, 대표적인 에도 문예인 곳케이본(滑稽本), 우키요에(浮世絵), 가부키 등에서 중요 창작 기법으로 사용되었다(최경국, 「에도 시대의 문화적 이념으로서의 '미타테' 연구」, 《인문과학연구논총》 17, 1998).

** 영어로는 워터마크(watermark)라고 번역된다. 종이를 빛에 비춰 보았을 때 모양, 그림, 문자 등이 보이도록 만드는 기법이다.

첫째는 소재의 관점이며, 둘째는 수공 양식의 관점이기 때문에 상호 배타적인 분류는 아니다. 색다른 소재의 그림엽서라는 점에서 지금까지의 그림엽서 논의에서 언급되었던 것을 예로 들어 소개해보면 다음과 같다.

① 칠화 즉, 마키에金蒔絵***(시회 기법)로 된 그림엽서
② 나무 재질의 그림엽서
③ 요세기 세공판을 얇게 오려 붙인 그림엽서
④ 목재 안피지를 도려내서 붙인 그림엽서
⑤ 명주실로 정교한 회화를 직조한 그림엽서
⑥ 비단에 자수를 새긴 그림엽서
⑦ 가죽 표면을 불로 지져 그림을 그린 그림엽서
⑧ 유리 가루나 광석 가루를 붙여 반짝이게 장식한 그림엽서
⑨ 상아나 조개를 상감한 그림엽서
⑩ 나비 날개를 붙인 그림엽서
⑪ 식물 표본(말린 꽃)을 붙인 그림엽서
⑫ 레코드를 붙여 소식을 전하려 한 그림엽서
⑬ 펠트 재질의 그림엽서
⑭ 알루미늄 재질의 그림엽서
⑮ 셀룰로이드 재질의 그림엽서

*** 칠기에 문자나 그림, 문양 등을 그린 후 마르기 전에 금가루를 발라 금박을 씌우는 기법.

⑯ 종이를 붙이거나 잘라 만든 그림엽서

이토 지쿠스이가 '이상한 것'이라며 소개한 엽서 중에는, 구두 모양을 딴 엽서나 삼나무 껍질을 그림엽서 사이즈로 잘라서 유화로 달팽이나 민물고기를 그려 넣은 것도 있었다.[23] 또한 기타가와가 쓴 『그림엽서 근대사絵はがき近代史』에는 개인 작품으로서 우표 공예 그림엽서가 언급되어 있다. 이 엽서는 중국 우표를 잘라 붙여 청룡도를 치켜들고 춤추는 모습을 만든 것인데, 얼굴과 손 부분은 대나무로 만든 종이로 꾸며져 있다.[24] 상당히 아름다운 작품이지만, 육필과 마찬가지로 한 장밖에 없는 그림엽서이기에 복제 문화를 다루는 이 책에서는 다루지 않을 것이다. 다만, 엽서를 토대로 한 취미의 한 형태라는 점에서 언급하고 넘어가고자 한다.

이중 장치 그림엽서

두 번째, '움직이거나 입체화를 시도한' 그림엽서는 장난감으로 여겨진 그림엽서이다. 이러한 종류의 그림엽서는 한때 유행했다 해도 그 흔적이 남아 있기 어렵기 때문에, 전문적인 수집가들이 소장한 것 이외에 실물을 볼 기회는 거의 없다.

그림엽서 수집가들이 언급한 것을 하나씩 인용하면 다음과 같다.

⑰ '이어지는 두 장의 대지를 펼치면 접힌 부분의 군함이 움직

이는 일본해 해전*' 그림엽서

⑱ '펼치면 실로 매단 당고 제등**이 흔들리는 큰 승리의 야경'
이 있는 그림엽서

⑲ '여자아이가 올라타서 굴리는 공이 돌아가는' 그림엽서

⑳ '두 장의 종이를 붙이고 그 사이로 톱니바퀴가 구르는' 대형
괘종시계 그림엽서

㉑ '외국인의 아이디어에서 따온 것으로, 황매화 나무의 싹이
부풀어 오르는 것처럼, 물을 주면 봉오리가 커지도록 만든'
그림엽서

㉒ '여아의 엉덩이 부분을 카드 한 면에 크게 보여주고 그 엉덩
이 부분에 점괘를 적은 종이를 숨긴' 그림엽서

㉓ '새 그림 밑에 있는 피리를 누르면 소리가 나오도록 만든'
화조 그림엽서

㉔ '한 단을 당기면 남자 얼굴이 되고, 다른 단을 당기면 여자
얼굴이 나오는' 그림엽서

㉕ '카드 두 개를 접은 것으로, 한 면에는 주부처럼 보이는 여
자가 남자아이의 어깨에 손을 걸치고 문에 난 열쇠 구멍을
통해 방 안을 열심히 들여다보는 뒷모습. 이것을 펼치면 실
내의 광경이 되어 남편이 여자를 끌어들여 놀고 있는 곳에

---

* 러일전쟁 중 있었던 해전. 보통은 쓰시마 해전이라 부르나 수집가의 소개를 그대로 인용했
기에 '일본해 해전'이라고 했다.

** 당고는 떡으로 동그랗게 만든 경단으로, 이 당고의 모습을 딴 제등을 말한다.

〈메이지왕의 장례 행렬〉, 그림엽서(가장 아래가 전체 그림이다)

이 주부가 아이를 데리고 고함치며 들어오는 모습이 그려
진' 그림엽서[25]

이 외에 메이지 일왕의 장례 행렬을 다룬 이중 장치 그림엽서
는 당시 비교적 많이 판매된 것인지, 기타가와의 논문과 아키야마
의 책에도 소개되어 있다. 이 엽서는 후시미모모야마릉伏見桃山陵*을
먹색의 사진 동판으로 인쇄한 대지를 두 장 대고, 그 접히는 부분

* 교토 후시미구에 있는 메이지 일왕의 능.

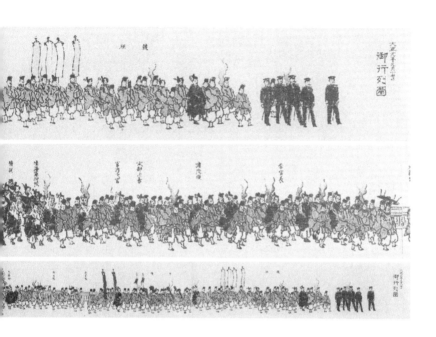

에 폭 6센티미터, 길이 104센티미터의 석판 5색으로 인쇄한 장례 행렬을 열두 번 접어 수록한 대형판 엽서로, 메이지왕의 장례식에 맞추어 발매되었다. 이러한 접이식 내장 형식은 오늘날 관광지에서 팔고 있는 기념사진에서 종종 발견할 수 있다.

여기서 소개된 몇몇 형식, 즉 엽서를 펼치면 놀랄 만한 무언가 가 나타나 즐거움을 주는 형태는 종이 제품에 특정 장치를 넣어둔 그림엽서로, '팝업 그림책'으로 유명해진 입체 서적과 발상이 유사 하다고 할 수 있다.

수공품의 주변성

이러한 수공 그림엽서는 세
가지 의미에서 주변적 존재였다.
첫 번째로, 우편법은 1909년 10월
이 되어서야 나무 조각이나 직물,
나뭇잎, 풀, 꽃, 깃털 등의 소재를
종이에 부착한 것을 엽서로 인정
하기 시작했는데, 이때는 이미 그
림엽서에 대한 열광적인 붐이 사그
라져 있었다. 그런 점에서 이들 수
공 엽서가 그림엽서의 번성 초기
에 있었거나 그 붐을 만들어냈다

〈식물 표본〉, 그림엽서

고 말하기는 어렵다. 다만, 이들 수공 그림엽서가 줄곧 주변적 존재
였다고 단정하기는 어려운데, 쇼와 초기에 수공 그림엽서가 유행하
던 시기도 있었고,[26] 그림엽서가 취미로서 확립되었던 시대에는 마
니아들을 중심으로 수공 그림엽서가 하나의 취미 형태로 정착했을
수 있기 때문이다.

두 번째로, 우편요금의 측면에서 보아도, 스카시 그림엽서를
뺀 대부분의 수공 그림엽서는 '엽서' 사용의 대중화를 유도한 특전
에서 벗어나 있었다. 예를 들어 기다유義太夫＊의 미니어처 북이나 작

• 　샤미센 음악에 맞추어 다유(太夫)라고 부르는 가객이 이야기를 진행하는 서사 예능.

은 카드용 봉투를 붙여놓은 것 등[27]은 1전 5리의 우편료로는 보낼 수 없어서 별도의 봉투에 3전 우표를 붙여야 했다.

세 번째로, 복제 인쇄 문화라는 측면에서 보면 이러한 공예적 그림엽서는 생산량에 있어 약점이 있었다. 붙이거나 실로 매달거나 금은 가루를 뿌리는 작업은 오늘날의 제본 작업을 생각해보면 상상할 수 있듯이, 섬세한 수작업 공정이다. 당시 도시 하층에 값싼 부업 노동력이 넘쳐나고 있었음을 감안하더라도, 손이 매우 많이 가는 작업이었음은 분명하다. 예를 들어, 실제 고산식물을 붙인 그림엽서에 있는 설명글이 인쇄된 것이 아니라 고무인으로 찍은 것으로 보아,[28] 이들 그림엽서가 대량생산되지 않았음을 알 수 있다.

공들인 시각의 즐거움

시각 문화라는 점에서 보았을 때 흥미를 끄는 것은 세 번째, 스카시 그림엽서이다. 스카시 그림엽서는 빛에 비춰 보면 또 하나의 그림이나 테마로 전환되는 장치를 가진 그림엽서이다. 이 그림엽서는 제작 기술 측면에서 볼 때 대부분 인쇄 기술의 범위 내에 있는 것으로, 특별한 소재를 채용한 것은 아니다. 완성품을 보면 종이로만 되어 있어 일반적인 그림엽서와 거의 달라 보이지 않는다. 그렇기 때문에 예상하지 못한 그림이 나타날 때 극적 효과가 한층 더해진다는 점에서 정교하게 공들인 시각적 즐거움을 준다.

예를 들어 어떤 엽서에는 아궁이 앞의 화덕에 올린 솥이 열기를 내뿜고 있는 그림이 그려져 있다. 뭔가 빠진 듯한 구도인데, 그림

아래쪽에 '스카시 그림'이라는 글자가 있다. 뒤에서 들어오는 빛을 찾아 비추니, 어딘지 불가사의한 여자 실루엣이 나타난다. 큰 입을 벌리고 감자 같은 무언가를 먹고 있다. 이 외에 '신디자인 스카시·도쿄산업박람회'라는 다섯 장 세트 엽서 중 하나는 1907년의 박람회에서 인기를 끌었던 대형 워터슈트를 그린 아름다운 석판화 그림엽서이다. 이 또한 빛을 비추면 야경으로 바뀐다. 야경 속에는 불꽃이 솟아오르고, 이 불꽃을 보고 있는 가족의 얼굴에 불빛이 어른거리는 모습이 상당히 섬세히 그려져 있다.

이런 장치는 어떻게 만들어졌을까. 이 아이디어는 그림엽서의 대지를 만들 때 베니어합판처럼 몇 장의 종이를 겹쳐 붙인 데서 나왔다. 즉, 세 장 겹쳐 붙인 종이 중 하나에 스카시 그림을 인쇄해두는 것이다. 이 스카시 엽서의 앞선 형태로서 니시키에에 여러 가지 장치를 달아 재미를 더한 수공품이 있었다는 지적도 있다.[29] 다만, 스카시 인쇄와 장치를 덧댄 니시키에를 연결시키기에는 아직 내 연구가 부족하고, 기존 연구에도 장치 니시키에가 스카시를 응용했다고 판단할 정도로 그 기법을 구체적으로 제시하고 있지 않다. 이 계보를 새로이 탐구하려면 막부 말기에 인기를 얻었던 '우쓰시에写し絵'*나 메이지 초반 문명개화기에 인기를 얻었던 '환등'**의 경

•   일본의 판타스마고리아(phantasmagoria)라고 칭해지는 예능으로, 그림을 움직여 이야기를 만든다는 점에서 오늘날의 애니메이션과 유사하나 영화의 등장과 함께 대중오락으로서의 지위를 잃게 되었다.

••   환등은 프로젝션, 영사라고 생각할 수 있다. 19세기 영화가 발명되기 전에 이미 환등은 19세기의 주요한 영상 매체였다. 메이지 정부는 문명개화의 일환으로 의학이나 위생 등의 새로운 지식을 전파하는 도구로 환등을 도입하기도 했다.

〈감자 먹는 여자〉, 그림엽서

〈워터슈트〉, 그림엽서

〈히비야 폭동〉, 그림엽서

험이 장치 니시키에와 어떻게 이어지는지도 함께 검토해야 할 것이다.

나아가, 석판을 이용해 색을 입히는 그림엽서 제작 기법에서 직접적인 영향을 받은 것은 아닌가 하는 가설도 생각해볼 수 있다. 착색을 위해 색판을 만들어 겹쳐서 인쇄하는 것과 각각의 종이에 인쇄해서 겹치는, 이 두 가지의 아이디어는 상당히 유사하기 때문이다. 스카시 장치를 넣은 사진은 본 적이 없고[30] 대부분이 석판 작품이었다는 것은 이 기법이 사진 특유의 잡연함이나 세세한 묘사와는 어울리지 않았다는 것을 말해주고 있다.

기타가와 지카시가 생전에 아꼈던 물건 중에 눈길을 끄는 것은, 빛에 비추면 붉게 타오르는 풍경 속에 경관에게 쫓기는 군중의 '참상'이 떠오르는 6매 한 세트 엽서이다. 히비야 폭동[*]을 다룬 그림엽서로, 분명 사이즈는 그림엽서 크기이지만 뒷면에 우편엽서임을 가리키는 인쇄가 없기 때문에, 이를 제도적인 의미에서 그림엽서라고 증명하기는 힘들다. 실물을 본 것이 기타가와 씨의 사후였기에 이 부분을 본인에게 확인할 수는 없었지만, 그림엽서로서 시판할 계획이 있었던 것은 아니었다고 생각된다.

그림엽서를 거리에서 파는 행상도 있었는데, 나가이 가후永井荷風가 1910년 신문에 연재한 「냉소冷笑」라는 소설 1절에 스미다가와隅田川의 배 안에서 그림엽서를 파는 모습이 묘사되어 있다. 우연일지 모르지만 거기서 팔고 있는 엽서가 스카시 그림엽서이다. '스카시 그림'이라든가 '스키카게透影[**]라고 명기되어 있는 것은 어느 정도 알 수 있지만, 그런 표기가 없는 것은 어떤 물건인지 알 수가 없다. 묘사에 따르면, 잔무늬에 통 넓은 소매가 달린 겉옷에, 안감이 삼베로 된 조리를 신고 삼실로 엮은 가방을 든 검은 안경 사내가 다음과 같은 이야기를 하는 장면이 나온다.

"무료하기만 한 배 안에서 매번 여러분께서 찾아주시는 그림 엽서. 이번에 보실 것은 어린이 여러분의 기분 전환, 교육 무사

---

[*]　러일전쟁의 결과로 이루어진 포츠머스조약에 반대하는 일본 민중들이 1905년 9월 5일 도쿄의 히비야 공원에서 집회를 하던 중 경찰의 진압에 분노해 폭동으로 번졌다. 다음 날인 9월 6일 일본 정부는 계엄령을 선포했다.

[**]　얇은 천 등을 통해 보이는 형태.

도 그림엽서가 되겠습니다…"라는 말이 쏟아지자, 강물에 쏠려 있던 승객들의 시선이 일시에 모여들었다. "자, 처음으로 보실 것은 다케다 신겐과 우에스기 겐신의 가와나가지마 전투입니다. 보시다시피 아름다운 극채색의 엽서입니다. 다음으로는 미나모토의 우시와카마루와 구라마산이 있습니다. 빛에 비춰서 보면 달에 구름층들이 이렇게 선명하게 보이는 스카시 그림입니다." 사내는 한 장 한 장 설명하면서 부채를 펼친 듯 다섯 손가락 사이에 그림엽서를 끼운다. (중략) "다 해서 열다섯 장, 오늘은 특별 염가로 5전에 드립니다. 한 장은 단돈 3리. 저는 다음 고토토이에서 내리니, 원하시는 분들은 자, 부디 지금…"[31]

노력과 시간을 들인 놀이

지금까지 살펴본 것처럼 수공 그림엽서는 주변적이고 키치적인 색채를 보다 강하게 가지고 있는 분야로, 이와 관련하여 몇 가지 논점을 검토해볼 필요가 있다.

첫째, 이러한 수공 그림엽서는 '다테반코立版古'[32]*나 '입체 그림책'[33]과 같은 인쇄 문화로 이어지는 취미의 일환이다. 이는 어떠한 장치를 넣는 것에 대한 아이디어만을 의미하는 것이 아니다. 취미에 노력과 시간을 들이는 것 자체가 수공품의 포인트였다. 이러한 노력과 시간이라는 점에서 생각해보면, 쇼와 시대의 목판 그림엽서

• 에도 시대에 유행한 장난감 니시키에의 일종으로, 니시키에를 오려서 세우면 입체감이 있는 작품으로 변한다. 가부키의 무대, 풍경, 명소 등이 주된 소재로 제작되었다.

다테반코
(조립 완료)

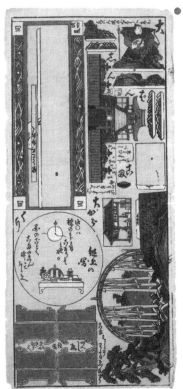

다테반코
(조립 전)

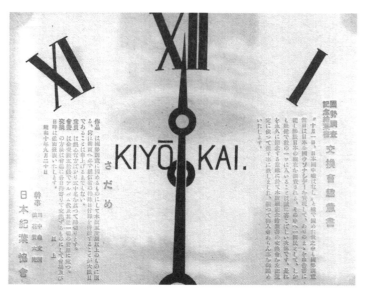

국세조사 기념 그림엽서 교환회 취지문

는 수공품이라 여길 만한 정황을 보인다.

1935년에 일본기요협회日本紀葉協会라는 곳에서 발행한 '국세조사 기념 그림엽서 교환회' 작품집 취지문을 보면, 교환 대상이 되는 작품은 '목판 5도 이상'으로 한정하며, 또한 그림에는 반드시 통신성의 특수 통신일 소인이 있어야 한다고 되어 있다. 목판을 겹쳐 찍는 정성은 물론이거니와 자신이 찍은 그림엽서 50부에 우표를 사서 붙이고, 지정된 날에 힘들게 창구에 가서 특수한 날짜 소인을 받아서 교환회에 임한다. 그렇게 해서 한 권의 작품집을 얻는다. 이 과정 자체가 지극한 정성을 수반하는 것이다.

두 번째로, 미타테라는 근세에 유행한 취향의 정신이 이 수공 아이디어에 짙게 담겨져 있다는 점을 검토해보아야 한다. 일견 종이로 보이지만 사실은 나무 혹은 가죽이라는 데서 오는 놀라움, 그리고 그 소재에 그려져 있는 도안 또한 미타테와 연관지어 생각할 수 있다. 입체적인 장난감이라는 점을 넘어서서, 소재를 쓰는 방식 안에 숨겨진 기호나 교양을 읽어내는 것이 니시키에 문화에 있어서 미타테의 놀이였다고 생각할 때, 이들 수공 그림엽서는 그러한 놀이의 계보에 속해 있다 할 수 있다.

기념 그림엽서의 이륙

우편 사용의 대중화

수공 그림엽서가 주변적인 존재라면, 당대를 풍미했던 미인 그림엽서와 기념 그림엽서는 그림엽서 문화의 중심부를 형성했다고 할 수 있다. 또, 사건 그림엽서라는 장르는 포토저널리즘으로 이어지는 미디어사의 변화에 징검다리 역할을 수행했다는 점도 지적해야 할 것이다. 명소 그림엽서는 철도가 대중화되면서 서서히 유행해 오늘날까지도 남아 있지만, 애초에 그림엽서 중에서 열광적 인기를 얻은 것은 명소의 풍경이 아니었다.

여기서는 물질로서의 그림엽서에 초점을 맞추겠지만, 유행의 기원을 논하기 위해서 다시 한 번 그림엽서의 역사적 변용에 대해 살펴보고자 한다.

우편제도는 그림엽서의 기원을 고찰하는 데 있어 중요한 회로
이다. 오늘날의 우편제도는 19세기의 개혁을 거쳐 정착했다. 그렇기
때문에 우표 시스템이 만들어지고 우편제도가 사회적으로 정비된
영국의 1840년 이후를 중심으로 우편제도와 그림엽서의 관계를
살펴볼 필요가 있다. 초기 영국의 우편 시스템은 거리에 따라 요금
이 올라가고 수령인에게 비용을 후불로 징수했기 때문에, 우편물
이란 '돈이 없을 때 오면 곤혹스러운', 불편하고 번거로운 것으로 사
람들에게 인식되었다.[34]

거기다 국회의원들은 무료로 우편을 이용했기 때문에 서민들
은 이에 대한 부담까지 떠맡아 비싼 우편 이용료가 가계를 압박하
기도 했다. 이 시기의 우편 시스템은 이용자도, 이용 범위도 확대되
기 어려운 구조였던 것이다. 이러한 불합리성 때문에 새롭게 고안
된 시스템은 무게에 따라 전국 일률 요금을 매기는 방식이었다. 또
한 우표를 사용하여 발송인이 비용을 미리 부담하도록 했다. 발신
자의 능동성과 비용 부담을 국민사회라는 영역 안에서 간단하게
묶은 이 시스템은 우편 사용을 대중화하는 기틀을 다졌다. 이러한
영국의 새 우편 시스템은 세계의 모델이 되기도 했다.

사제엽서의 탄생

개편된 우편제도에 간편한 엽서 시스템이 덧붙여진 것은 오
스트리아·헝가리제국 시기인 1869년 10월 1일이었다. 이듬해인

1870년 10월 1일에는 영국과 독일 또한 동일한 시스템을 도입했다. 나아가 독일에서는 이 시기에 사제엽서도 탄생했다.

사제엽서라는 것은 개인이 제작한 엽서라도 형태와 크기, 무게를 규격화된 엽서와 동일하게 하고[35] 비용을 부담한다면 우편으로 취급하여 유통시키는 제도였다. 다시 말하면 소재와 인쇄 가공의 자유가 보장된 것이 사제엽서였다. 관제엽서와 달리 사제엽서는 소재가 자유로웠기 때문에 색채를 다양하게 입힌 인쇄물이 우편엽서 시스템 속에서 유통되는 기초를 만들었다고 할 수 있다. 백과사전에 언급된 세계 최초의 그림엽서는 이 사제엽서 제도하에서 처음 사용되었던 것으로, 엽서 소인을 실마리로 찾아낸 결과 1870년 프로이센·프랑스전쟁 당시 슈바르츠라고 하는 남성이 이 그림엽서를 제작했음이 밝혀졌다.[36] 이러한 종류의 사실들은 제도를 받아들이는 이들의 심리를 살펴보는 데 있어 소홀히 할 수 없는 탐색 작업이기는 하다. 그렇지만 어쩌면 우연적 요소가 더 많이 작용하는 최초 제작자 이름보다는 사제엽서의 허가라는 제도가 탄생한 부분이 더 중요할 터이다.

그렇다면, 사제엽서 제도가 생긴 이후 일본에서 최초로 발행되거나 사용된 그림엽서는 무엇이었을까. 일본에서 사제엽서가 제도로서 허가된 것은 일본에 우편엽서 제도가 도입된 후 27년이 지난 1900년 10월 1일이었다. 기타가와는 "관제엽서의 뒷면에도 약력 등을 배치한 의장意匠 광고를 인쇄하는 등 그림을 넣은 시도가 있었음을 확인할 수 있다. 그러나 이것에 그림엽서라는 명칭을 부여하

는 것이 타당한지 분명치 않다"라고 신중한 태도를 보이고 있다.[37]

지금까지 일본에서는 이시이 겐도石井研堂의 논의를 인용하며 그림엽서의 기원을 추적해왔다. 이시이 겐도는 《하가키신시はがき新誌》라는 잡지에 기고한 글에서 "때는 메이지 33년(1900년), 나는 슌요도 서점의 부탁으로 잡지 《곤세쇼넨今世少年》의 편찬에 관여했는데, 공교롭게 체신성에서 동년 10월 1일부터 그림엽서의 사용을 허가한다는 정부령이 배포되었다. 이에 동인들과 급히 상의하여, 동월 5일 발행하는 동 잡지 제9호에 그림엽서를 첨부하여 이 정부령 실행에 누구보다 발 빠르게 대처할 것을 도모했다. 회화부의 주슈小島沖舟 선생이 그린, 소년이 비눗방울을 부는 채색화를 석판으

백과사전의 그림엽서 해설

출간연도	도서명	출판사	그림엽서 항목 저자
1908	메이지 사물 기원(明治事物起原)	교난도(橋南堂)	이시이 겐도(石井研堂)
1919	일본백과대사전(日本百科大事典)	간세카이(完成会)	히바타 세코(樋畑雪湖)
1932	대백과사전(大百科事典)	헤이본샤(平凡社)	후지사와 모리히코(藤澤衛彦)
1934	국민백과대사전(国民百科大事典)	후잔보(富山房)	(무서명)
1955	세계대백과사전(世界大百科事典)	헤이본샤(平凡社)	하루야마 유키오(春山行夫)
1962	일본대백과사전(日本大百科事典)	쇼가쿠칸(小学館)	하루야마 유키오(春山行夫)
1968	자포니카(ジャポニカ)	쇼가쿠칸(小学館)	오즈카 토시오(大塚敏雄) 외
1974	학예백과사전(学芸百科事典)	오분샤(旺文社)	오카다 세이지(岡田静治)
1976	국민백과사전(国民百科事典)	헤이본샤(平凡社)	기타가와 지카시(喜多川周之)
1984	대백과사전(大百科事典)	헤이본샤(平凡社)	야마다 가즈코(山田和子)
1985	일본대백과전서(日本大百科全書)	쇼가쿠칸(小学館)	야마구치 오사무(山口修)
1987	에도도쿄학사전(江戸東京学事典)	산세이도(三省堂)	쓰치다 미쓰후미(槌田満文)
1991	대중문화사전(大衆文化事典)	고분도(弘文堂)	사토 겐지(佐藤健二)

로 인쇄하여 잡지 권두에 끼워서 발행했다. 생각해보니 이때의 그림엽서야말로 우리나라 그림엽서의 효시일 터. (중략) 이후 《신쇼세쓰新小說》, 《분게쿠라부文芸倶楽部》 등 많은 잡지에서 그림엽서 부록을 보았다"라고 적고 있다.[38]

최초의 그림엽서가 잡지의 부록으로 등장한 것은 그림엽서가 인쇄 문화의 한 종류라는 것을 나타내는 재미있는 논점이다. 사실 그림엽서는 그림엽서 가게의 판매대뿐만 아니라 잡지 문화와도 깊이 관여하면서 발전해갔기 때문이다.

종이 길의 개국

그림엽서와 우편제도의 첫 번째 접점이 '사제엽서' 시스템의 탄생이었다고 한다면, 제2의 접점은 우편이라는 '종이 길'이 세계에 열렸다는 점일 터이다. 일본 내에서 사제엽서가 허용되기 이전에도 이미 해외로부터 들여온 그림엽서가 존재하고 있었고, 외국인을 위한 기념품으로도 그림엽서가 상품화되어 있었다. 일본은 1877년에 만국우편연합조약에 가입하여 우편제도의 국제화를 이미 시도하고 있었기 때문에 국외와 통신을 주고받는 것이 가능한 상황이었다.

종이 길을 전 세계에 열고자 했던 해외 여러 국가들의 시도는 일본에도 많은 영향을 끼쳐 결국 이것이 그림엽서 문화의 성장을 촉진하는 하나의 요인이 되었다. 그 해외 국가들이란, 유학 가는 이들에게 도착지이기도 했고 이미 그림엽서 수집가들이 활동을 시작한 선진처이기도 했다.

히바타 세코는 1897년 무렵에 "독일의 그림엽서 수집가가 지인을 통해 그림엽서의 교환을 일본에 요청했다. 이 시기 일본에는 사제엽서 제도가 없었기 때문에, 어쩔 수 없이 만국연합엽서에 풍속화를 그리거나 콜로타이프로 풍경을 인쇄하거나 해서 간신히 요청에 응할 수 있었다"라고 기록하고 있다.[39]

또 메이지의 소년문학 작가 이와야 사자나미는 독일에서 유학 중인 친구가 보내온 '풍경이 새겨진 엽서'를 통해 처음 그림엽서를 경험했다고 적고 있다. 이와야는 이 엽서를 대단히 귀하게 여겨 방문하는 이들에게 매번 조심스레 보여주었고 모두가 이를 신기해했다고 쓴 바 있다. 외국용 그림엽서는 일본에서도 발행했지만, "일본 내에서 이를 사용하려 해도 엽서로서는 통용되지 않기 때문에 대단히 불편함을 느낌과 동시에 당국자의 촌스러움을 몰래 비웃지 않을 수가 없었다"[40]라고 이와야는 회상했다. '유학생[洋行者]'이 증가함에 따라 외국의 미녀나 풍경을 그린 많은 그림엽서가 우편제도를 통해 일본에 보내졌으며, 이에 따라 엽서의 새로운 형태에 대한 사람들의 호기심이 확산되던 시기였던 것으로 생각된다.

기념 그림엽서 광상곡

우편제도와 그림엽서의 세 번째 접점은 기념 그림엽서이다. 기념 그림엽서의 발행은 그림엽서 붐을 촉진한 직접적 요인이기도 했다. 일본 최초의 관제 기념엽서는 1902년 만국우편연합 가입 25주년을 기념하기 위해 같은 해 6월에 발행된 것으로 6매 한 세트로 구성된 사진동판 엽서였다. 이후 발행된 기념 그림엽서 중 어떤 것보다 열광적인 인기를 얻은 것이 러일전쟁 기념 그림엽서였다는 사실은 여러 곳에 기록되어 있다. 이와 관련해서는 야마모토 쇼게쓰의 서술이 자주 인용된다. 그는 "갑작스레 열광적인 유행이 되어 시중에는 그림엽서 가게가 급증하고, 언제나 새까맣게 사람들이 모여들어 전쟁 승리 기념엽서가 발행될 때마다 우편국에 밀려드는 군중은 무서울 정도"였으며, "결국에 간다神田의 반세바시万世橋 우편국에서는 사망자까지 나오는 난리"[41]가 있었다고 서술했다. 그 외에도 몇 사람이 이 그림엽서 붐을 기억하고 있다. 관련해서 두 가지 더 인용해보고자 한다.

"메이지 37년(1904년) 전쟁 승리 기념 그림엽서가 발행되자 갑자기 그 인기가 치솟아 그야말로 미쳐 돌아갔습니다. 그중에서도 마지막인 제5회 39년(1906년) 5월에 발매되었던 기념엽서는 그 인기가 대단해서 조금 과장해서 말하면, 스다초須田町의 우편국에 설치된 판매대에서 이마가와바시今川橋까지 장사진이 끝없이 이어져 있었습니다. 아무튼 그 자리에서 바로 3엔, 5엔에 불티나게 팔리니까 순사들까지 우르르 몰려들어 뜻밖의 횡재를 맞은 자가 나오기도 했습니다. 게다가 도쿄 전역의 우편국이 그런 상황이었으니 부상을 당한 이들도 꽤나 나왔습니다." ―이토 지쿠스이[42]

"정확히 이 무렵인 8월 하순부터 전투를 개시한 우리 군은 9월 초에 랴오양을 함락시켰다. 이 시기 우리 군의 손해는 사실 막대했는데, 지금 자료를 찾아보니 1만 7539명이 피해를 입었다고 한다. 대단한 격전이었는지 적군도 비슷하게 죽었다고 한다. 어쨌든 이 자료를 보면 대략 전투가 어떠했는지 윤곽이 잡히리라 생각된다. 사허沙河 대전에서도 승리를 거두었다. 이런 일이 있을 때 도쿄 시민은 전승을 축하하고 우편국에서는 전승 기념 그림엽서를 판매했다. 원래 그림엽서라는 것은 2, 3년 전부터 학생들 사이에서 교환의 대상이 되고 있었으나, 여기에는 그 시대 문학에 등장하던 별이나 제비꽃 같은 취향의 그림이 많아 그다지 일반적이라 할 수 없었다. 그런데 이 전승 기념 그림엽서로 인해 마침내 그림엽서가 유행하기 시작했고 이때부터 사람들이 그림엽서를 사는 것이 더 이상 신기한 것이 아니게 되었다. 어쨌든 이 3매 한 세트의 전승 기념 그림엽서의 기세는 대단한 것이어서 아주 이른 시간부터 우편국에 사러 가지 않으면 바로 품절되어버린다. 열성적인 무리들은 내일 발매된다는 것을 알게 되면, 날이 새기도 전에 몰려가서 우편국의 사무가 시작되기를 기다리는 난리를 부리기도 한다. 과장이 아니라 에도바시江戸橋의 우편국에서는 북적북적 몰려든 군중들 속에서 질식해 죽은 소년이 두 명이나 있었다." ―우부카타 도시로[43]

〈우편국을 에워싼 군중〉, 그림엽서

참고로 이 두 사람이 언급하고 있는 제5회 전쟁 기념 그림엽서는 5월 야스쿠니 신사의 대제에 맞춰 발행된 것으로, 발매 가격은 세 종류 한 세트 20전이었다. 이토가 회상하고 있듯이 3엔, 5엔에 팔렸다고 한다면 실제로는 15배에서 25배의 가격[44]에 거래된 셈이다. 기념 그림엽서를 사기 위해 몰려든 군중의 장사진은 그림엽서로도 제작되었다.

대량의 희소품

기념 그림엽서는 도대체 왜 이 정도로 대단한 인기를 얻은 것일까.

첫 번째 이유로 러일전쟁기에 치솟은 내셔널리즘의 기운이 국가에서 발행한 그림엽서에 투영되었다는 것을 들 수 있다. 구니키다 돗포国田独歩의 소설 『호외号外』에는 러일전쟁기인 "37년[1904]부터 38년[1905] 중반까지 지나가는 모르는 사람에게까지 말을 걸어보고 싶었다"[45]라는 감정 묘사가 나온다. 이러한 감정이 위의 우부카타의 인용문에 나타난 '전승 축하'로부터 비롯되었음은 쉽게 상상할 수 있다. 거리에는 장식 전등이 요란스레 넘쳐나고, 사람들은 거리에서 마주치는 이들과 "천황 폐하도 필경 기뻐하실 터!"라는 말을 주고받던 시대였다.[46]

이렇듯 내셔널리즘이 고양된 분위기는, 1906년 4월에 발행된 기념 그림엽서의 일부에서 '전역戦役'을 '전몰戦没'로 잘못 인쇄한 것에 대해* 《요로쓰초호萬朝報》**가 '불길하다'라고 맹비난한 결과 회수 폐기하게 되었다는 에피소드 등에서도 그 파급을 확인할 수 있다.

랴오양 점령을 알렸던 1904년 9월의 도쿄 아사히신문 호외 지면을 살펴보면, '황군 대승'을 올리브잎인지 상록수잎으로 떠받치고 야마토 공주는 춤을 추고 있으며 벚꽃으로 둥글게 둘러싼 곳 안에는 히로세 중령***으로 보이는 동상이 있는데, 이것도 그림엽서의 이미지와 닮아 있다.[47]

두 번째로, 관제 기념 그림엽서 자체가 수집이라는 행위를 만

---

* 戦役은 전쟁, 전투 등을 의미하며, 戦没은 전쟁에서의 사망, 즉 전사를 의미한다.
** 1892년 도쿄에서 창간된 일간신문. 1940년 폐간되었다.
*** 히로세 다케오(広瀬武夫)를 의미하는 것으로 러일전쟁에서 활약한 일본의 해군 장교이다. 일본 최초의 '군신(軍神)'으로 기록되어 있다. 군신은 전쟁터에서 장렬히 전사한 군인을 신격화한 것이다.

들어내는 장치를 가지고 있었다는 것도 간과할 수 없다. 관제 기념 엽서에는 가치를 창출하는 희소성이라는 요소와 전 국민적 유행을 일으킬 정도의 대량성이라는 요소가 동시에 존재하고 있었다. 국가 라는 틀을 의식하도록 만드는 것이 내셔널리즘의 중심축이라 한다 면, 기념 그림엽서는 기념이라는 이름으로 그 의식을 자극했다. 실제 체신성이 발행한 기념 그림엽서의 상당수가 전쟁과 일왕의 행사를 주제로 하고 있었다(297쪽 부록2 참조).

그러나 의식이 높아진 것만이 문제가 아니다. 기념이라는 한정성은 희소하다는 가치를 사람들에게 심어준다. 기념 발행에서 더 나아가 기념 소인을 찍어 특정한 날을 증명하는 장치는 이 희소성의 관념을 더욱 강하게 만든다.[48] 그 점은 우편제도의 고유한 메커니즘이다. 하지만 한편으로는 인쇄가 가진 복제 능력, 즉 동일한 그림엽서가 다수 존재한다는 사실은 육필이 가진 유일성과는 다른 형태의 '희소성'을 존립시키는 중요한 지점이다. 기념 그림엽서가 통상 얼마나 발행되었는지 아주 정확하게 알 수는 없지만 히바타가 기술한 내용에 따르면, 최초의 만국우편연합 가입 25주년 기념 그림엽서가 약 40만 부, 제2회 전쟁 기념 그림엽서가 3매 한 세트로 약 60만 부, 제3회는 3매 세트 다섯 종류로 약 67만 부가 발행되었다고 한다.[49] 이는 민간에서 일반적으로 발행하는 그림엽서와 비교할 때 압도적으로 많은 양이라 할 수 있다.

민간 그림엽서 발행처로 규모가 가장 컸던 일본 그림엽서회에 따르면, "세트당 5000부 인쇄하는 것이 수량에 있어서는 가장 많은 축"에 들며, 보통은 "대략 한 종류에 1000부에서 3000부를 인쇄"[50]했다. 60만 부를 넘어서는 양은 요즘 말로 하면 두말할 필요 없이 베스트셀러이다. 국가 발행 기념 그림엽서의 이러한 대량성은 사람들이 그림엽서를 공통의 화제로 삼고, 또 어떻게든 실물을 손에 넣어 직접 확인하도록 만드는 장치였다. 이러한 인기에 대해 당시 신문기자는 다음과 같이 유행의 풍경을 서술하기도 했다. "젊은 이도, 노인들도, 여자아이도 진기한 그림엽서 수집에 광분해 있었다. 나도 그럴듯한 마니아가 되어, 안사람의 전대를 훔치는 짓까지는 하지 않았지만, 월급봉투를 탈탈 털어 밤낮없이 그림엽서 가게 앞에 서서 사람만 보면 그림엽서 얘기를 하고 친구만 만나면 그림엽서를 설파하고 혹시 조금이라도 신경을 거스르는 무리가 있으면 저 바보 같은 녀석들, 하며 분개했다."[51]

용건 없는 우편

기념 그림엽서와 관련하여 또 한 가지 언급할 것은 러일전쟁기에 엽서를 쓰는 우편 문화가 확산되었다는 점이다. 사실 전쟁과 군대는 일본 근대 민중에게 있어 집을 나서서 여행을 떠나는 하나의 기회이기도 했다. 제2차 세계대전의 경험조차 그런 식으로 회상하는 도호쿠 지방의 농민들이 있으니, 러일전쟁은 더더욱 많은 사람들에게 소집지 혹은 전투지라는 형태로 거머쥔 최초의 여행 경험이었을 것이다.

전쟁과 함께 군사우편제도가 생겨났고 러일전쟁 중에는 군인이나 군무원이 보내는 우편뿐만 아니라 일본 내에서 전투 지역에 주둔한 군대로 보내는 우편물들이 무료로 취급되었다. 각 출정 부대에게는 군사우편엽서가 배급되었다. 체신성에서 배급한 그림엽서나 휼병부에서 위문용으로 증정한 그림엽서가 있었으며, "각 군대 고유의 그림을 군사우편엽서에 인쇄하여 친척이나 벗에게 보내는 한가한 취미"[52]가 생겨나기까지 했다. 한가한 취미 운운은 다소 과장된 표현이라 하더라도, 이러한 엽서의 배급을 통해 그때까지 고향에 소식을 써서 전하는 습관이 없었던 서민층이 새로운 경험을 하게 되었음은 틀림없다. 비록 그것이 아주 형식적인 편지였다고 하더라도 말이다.

가토 히데토시加藤秀俊는 마에다 아이前田愛와 한 대담『메이지 미디어 고찰明治メディア考』[53]에서 '용건 없는 우편'의 성립이라는 관점으로 그림엽서의 탄생을 파악한 바 있다. 이때 염두에 둔 것은 아마도 문자나 미술, 예술과 이어져 있는, 그야말로 유한적 취미에 관한 것일 터이다.

확실히『그림엽서 사용법絵はがき使用法』이라는 실용서는 그림엽서의 '진정한 목적'을 '취향의 교환'[54]에서 찾을 수 있다고 공언하고 있다. 분명 그림엽서의 교환에는 엽서를 보내는 이의 취향이 반영된다는 점에서 커뮤니케이션 규범과 관련하여 이해할 수 있는 측면이 있다. 그리고 그야말로 실용과는 거리가 먼 취향이라는 개념에 근거를 두었기 때문에 이미 인용한 이와야 사자나미처럼 개인이 제작한 종이(사제엽서)를 주고받는 것을 허용하지 않았던 당국

자를 '촌스럽다'고 비난할 수 있었던 것이다.

그러나 취미라는 말은 근대 일본의 관용어에서 반드시 긍정적인 능력을 의미한 것은 아니었다. '취미인趣味人'이란, 은퇴한 노인에게 건네는 인사치레거나 난봉꾼들을 좋게 부르는 칭호였고, "좋은 취미네요"라는 말은 쓸데없다는 비난을 입에 발린 소리로 그럴듯하게 표현하는 것이기 때문이다. 근대 일본에서 '나'의 세계가 편안하게 발전해나갈 수 없었다는 것을 감안할 때, 그림엽서가 매개한 사적인 편지, 즉 '용건 없는 우편'의 세계가 과연 어떠한 질감을 가지고 있었는지 생각해보는 것은 중요하다. 이와 관련하여 격렬한 전투지에서 전해진 소식에 대해서도 검토할 필요가 있다. 전투지에서 온 엽서는 무탈함을 알리는 것이 목적이기에, 또 하나의 '용건 없는 우편'의 문체를 국민적인 규모로 만들어냈다. 커뮤니케이션에 대해 논할 때에는 이러한 복합적인 역사 또한 검토되어야 할 것이다.

미인 그림엽서와 사건 그림엽서

미녀를 보내다

흔히 위문이라는 이름으로 전쟁 지역의 군대에 무언가를 보내는 행위 또한 전쟁이 우편제도에 남긴 것이다. 러일전쟁이 시작된 후 게이샤를 모델로 한 그림엽서가 위문용으로 활발히 사용됐다고 알려져 있다. 이 미인 그림엽서의 유행은 전쟁 후에도 계속되어, 다이쇼 중기 이후 여성 영화배우들이 대두하면서 브로마이드의 유행으로 이어지게 된다.[55]

아사쿠사 공원의 브로마이드 사진 전문점 산에스당 주인의 기록에 따르면, 1916년 무렵 미국 영화의 주연배우들 사진을 그림엽서 형태로 복제하여 20전에 판매했다. 매우 잘 팔렸지만, '이것도 일시적인 유행이라 오래가지는 못하겠지'라고 생각했다고 한다.[56] 그러나 일본 영화 브로마이드가 등장하고 나서 미인 그림엽서는 놀라운 발전을 하게 된다. 그런 점에서 미인 그림엽서는 이러한 브로마이드의 전신이자 브로마이드 문화를 개발, 보급시키는 역할을 했다고 할 수 있다.

'미인 그림엽서'는 주로 콜로타이프 인쇄 방식으로 만들어졌는데, 이는 사진을 통한 시각적 경험이 대중적으로 확산되는 데에 지대한 역할을 했다. 러일전쟁이 한창이던 1905년 6월에 《풍속화보風俗画報》는 당시의 그림엽서 유행에 대해 다음과 같이 적고 있다. "잘 팔리는 걸로 치면 역시 콜로타이프의 미인 그림엽서가 압도적이다. 가미가타야上方屋 등지에서는 모델을 기용해서 촬영한 후 출판하여 대단히 큰돈을 벌었다. 그중에는 꽤나 저속한 것도 있어서 발매금지라는 엄격한 명령까지 받았지만, 이미 지방에는 많은 사진판들이 출판되어 있었다."[57] 당시 붐에 관한 또 다른 진술에 따르면, 미인 그림엽서는 "러일전쟁 이후 수요가 급증해서 10년 동안이나 큰 타격 없이 변함없는 전성기를 누렸"[58]다.

진짜 같은 시각

미인 그림엽서와 관련해서 검토해볼 만한 논점은 다음과 같다. 첫 번째, 미인의 풍모를 종이 위에 복제해온 역사의 연속과 단절에 관한 것이다. 미인 그림엽서가 인기를 끄는 부분을 설명하기 위해서는 그림엽서가 유행하기 이전으로 거슬러 올라갈 필요가 있다. 목판 다색인쇄 기술이 발명된 후, 근세 에도의 찻집 간판 여종업원을 비롯하여 수많은 미인들이 니시키에에 그려졌고, 스나메砂目 석판에 붓으로 색을 입힌 미인화는 메이지 20년대에 전성기를 맞아 크게 유행했다. 이러한 역사적 경험의 지층 위에서 그림엽서를 살펴볼 필요가 있는 것이다.

근대적 원근법은 이와 같이 이미지에 대한 경험이 변화해가는 과정 속에서 하나의 축을 구성해왔다. 즉, 근세에 유행했던 니시키에는 목판의 거친 선으로 만들어진 초상화로, 채색판의 '보카시暈し*'를 통해 입체감을 표현할 수밖에 없었다. 그러나 메이지기에 일본에 들어온 석판화는 '스나메'라는 새로운 기술을 통해 세밀한 점의 조합으로 대상을 표현했다. 그 때문에 스나메 석판으로 제작된 미인화는 세세한 입자들의 집합이라 할 수 있는 사진의 현실성과도 이어질 수 있었다. 판화 역사 연구자인 오노 다다시게小野忠重에 따르면 렌즈를 통해 나타난 형상이 세상에 놀라움과 새로움을 던

---

* 바림, 그라데이션의 의미이다. 우키요에의 보카시는 물감을 닦아내어 농도를 조절하는 기법으로, 예를 들어 멀리 있는 하늘과 가까이 있는 하늘을 표현하기 위해 그라데이션을 주어 원근감을 표현한다.

져준 것은 사실이지만, 사진은 대형판 제작이 불가능했고 아직 사진이 제판 인쇄와 결합하기 전이었기 때문에 당시 민중에게 '진짜 같음'을 전해주는 매체는 석판 초상이었다.[59]

물론 곳곳에서 미인 사진은 이미 판매되고 있었다. 『일본 사진 전집日本写真全集』 1권에는 일본식 머리 모양을 한 기녀들이 여러 가지 포즈를 취하고 찍은 사진들이 양면에 걸쳐 실려 있었다. 명함판으로 인화한 것을 판지에 붙여 만든 기념품용 사진은 메이지 초기부터 중기에 걸쳐 크게 유행하여, "도쿄에는 어느 동네에 가더라도 그것을 파는 사진 가게가 하나씩은 있었다."[60] 즉, 미인 사진은 화류계의 '카르트 드 비지트carte de visite'[61]였던 것이다.

그러나 복제력, 즉 대량생산 면에서 인화지에 현상하는 것이 그림엽서 인쇄보다 더 뛰어나다고 할 수는 없었다. 그러한 한계점을 극복하기 위해 개발된 것이 콜로타이프 인쇄였다. 이 콜로타이프 인쇄는 인쇄 품질을 일정하게 유지하면서도 대량생산이 가능한 기술이었는데, 이를 통해 사진이 갖고 있는 농도의 강약을 인쇄지에 표현할 수 있게 되었다. 콜로타이프 기술이 미국에서 일본에 도입되어 실용화된 것은 1889년으로, 이것이 일반 그림엽서의 인쇄 보급에 응용되기까지는 시간이 걸렸지만 어쨌든 사진 그림엽서 생산의 기초를 다지는 데 기여했음은 틀림없다.

즉, 미인 그림엽서는 사진의 시각적 면이 중시되었다는 점에서 스나메 석판에서 미인 사진으로 이어지는 경험과 관련 깊으며, 대량생산이 가능한 인쇄 기술이라는 면에서 기존 매체와는 다른 특성을 만들었다. 또한 이러한 생산물이 대량으로 유포될 수 있는 유통 시스템과 결합하면서 만들어낸 새로운 문화야말로 미인에 대한 담론의 역사 속에서 그림엽서가 만들어낸 하나의 특징이라 하겠다.[62]

수집하여 응시하다

이러한 특징과 또 하나 깊게 관련되어 있는 것이 이미지의 소유와 수집 욕망을 둘러싼 담론으로, 이것이 미인 그림엽서의 특징과 관련지어 검토해볼 두 번째 논점이다.

가시와기 히로시는 미인 그림엽서의 매력이 사진 이미지에 있다고 보았다. 그렇기 때문에 그림엽서의 수집 열기를 설명하기 위해서는 사진이 가진 힘에 주목해야 한다고 생각했다.

미인 그림엽서와 마찬가지로 여성의 이미지를 소유한다는 점에서는 이후의 화보나 그래픽 잡지 등도 같은 의미를 갖는다. 그러나 한 장의 카드인 그림엽서는 그 사이즈 덕분에 간편하게 휴대할 수 있었고 그 자체로 페티시이기도 했다.[63]

나아가 그는 전쟁터로 보낸 위문 그림엽서들 역시 이미지의 소유라는, 사진이 만들어낸 욕망에서 의미를 찾을 수 있다고 보았다. 미인 그림엽서는 사진이 주는 밀도 짙은 시각적 경험과 카드라는 작은 형태가 미인이라는 소재를 만나면서 소유욕의 대상이 되었다고 할 수 있다. 그렇지만 미인 그림엽서를 소유하고자 하는 욕망을 설명하기 위해서는 가시와기가 주목한 사진의 특징뿐 아니라 우편엽서, 그리고 인쇄 기술이라는 면을 함께 고찰할 필요가 있다. 우선 우편엽서라는 제도가 만들어낸 작용을 생각해보자. 이와 관련해서는 첫째로 규격화라는 논점이 있다. 들고 다닐 수 있었던 이 작은 카드는 그 크기를 상하 몇 밀리미터의 오차 내에서 규정했다는 점에서 규격화된 카드였다. 그림엽서를 수집하고 모으는 행위인 컬렉션은 앨범(그림엽서첩)이라는 규격화된 케이스를 이용하면서 더욱 편리해졌다. 즉, 케이스를 이용하기 위해서도 규격성은 필요한 것이었다.

두 번째로 엽서 형식에 내재된 공개성의 효과라는 논점이 있다. "우편엽서는 타인이 내용을 봐도 될 만한 편지를 저렴한 가격으로 보내고 받는 데 편리하기 때문에 발행"[64]하는 것이었다. 타인의 눈을 신경 쓰지 않는다는 특징은 우편엽서의 형태만 봐도 알 수 있다. 그런 점에서 개인적인 서신임에도 불구하고 다른 사람들이 봐도 상관없을 정도의 커뮤니케이션이 이루어지는 것은 우편엽서 특유의 성질이라 할 수 있다. 미인 그림엽서라는 형식은 이러한 공개성에 대한 사람들의 의식 위에 미인을 응시하는 경험이 돌연 등장한 것을 의미한다.[65] 이러한 경험은 해외에서 들어온 그림엽서를 통해 외국 미인의 사진을 구매하거나 수집하는 등 새로운 관심을 만들어냈다. 이 새로운 관심은 지금부터 논할 미인 콘테스트로 이어졌다.

스타의 탄생

그림엽서로 인해서 화류계 미인들이 전국판 스타가 되기도 했다. 이것이 가능하게 된 경위도 우리의 감수성이 형성되어온 역사를 검토할 때 경시해서는 안 되는 에피소드이다. 화류계 미인이 전국적 스타가 될 수 있게 한 것은 인쇄 문화라 할 수 있다. 인쇄 문화는 앞서 설명했듯이 수집 가능한 형식을 만들어냈을 뿐 아니라 잡지 부록 등의 형태를 통해 그림엽서가 멀리까지 유포될 수 있도록 만들었다. 오다케 주자부로는 이에 대해 다음과 같이 증언하고 있다.

> 미인 그림엽서는 미인을 어느 정도 변장시켜서 제작한 것인데, 그중에서 갈채를 받은 것이 오사카의 경우 도미타야富田屋의 하치요八千代, 교토에서는 시바이케芝池, 도쿄에서는 제1기가 아사쿠사의 오쓰야お艶, 제2기가 아카사카의 만류萬龍였고, 오늘날에는 에이류米龍가 제일이다. 별도로 도쿄 미인 백선을 사진집으로 간행하고 있는 곳은 오카와 사진관이지만, 근래에는 풍조가 변해서 만류의 백 가지 모습이라든가 에이류 이십 종이라든가 하는 것도 나오고 있다. 또 상금을 걸고 사진을 공모하여 펴낸 오사카 게보샤의 당선 백이십 미인집도 있다.[66]

이런 점에 주목할 때 미인 그림엽서와 관련하여 다음 몇 가지를 지적하고자 한다. 첫째, '미인'에는 유행이 있었고 당대에 최고라

〈미인 그림엽서〉, 그림엽서

고 칭해진 몇몇은 유명인과 다름이 없어 직접 만나지 않더라도 많은 이들이 알아볼 수 있게 되었다. 둘째, 아사쿠사 12층 전람회에서 평판을 얻은 '도쿄 미인 백선百選'의 그림엽서 버전은 이미 간행되어 있었다. 셋째, 그림엽서 세트에는 '미인' 한 사람을 여러 가지로 분장시켜, 예를 들면 스무 종의 다른 모습으로 촬영한 이미지가 들어 있었다. 이는 오늘날의 사진집 형태와 매우 유사하다고 할 수 있다. 넷째, 현상 사진이라고 해서 상금을 걸고 응모를 받아 그 당선작들로 구성한 그림엽서집도 발간되었다.

첫 번째의 스타 탄생과 관련해서 그림엽서 조합이 펴내는 기념 월보에도 "메이지 40년대에 아사쿠사의 기녀 만류의 이름과 그

요염한 자태가 전국 방방곡곡에 널리 알려진 것은 그림엽서가 가진 위대한 대중성을 여실히 보여주는 것이었다"[67]라는 회고가 등장한다. 두, 세, 네 번째 논점들을 이 첫 번째 논점과 관련해 생각해보면, 최초의 미인 콘테스트로 료운각凌雲閣에서 기녀 백 명의 사진을 놓고 투표 심사가 이루어진 것이 1891년이고,[68] 그것의 보급판이 위에서 언급한 '도쿄 미인 백선' 그림엽서 버전이라고 할 수 있다. 이러한 경쟁에 의해 저변이 확대되는 한편, 인기 스타가 성립되는 감성의 기반이 만들어졌다. 세 번째 논점처럼 한 사람의 다양한 모습을 담는 스타일[69]은 한편으로는 사진점 혹은 그림엽서 가게가 조금 더 편리하게 제작하기 위해 선택한 방법이기도 했지만, 다른 한편으로는 구매자의 욕망에 호응한 방식이기도 했다.

미인의 아름다움은 사건

'미인'의 개념에 대한 문제 또한 해명해야 할 과제이다. 그림엽서라는 형태의 매체를 수용하는 데는 미인이 아닌 '인간' 자체에 대한 주목도 있었음을 지적해야 할 것이다. 쓰보이 쇼고로는 그림엽서가 한참 유행하던 당시에 다음과 같이 기술한 바 있다.

인류학 연구에서는 모든 인종의 용모, 체격, 풍속 등을 담은 사진 및 회화가 필요해서 되도록 수집을 하려고 하는데 생각처럼 잘 되지는 않았습니다. 그런데 '그림엽서'가 유행하기 시작한 이후에 해외에 살고 있는 지인들이 참고가 될 만한 것들을 잇

달아 보내주니 아주 편리합니다. '그림엽서'에는 여러 가지 용도가 있겠지만, 개인적으로 큰 득을 본다고 느끼는 것은 이 부분입니다.[70]

이이자와 고타로飯沢耕太郎가 도리이 류조鳥居龍蔵에 대해 쓴 논고[71]를 보면, 일본 사진 역사에서 쓰보이는 예술사진과는 다른 종류의 사진 계보에 있음을 알 수 있다. 도리이는 쓰보이의 제자 격인 인물로 인류학 조사에 사진을 적극적으로 도입한 사람이기도 하다. 하얀 천을 배경에 두고 얼굴의 정면과 옆모습을 촬영하여 인물의 골격, 신체적 특징을 비교하기 쉽

〈뉴기니의 족장〉, 그림엽서

도록 기록하는 것은 자연인류학 특유의 사진 기법이다. 도쿄다이쇼박람회 태평양관에서 기념품으로 판매되던 그림엽서 한 장에서 그러한 사진 기법의 흔적을 볼 수 있다.[72]

물론 당시 인물 그림엽서가 유행한 이유가 신체적 특징을 비교하기 위해서였다고 말하기는 어렵다. 미인 사진이 표출하는 것은 냉정한 기록 데이터가 아니라 이야기이기 때문이다. 즉, 미인 그림엽서에 있어 미인의 아름다움은 사건이었다. 그런 점에서 미인 그

림엽서는 사진을 중심에 둔 사건 그림엽서와 동질적 요소를 가진 것이라 할 수 있다.

유행의 감각을 키우다

오늘날의 상식에서 본다면 '사건 그림엽서'라고 불린 것의 중심에는 '시사'나 '뉴스 영상'과 같은 시각이 있었다. 오다케 주자부로는 문두에 언급했던 1910년의 대홍수 관련 그림엽서 등을 '기념 그림엽서'로 분류하고 있었는데, 그런 점에서 러일전쟁의 승리에 대한 '기념'으로 엽서를 발행하는 것은 사건이라는 감각과 아주 밀접한 것일지 모르겠다. 한편으로 오다케는 '일정 시기에 매년 간행되는 기념 그림엽서'가 있다고 하면서, 그중 육군이나 해군 관련 기념이나 대만, 관동, 조선, 사할린 등의 점령지에 대한 시정 기념, 야스쿠니 대제나 적십자 총회, 애국부인회, 공진회나 전람회와 같은 이벤트, 철도 개통과 전신 전화의 개통 등이 유명했다고 예를 들었다. 이들 행사에는 "반드시 기념 그림엽서가 발행되었다"[73]고 할 수 있다. 연중행사로 만들어 줄곧 화젯거리를 마련하는 방식은 오늘날 저널리즘에도 유용하게 사용되고 있다.

나아가 특정한 장소와 때에 벌어진 광경을 쫓는 사진의 시선이 시사를 '그때그때의 유행품'[74]으로 여기게 하는 감각을 길러냈다. 하나의 사건에 대해 다량의 그림엽서가 발행되었던 것이다. 오다케는 자신의 소장품을 분류하여, 그림엽서 초창기에 발매된 이 유행 그림엽서들을 보기 쉽게 표로 나타냈다. 이에 따르면 200종

사건과 그림엽서 제작

사건	엽서 세트 수	엽서 종수	제작연도
러일전쟁 관련	1000	4500	1904~1906
왕세자 행차 기념	410	1000	
도쿄박람회	136	640	1907
미국함 환영	68	312	1908
도쿄 부근 대홍수		약 300	1910
나고야 공진회		약 200	1910
일-영박람회		80	1910
한일병합		80	1910

(매)을 넘는 발행이 여러 차례 있었음을 알 수 있다. 그림엽서 판매점의 시작은, 그림엽서 발행에 관여해온 쇼비도尚美堂가 '정보통'이라는 단어로 전한 다음의 회상으로부터도 알 수 있듯이 사건의 유행과 밀접한 관계를 가지고 있다.

> 홋카이도에 군사 대훈련이 있으면 거기에 군중들이 모여들고, 고베에서 관함식이 있으면 또 거기에 사람들이 모여들어 장사를 한다. 이들은 옛날 말로 하면 '행상', 오늘날의 표현대로라면 '노점상'이라고 부를 수 있는데, 이 집단들이 그림엽서점의 기원이 되었다. 당시에는 장사할 곳도 마땅찮고 요즘처럼 점잖게 장사하는 사람도 없었다. 이들은 '정보통'이라고도 불리며 잡다한 물건들을 취급하며 장사를 했다. 이들 집단이 후에 출판업 조합으로 탄생하게 된다.[75]

간편하게 들고 다닐 수 있는 사진기가 보급되면서 사진을 찍는 사람들의 활동 범위가 넓어지게 되었고, 다양한 사건이나 풍물을 그림엽서로 기록할 수 있게 되었다. 사건 그림엽서는 이처럼 사진기를 손에 들고 거리를 누빈 이들이 탄생시킨 것이기도 했다.[76] 그런 점에서 보면 그림엽서는 카메라가 사유화되는 과정에서 만들어진 것이라고 생각할 수 있다.

대재해 구경

이러한 기동력은 관동대지진이 일어났을 때에도 발휘되었다. 『미쓰무라 도시모 이야기光村利藻伝』나 『쇼비도 80년尚美堂80年』에 나와 있는 회고와 대조해보면, 당시의 지진 현장 사진을 담은 그림엽서는 이스트먼 코닥의 사진기 등 간편한 카메라를 매달고 다닌 그림엽서 장사치들이 찍은 것임을 알 수 있다. 대지진에서 살아남은 미쓰무라 인쇄소가 이 사진들을 10일경부터 인쇄하고 판매를 시작하자 날개 돋친 듯 팔렸다. 매입하려는 무리가 쇄도하자 인쇄소의 지나친 번성을 시기한 이들이 인쇄소에 불을 지르기도 했다.[77]

그렇다면 대지진의 참상을 담은 사건 그림엽서를 생산한 곳이 미쓰무라 인쇄소뿐이었을까. 관계자의 회상만으로 단정 짓는 데에는 몇 가지 위험성이 있다.

먼저, 미쓰무라 인쇄소에서 작업을 개시한 것이 10일경이라고 하지만, 이케다 분치안池田文痴庵의 「지진 후 한 달震災の一カ月間」이라는 조사에 의하면, 7일경에 "이 무렵부터 피복창 소사焼死 사진에

〈관동대지진〉, 그림엽서

대한 발매 배포가 금지되었으나 경시청 부근에서 버젓이 15전에 팔리고 있는"[78] 등 사진은 그림엽서보다 먼저 나돌았다. 미야케 고키三宅克己의 증언에 따르면, 그는 3일부터 사진 촬영을 시작했으나 그 무렵 "마루노우치에서 피난민들 사진을 찍던 이가 군중들에게 뭇매질을 당하는 것을 보았다"는 지인의 말을 들은 걸로 미루어보아[79] 이미 그 이전부터 사진기를 들고 다니던 사람이 있었다고 할 수 있다.

그렇다면, 촬영자들은 누구였을까. 기무라 마쓰오는 재해 사진의 촬영자로 첫째, 영업 사진관 사진사, 둘째, 점점 증가하고 있던

* 일본의 대중문화 자료 수집가. 관동대지진을 계기로 에도 후기 이후의 자료들을 수집하기 시작하여 개인 잡지를 발행하는 등 서민문화 연구에 주력했다.

아마추어 카메라맨, 셋째, 신문이나 통신사 계열의 저널리스트 사진부원을 들었다. 또 그는 "신문 및 통신사가 촬영한 사진의 오리지널 프린트가 몇몇 루트를 거쳐 그림엽서 업자의 손에 건네져 그것이 인쇄된"[80] 경우를 가정하기도 했다. 쇼비도 점주가 "덴쓰電通로부터 사진을 빌린" 것은 이 경우와 유사한 면이 있다. 또한 이미 언급했던 '정보통'적인 존재가 뛰어든 것도 생각해볼 수 있다. 사진의 촬영 혹은 사진 자체의 유포와 그림엽서의 관계를 과연 쇼비도의 몇몇 회고만으로 결론지어도 될까?

두 번째, 판매자와 구매자의 이미지를 포착하기가 쉽지 않다. 『미쓰무라 도시모 이야기』에는 지진으로 집과 일터를 잃은 사람들이 그림엽서를 매입해 노점에서 팔았다고 기록되어 있다. 실제로 "큰길 여기저기에서 팔리고 있었죠"라는 회상이나 "15일까지 60엔을 벌어들였습니다"라는 기사, "지진 그림엽서와 도쿄 지도 등은 날개 돋친 듯 팔린다"라는 당시의 보고[81]도 눈에 띈다. 그러나 흔히 보이던 판매인들이 관동대지진 전에 어떤 직업을 가진 인물들이었는지를 보여주는 자료는 거의 없다.

누가 이 그림엽서를 샀는지는 더욱 상상하기 어렵다. 사건 그림엽서는 대체 누가, 어디에서 어떠한 마음으로 샀을까. 지진 후에 도쿄를 돌아다녔던 미야케의 증언에는 구매자들의 일면을 추리하게끔 하는 실마리가 있다. 미야케는 군대의 노력에 감사하지만, 한편으로 구호 작업을 위해 상경한 청년단들에게는 곱지 않은 시선을 보냈다. 미야케의 눈에 그들은 구호라는 이름을 빌어 지진의 참

상을 구경하고자 하는 마음을 가지고 있어 그다지 고마운 존재는
아니었다.

그들은 대부분 카키색의 옷을 입고 새로 장만한 듯한 등산
가방을 등에 메고 어깨에는 수통을 걸고 있었다. 개중에는 저
렴해 보이는 펄 카메라 같은 것을 가지고 다니는 이들도 왕왕
있었는데 그들은 삼삼오오 패를 이뤄 안 그래도 꽉 들어찬 승
합차에 비집고 들어가는 등 말도 안 되는 행동을 하곤 했다.
내가 우연히 같이 탄 차 안에도 이 무리 중 한 패가 있었는데
이들은 차창으로 목을 빼 내밀고 시내를 바라보며 "아, 멋져, 멋
져!", "이렇게 즐겁다니, 의외야"라며 참기 힘든 말들을 거리낌
없이 지껄였다.[82]

미야케가 이 글을 탈고한 것이 9월 22일이므로, 위에 기술한
광경은 지진이 일어난 얼마 후였다고 볼 수 있다. 구경꾼들의 이러
한 호기심을 생각할 때, 그림엽서는 기념품 역할을 했다고 추측할
수 있다.

그러나 같은 호에 기고문을 실은 어떤 사진가가 지진은 카메
라의 피사체로서 새로운 장르를 개척했다고 논했으며, 미야케 자신
도 "지금까지는 꿈에서도 볼 수 없었던 새로운 주제가 여기저기서
출현"[83]했다고 논한 것을 보면, 미야케의 사진에 대한 욕망 또한 상
경한 청년단의 태도와 종이 한 장 차이였음을 알 수 있다. 사건 그

림엽서라고 하는 사진 그림엽서는 이처럼 진기한 풍경을 욕망하는 심성을 매개로 한 것이었다.

사건 그림엽서와 사진

사건 그림엽서에 대해 언급하지 않았던 점이 몇 가지 더 있다. 첫째로, 사건 그림엽서가 가진 시사성이 몰락한 것은 다른 미디어, 특히 신문사진 인쇄의 발전과 크게 관련되어 있다. 인쇄 기술뿐만 아니라 방대한 취재 및 원고 운송 체제를 포함한 시스템이 발달하면서[84] 그림엽서의 시사 미디어 성격은 과거의 것이 되어갔다.

사건 그림엽서에서 신문사진 미디어로 전환되는 과정을 명확히 하기 위해서는 신문사진 인쇄 역사와 그림엽서의 역사를 세세하게 대조하고 검증할 필요가 있겠지만, 우선 '지진 그림엽서'의 시기가 사건 그림엽서가 쇠퇴하는 시기라는 점은 분명하다. 그라비아 인쇄가 실용화되던 시점이기 때문이다. 지진 그림엽서는 그런 점에서 신문의 공백이라는 특이한 상황에서 마지막으로 빛을 발했다고 할 수 있다.

둘째, 시각 우위의 현실을 구성한다는 점에서 이 사진 그림엽서의 한 부류가 수행한 역할은 컸다. 물론 사람들이 실제로 보이는 현실과 사진 속 현실 사이를 조정해가는 시간은 필요했을 것이다. 러일전쟁 기념 그림엽서에 남아 있는 전함의 '웅장한 모습'은 줌에 익숙한 우리 시각으로 볼 때는 초심자가 촬영한 사진 한 장일 뿐이다. 그러므로 수정할 수 있다면, 인쇄 단계에서 현실성을 더하고

〈신슈 가루이자와 대수해의 참상〉, 그림엽서

자 자연스레 이런저런 궁리를 하게 된다. 이런 경향은 사진 문화와
줄곧 함께했고, 텔레비전이라는 미디어로 옮겨가면서 다시 '짜고
치기' '연출' 등의 문제로 이어지는 테마이기도 하다.

이를테면 본 장 첫 부분에 수록한 대홍수 관련 그림엽서와 같
은 해 같은 달에 찍었다고 표제에 달린 〈신슈 가루이자와 대수해
의 참상信州軽井沢大水害/惨状〉이라는 그림엽서가 있다. 기상 자료를 대
조한 것은 아니지만, 도쿄에 큰 수해를 몰고 왔던 바로 그 태풍으
로 인한 수해라 생각할 수 있다. 그런데 이 그림엽서의 탁류는 어딘
가 매우 부자연스러워 보인다. 이를 염두에 두고 다른 엽서들을 주
의 깊게 보니 이 엽서에서 물의 흐름에 손을 댄 것과 마찬가지로,
폭동을 표현한 그림엽서에 날아다니는 돌을 덧붙여 그렸거나 화재

톨테일 그림엽서

현장에 불꽃이나 연기를 덧그린 것을 발견할 수 있었다.

　세 번째, 사진 그림엽서에 사실적인 이미지가 더해지면, 그것을 역으로 이용하는 형태가 탄생한다. 예를 들어, 미국에서는 '톨테일 포스트카드Tall-tale postcard'라는 분야가 생겨났다.[85] '믿거나 말거나 그림엽서'라고도 번역할 법한 이 분야는 터무니없는 크기의 감자나 호박 등 트릭 사진을 그림엽서로 만든 것이다. 그러나 이러한 시각은 너무나도 미국적인 유희라 일본 그림엽서 문화에서는 보기가 어렵다. 두 문화를 비교하는 건 지금 무리이지만, 사진에 대한 태도 차이는 앞으로 고찰해볼 만한 문제이다.

　그림엽서는 분명 사진을 사회에 유포하는 데 큰 공로를 세웠으며, 그림엽서와 사진이 결합하면서 여러 현상이나 역사적 풍경이 폭넓게 사진으로 기록되었다. 사진 미디어에 대한 역사는 이러한 관점을 가지고 오늘날 그림엽서에 주목하고 있다.[86] 수해 그림엽서를 앞에 두고 기타가와 씨는 어느 날 이렇게 말했다. 원래부터 수해를 입기 쉬운 장소는 유명한 장소와는 거리가 멀다. 오히려 일반적으로 생활환경이 좋지 않은 장소가 많다. 이처럼 주목받기 어려운 장소에 카메라가 들어가서 그 마을의 모습과 생활의 일부를 기록하는 것에 '수해' 그림엽서의 특징과 가치가 있다고 말이다. 이러한 평가는 본질적으로 고증가의 몫이지만, 그림엽서를 역사사회학(사회사)의 자료로 이용할 때 가질 수 있는 중요한 태도이다. 부연하자면, 오히려 이런 우연적 기록 속에 우리가 해독해야 할 텍스트가 있다는 가르침이다. 이러한 우연이 폭넓게 자리하고 있다는 점에서 그림엽서는 특유의 가치가 있다고 할 수 있다.

여행하는 신체와 엽서 쓰는 경험

외지인 여행자

마지막으로 '명소 그림엽서'라는 부류를 생각해보자. 말할 것도 없이 명소 그림엽서는 탄생 후 얼마 지나지 않아 그림엽서의 대명사가 될 정도로 보편화되어, 그림엽서 개념의 중심에 들어섰다. 그렇기 때문에 우리에게도 명소 그림엽서는 그림엽서의 자명한 형

〈철도 5000마일 기념〉, 그림엽서

태로 자리 잡았으나 그렇게 자명한 형태로 자리하기까지의 상황에 대해서 몇 가지 검토해보고자 한다. 무엇보다 중요한 것은 외지인 여행자라는 존재 형태인데, 이와 관련해서 몇 가지 깊이 들여다보아야 할 점이 있다.

첫째, 철도의 발달이다. 그림엽서 붐에 이어 1906년, 일본 전국 철도가 총 5000마일까지 연장된 것을 축하하기 위해 기념 그림엽서가 발행되었다. 1889년에 1000마일이었던 것을 생각해보면 급속한 신장이라 할 수 있다. 이러한 속도에 힘입어 러일전쟁 시작 직전에는 거의 전국적인 철도 교통망이 완성되었다.[87]

철도로 인해 여행이 대중화하고 도시가 생성되고 관광지가 탄생했다. 여행자로서, 즉 외지인으로 체류하는 경험이야말로 명소 그림엽서 수요의 기초가 되었으며, 철도에 의해 그 경험이 양산되었다. 『일본 전국 명소 엽서 목록』에는 사단, 연대, 고등학교가 있는 곳에서 그림엽서 발행이 많았다고 기록되어 있다.[88] 즉, 병사나 학생 같은 타지 사람이 많이 모여 있던 도시에서 명소 그림엽서의 생산과 사용이 활발했던 것이다. 1913년에 발행된 한 실용서에서는 500~1000가구를 보유한 마을이라면, 명소나 유적이 없다고 하더라도 반드시 그 마을 그림엽서가 있다고 단언했다.[89] 그 외에 철도가 우리의 감수성이나 풍경관을 변화시킨 부분에 대해서는 제5장에서 다룰 예정이다.

두 번째, 사진관과 인쇄의 관계이다. 이시이 겐도에 따르면 이미 1913년 무렵 시가지나 명소를 사진으로 찍어 원판과 인화된 종이를 그림엽서 도매상에 보내기만 하면 그림엽서 상품으로 만들어주는 방식이 갖추어져 있었다.[90] 영업 사진관은 그즈음 벌써 많은 곳에 들어와 있었으므로 각지에서 그림엽서를 만드는 것이 가능했을 것이다. 거기다 시사성을 띤 유행 엽서들과 달리, "그 지역의 명소 그림엽서는 잘 팔려서 경기에 상관없이 몇 년 지나도 재고품이 되지 않는"[91] 이점은 명소 그림엽서가 길게 살아남는 데에 결정적 영향을 끼쳤다.

세 번째, 필기구의 진화를 들 수 있다. 앞서 언급했듯이 전쟁을 통해 객지에서 엽서를 쓰는 경험이 대중화되었는데, 쓴다는 행위에는 필기구가 필요하다. 만년필처럼 휴대 가능한 필기구는 집을 떠나는 경험과 엽서를 쓰는 행위를 이어주는 역할을 했다. 우치다 로

안內田魯庵은 1912년 마루젠* 카탈로그에 「만년필의 과거, 현재 그리고 미래」라는 짧은 글을 실었다. 이 글에서 그는 그림엽서와 펜 쓰기의 밀접한 관계를 언급하면서 만년필 보급의 역사를 고찰하고 있다. 이에 따르면, 청일전쟁 후 점점 만년필이 붓을 대체하면서 세계적으로 만년필의 수요가 증가하게 되었다. 러일전쟁에서는 출정 군인이 만년필의 편리함을 깨닫게 되면서 그 무렵부터 사용자가 급증했다. 이후 만년필이 유행하게 되어 20년 전에는 마루젠에서만 판매하던 것이 지금은 모든 문구점에서 외제든 일제든 만년필을 안 파는 가게가 없다[92]는 것이다.

네 번째, 카메라와의 관계이다. 이는 명소 그림엽서의 쇠락과도 관련된 중요한 요인이다. 자기 카메라로 기념사진을 찍는 경험이 일반화되면서 명소 그림엽서가 진부하다는 인식이 더욱 심화되었기 때문이다. 자신만의 기념사진을 간단히 만들 수 있게 되면서 그림엽서를 고르고 구매하는 경험에는 타인에게 소식을 전하는 매체라는 측면만이 남고, 자신의 체험을 기억하는 매체라는 측면은 추방되었다. 우리는 자신의 경험을 시각적으로 영유하는 방법을 바꾸었던 것이다.

• 　마루젠(丸善)은 1869년 창업하여 현재까지 이어져오고 있는 일본의 기업으로, 서점과 출판 쪽 경영이 주를 이루고 있다. 외국 서적을 수입, 판매하는 등 근대 일본에 서양의 문화 및 학술을 소개하는 데에 공헌했다고 평가받고 있다.

그림엽서의 예언

날짜가 가지각색

그림엽서는 연대를 특정하기 어려운 자료이기에 다루기 까다롭다. 그림엽서를 포함해 일반적으로 한 장짜리 종이 인쇄물 자료에 대해서는 서적이나 잡지류처럼 제도화된 간행 기록 시스템이 없다. 그런 탓에 우연한 흔적을 발견하지 않는 한 발행일을 확정하기 어렵다. 그러나 앞서 언급했듯이 그림엽서는 우편 문화사와 인쇄 역사, 사진 역사의 교차점에 있기에, 단순히 발행된 인쇄물이 아니라 글씨, 도안의 내용, 사용 당시 소인 등을 담은 사회적 존재이다. 이러한 정보들을 이점으로 삼아 활용할 수 있는 이용 방법을 만들어내야 할 것이다.

예를 들어, 신년 연하장은 12간지나 연호를 기재하여 시기를 나타내고 있다. 그 외 지면의 내용으로 연월을 특정하는 것은 아주 어렵지만, 다른 자료를 통해 그림엽서에 인쇄된 재해나 기념행사 등의 날짜를 확인할 수 있다면, 이들 엽서가 해당 사건이 일어나고 얼마 후에 간행되었는지 추측할 수 있다. 만약 그림엽서가 실제 우편물로 사용되었다면 우편제도에 따른 날짜 소인으로 사용 시기를 확인할 수 있다. 그 점은 그림엽서 고유의 이점이라 하겠다.

기념행사를 위해 고안된 엽서, 이를테면 '특수한 통신일자 소인' 스탬프가 기념으로 찍힌 엽서를 수집하는 취미 활동과 합쳐지면, 그림엽서의 연대를 유추하기가 더욱 쉬워진다. 『기념 그림엽서 취록記念絵葉書聚録』에는 "그림엽서 발행연월일이 명확한 경우는 드묾. 특수 통신일자 소인의 월일로부터 판단할 수밖에 없음. 대저 날짜 소인이 찍힌 당일 혹은 그전 일주일간을 범위로 보아야 할 터"[93]라 고 적혀 있는데, 그런 점에서 스탬프 애호가들의 활동을 고육지책 으로 삼아 자료를 모으는 것도 해볼 만한 시도이다.

또 발송된 그림엽서에 기입되어 있는 서간의 대략적 내용은 사진사 연구나 미술사 연구에서는 발견하기 어려운 자료를 제공한 다. 즉, 그림엽서에는 응당 엽서 이미지에 대한 감상 같은 것이 적 혀 있을 텐데, 이러한 자료는 독자론으로 통하는 또 하나의 작은 길이 된다.

지금까지 그림엽서의 생태를 파악하고 발굴해내기 위한 논점 들을 생각해보았다. 미디어로서 그림엽서의 양태를 정확하게 파악 하는 것은 그림엽서를 읽어내는 전제가 되겠지만, 이에 대한 탐색 은 이제 막 시작하는 단계에 있다.[94] 잊힌 미디어의 발굴과 시굴에 대해 정리하면서, 마지막으로 그림엽서가 우리의 감성 세계에 무엇 을 만들어냈는지 덧붙이고자 한다.

첫째, 그림엽서는 색채의 해방을 예언하는 작은 실험장이었다. 일찍이 야나기타 구니오는 『메이지 다이쇼사 생활문화편明治大正史世 相篇』[95]의 「나팔꽃의 예언朝顔の予言」 부분에서 천연염료로 의복을 염 색하는 것에 대한 규제를* 깨부순 힘이 나팔꽃 원예 문화와 면직물 염색 문화로부터 나왔다고 보았다. 이 이야기를 복제 기술 문화에 적용해보면, 그림엽서가 색채의 해방에 끼친 역할을 알 수 있다. 근세 다색 목판인 니시키에로부터 근대 등사판을 중심으로 한 효율적 인쇄로의 전환은 문자 일색의 단색 세계로 회귀한 것이었다. 그러던 중 메이지 30년대에 유행한 그림엽서는 다색 석판인쇄의 가능성을 실험하여 종이 위의 색채를 해방시키는 데 지대한 역할을 했다. 어느 잉크 공업회사의 사사社史에는 "다색 석판인쇄술의 발달은 사실 그림엽서에 힘입은 바가 대단히 크다"[96]라는 표현이 있다. 이러한 다색 석판인쇄술은 머지않아 백화점의 발달과 함께 화려한 포스터 문화가 발전해가는 기초가 되었다고도 기술되어 있다. 컬러가 근대 복제 문화 안에서 꽃필 것임을 그림엽서는 예언하고 있었던 것이다.

둘째, 그림엽서는 시각에 의한 소비라는 특성을 가진 시대의 본격적 서막을 예고하고 있었다. 그림엽서 형태로 유포된 사진은 사건의 순간에 현장으로 모여드는 구경꾼들의 시각을 자극했다. 또 이와 동시에 금방 화제의 중심이 되었다가 또 금방 사라져버리는 유행의 사이클에 사람들의 시선이 휩쓸리도록 했다. 미인에 대한 관심 또한 유행의 흐름 속에서 달아올랐다가 식었다. 대중들의 시선은 유행이면서 동시에 극히 개인적인 색채를 띠기도 했다.[97] 그 감각이야말로 대중사회적인 것이었다.

* 원문에는 '天然の禁色(천연의 금색)'이라고 되어 있는데 이는 야나기타의 표현이다. 금색(禁色)은 법령에 따라 계급별로 의복에 입힐 수 있는 색이 제한되어 있었던 것을 의미한다. 야나기타는 메이지기 이전에 천연염료에 의한 발색이 제한되어 있었으며, 근대에 의해 색채가 해방되었다고 보았다.

그림엽서가 수행한 역할을 잊어버린 오늘날도 우리는 이 미디어가 하나로 묶어낸 변화 속에서 살아가고 있는 것이다.

제2장

산책자의 과학

: 고현학의 실험

두 개의 전람회―쇼와 시대의 시작과 끝

고현학은 지금

그림엽서가 예언한 대중사회에는 주체적인 시각에 대한 실험도 새로이 생겨나기 시작했다. 그 실험의 명칭은 고현학. 거리에 넘쳐나는 모던을 소재로, 우리의 현재를 기록하고 고찰하려는 운동이었다. 우연일지 모르나 쇼와라는 이름으로 구분된 시대의 시작과 끝에 이 운동과 관련 있는 진기한 전람회가 열렸다.

1927년 10월 15일부터 21일까지 일주일간 신주쿠 쓰노하즈_角筈의 전차 정류소 앞 기노쿠니야_{紀伊国屋} 서점에서는 일본 최초로 '시라베모노[고현학] 전람회'가 열렸다. 오자키 호쓰미_{尾崎秀実}는 아사히 신문에 "소재는 특수하고 방법은 특이하다. 이 필사의 탐구는 분명 하나의 경향을 암시하기에 충분한 힘을 가지고 있는 것이리라. (중략) 요 근래 본 진기한 전람회이다"[1]라고 평가했다. 고현학이라는 단어가 매스컴에 처음 등장한 글이기도 했다.

그리고 1988년 6월 2일부터 8월 2일까지 두 달 동안 긴자의 포켓파크라는 건물에서 '고현학은 지금'이라는 기념 전시가 열렸다.[2] 이 전시의 첫 번째 목적은 민속학자이자 고현학의 창시자인 곤 와지로今和次郎의 고현학을 계승했다고 할 수 있는 다양한 현대적 채집을 전시하는 것이었다. 또한 이 전시는, 60년이 지났지만 제대로 이해받지 못한 '고현학'이라는 학문의 원점을 찾아내어, 한 번 더 그 가능성을 생각해보고자 하는 의도를 내포하고 있었다.

왜냐하면 우메사오 다다오梅棹忠夫가 그의 저작 『고현학考現学』의 해설에서 설명하고 있듯이[3] '학문으로서의 고현학'은 태어나기는 했지만 제대로 길러지지 못한 채 사라지고 말았기 때문이다. 확실히 저널리즘 여기저기에서 고현학을 인용하는 사람들이 이 학문의 유래와 내용을 제대로 알고 있다고 생각하기는 어렵다. 고현학은 이름만 남아 있을 뿐 방법적 내막은 잊혀졌다. 그렇기 때문에 고현학은 다소 경박한 익살로서, 재미 위주로만 언급되면서 오늘날까지 온 것이다.

그러나 이 학문이 탄생하던 시점으로 시계를 돌려 그 가치를 복원해보면, 오늘날 고현학을 다루는 방식이 불충분하다는 것을 알 수 있다. 고현학에 대해 오자키 호쓰미가 하나의 경향을 암시하기에 충분한 필사적 추구라고 한 평가는 결코 신문의 홍보성 기사가 아니었다. 곤 와지로는 전람회 14년 후, 전람회 관람자들에게 배포한 인쇄물의 내용을 자신의 저작에 기록해 남긴 바 있는데, 그 인쇄물에는 전람회의 의도가 다음과 같이 적혀 있다.

이 전람회는 최근 3년간 우리가 해왔던 일의 전시입니다. 우리는 이 일을 잠정적으로 고현학이라 이름 붙이고, 고현학 방법을 현대에 적용해봤습니다. 즉, 현재 눈앞에 펼쳐지는 여러 가지를 기록하고 이 조사 방법을 어떻게 할 것인가를 생각한 것입니다. 보시는 대로 만반의 시도를 해보고 있습니다. 비평을 부탁드립니다.[4]

'우리 학문은 현대를 조사하는 방법을 개발하는 노력이다'라는 선언에 주목해보자. 방법이라는 용어는 매우 의식적으로 선택된 것이리라.

발육 부진으로 끝나버린 학문

고현학은 '쇼와'로 변화하면서 탄생했다. 전람회 날짜는 분명 상징적이지만, 여기에서 말하는 변화란 단지 연호가 바뀌었다는 자의적 구분을 의미하는 것은 아니다. 가와조에 노보루川添登가 지적하듯이, '쇼와'는 생활양식 면에서 "주거와 일터가 분리되고, 생산으로부터 떨어져 나와 소비자가 된 급료 생활자들에 의해 점차 명확해지는"[5] 대중 소비사회의 다양한 변화들이 대도시 도쿄를 무대로 나타나기 시작한 시대였던 것이다.

사람들은 새로운 오락과 위안 수단을 찾기 시작했고, 한편에서는 '혁명'과 '계급'을 논하는 사상이 유입되어 많은 이들이 각자의 입장에서 '민중'에 대해 이야기하기 시작했다. '벼락부자'라는 단어가 생겨나고 모던이라는 향락적 사상이 유행하는 한편에서는 빈민굴이 버젓이 존재했다. 이시이 겐도는 쇼와 직전에 출판한 책에서 당시의 세상을 덴포개혁天保改革* 시대의 세태를 풍자한 니시키에에 빗대 다음과 같이 적었다. "오늘날의 도쿄는 댄스 근절을 외치지만 그 유행은 그치지 않고 양민의 피를 빠는 의원들이 거들먹거리며 활보하며, 무산계급자들이 똥폼을 잡는 등 백귀가 활개 치는 꼴이니 구니요시国芳의 풍자 니시키에를 보는 것 같다."[6]

이러한 변화의 한가운데에서 고현학은 냉철한 관찰 방법으로 무엇을 추구했을까. 본 장에서는 이제는 잊힌, 고현학이 추구했던 원점을 발굴하여 그 가능성에 빛을 비춘다. 고현학은 결코 체계화된 하나의 방법은 아니었다. 도시에서 생겨나기 시작한 새로운 유형의 산책자들의 시선이 만들어낸, 다양한 방법군이라고 말하는 편이 더욱 정확할 것이다. 여기에서는 그 세세한 부분에 숨겨져 있는 가능성을 드러내보고자 한다. 열정에 들뜨지 않고, 이데올로기적 사상에 머무르지 않고, 풍속을 관찰하는 방법을 새로이 구축하고자 하는 의지는 세상에 대한 대항이기도 했다. 물론 고현학이 남긴 결과는 그것이 미완의 시도였음을 보여준다. '발육 부진'으로 끝나버린 학문의 방법을 매몰된 역사 속에서 구해내는 것은 고

---

* 에도 시대에 일어난 3대 개혁 중 하나로 사회불안과 심각한 재정난을 타개하기 위해 시도되었다. 농촌 인구의 증가를 위해 농민의 에도 이주 금지, 에도인의 농촌 귀향, 도시 상공업자의 독점 조합 해산 등을 명령했으며, 풍속에 대한 단속을 명분으로 검약령을 발령하고 출판, 가부키, 의복 등을 통제했다. 에도 후기의 다이묘였던 미즈노 다다쿠니(水野忠邦)가 개혁을 추진했다.

현학 방법이 품은 본디의 뜻을 발굴해 그려내는 것을 통해서만 가능하다.

채집 활동의 복원—모데르노로지오 읽는 법

조사한 것을 어떻게 공유할 것인가

우선 '채집'이라는 것이 어떻게 형성되어왔는지 생각해보자. 이를 탐구하는 것은 『모데르노로지오[고현학]モデルノロヂオ[考現学]』 및 『고현학 채집(모데르노로지오)考現学採集(モデルノロヂオ)』이라는 두 책이 전제로 삼고 있는 어떤 실천행위에 초점을 맞추고, 거기에서 생겨난 의미를 분명히 하는 것이다.

고현학이라는 새로운 이름을 가진 학문의 유래에 관해서는 곤 와지로나 요시다 겐키치吉田謙吉를 비롯해 지금까지 몇몇 사람들에 의해 논의가 이뤄져왔다. 특히 곤 와지로의 사상에 기반하여 민가연구—고현학—생활학으로 논의를 발전시킨 가와조에 노보루의 일련의 논고는 가장 체계적이었다.[7] 복각 작업 중에 발굴한[8] 몇 가지 새로운 단편들을 포함하여 지금까지 명확히 드러난 것들을 내 나름대로 정리하면서 고현학의 기원과 가능성에 대해 고찰해보고자 한다.

곤 와지로의 서재에 있던 노트 한 권이 현재 고가쿠인대학에 보관되어 있다. 이 노트에는 과거 기노쿠니야 서점에서 열렸던 전람회나 앞서 언급한 두 권의 책에 소재로 이용된 몇 가지 채집이 펜으로 기록되어 있다. 노트의 첫 페이지에는 '주안점과 규약'이라고 하여, 다음과 같은 강령이 적혀 있다.

1. 이 대장은 머지않아 적당한 도서관에 보관을 의탁하여 영구히 보존하고자 한다.
1. 이 대장은 회원 및 우인이 행하는 모든 조사 및 채집이 산실되는 것을 안타까이 여겨, 이들을 모아 기록하고자 한 것이다.
1. 기입하고자 하는 사항은 회원의 승낙을 얻어야 한다.
1. 기입된 사항은 그 조사자에게 저작권이 있다. 그러므로 조사자의 승낙 없이는 발표하지 않아야 한다.

다이쇼 11년 11월 1일 현재

곤 와지로今和次郎

요시다 겐키치吉田謙吉

오카다 다쓰야岡田達弥

아라이 이즈미新井泉男

위 강령은 노트(대장)가 이른바 '일부 한정된' 사람들만을 위한 것이었음을 보여준다. 이 노트는 적어도 출발 시점에서는 출판을 예상하지 않고 정리된 인쇄물로서 '조사'를 공유하기 위해 작성된

것이 분명해 보인다.[9]

한편, 여기에 적혀 있는 '다이쇼 11년'(1922년)이라는 연호가 맞는지에 대해서는 신중한 검토가 필요하다. 곤 와지로의 저작에 나타나 있는 의식에 비추어 생각해보면, 고현학적 구상과 실천이 재해* 전에 출발했을 가능성이 전혀 없다고는 할 수 없다. 실제로 「향토 고현학鄕土考現学」이라는 논문에 고현학적 채집의 하나로서 설명되어 있는 우라야마무라浦山村의 조사는 1922년(다이쇼 11년)에 이루어졌다. 그러나 한편으로 곤 와지로는 긴자 채집에 대해 계획을 구상한 것은 재해 이전이지만 실제로 시작한 건 그 이후였다고[10] 말하고 있다. 연표로 만들어본 채집 날짜를 보아도 1925년 이전에 도시 거리를 조사한 것은 찾을 수 없다.

또한 졸업연도를 생각해보면, '다이쇼 11년'은 오카다 다쓰야가 아직 와세다대학에 입학하기 전이었으며 아라이 이즈미는 미술학교 1년생이었다.[11] 두 사람이 이 시기에 곤 와지로나 요시다 등과 함께 활동했다고 생각할 수 있을까? 더구나 노트 첫 페이지에 기입되어 있는 다이쇼 15년(1926년) 10월 31일을 채집 날짜라고 가정하면, '다이쇼 15년'이라고 써야 할 것을 '11월' 때문에 혼동이 생겨 '11년'으로 오기했을 가능성이 농후하다.

그렇다면 출발 시점에 관한 지금까지의 문제점은 제쳐두고, 계획했던 그룹 채집이 어떻게 진행되었을까를 생각해보자. 간행된 두

---

* 1923년에 발생한 관동대지진을 의미한다.

권의 책과 '기입 대장' 등을 함께 검토하여 고현학이라고 이름 붙일 수 있는 실천을 시계열적으로 복원해본 것이 이 책의 부록에 수록되어 있는 '채집 연표'이다(300쪽 부록4 참조). 이 복원된 자료를 기본 재료로 삼아 고현학이 어떻게 전개되었는지 생각해보자.

긴부라를 분석하다

최초의 조직적 채집 조사가 '긴부라銀ブラ'* 분석이었다는 것은 상징적이다. 채집 연표에 나타나 있는 데이터를 분석해보면, 각종 전람회의 입장객이나 번화가 통행인 분석 등이 눈에 띈다. 그런 점에서 우선 고현학이 넓은 의미에서 산책자의 분석이라는 점을 그룹 구성원들과 공유했을 것이라는 가설을 설정해볼 수 있다.

산책 그 자체를 주목하는 시대감각과 방법을 가졌다는 점에서 고현학 그룹은 충분히 독창적이었다. 19세기가 종결되던 1899년에 쓰인 『도쿄 풍속지東京風俗志』에는 거리의 활기가 유럽에 비해 부족하고 "특히 부녀자들은 용무 없이 밖에 나가는 것이 거의 익숙하지 않다"[12]고 나와 있다. 이 문장은 자유롭게 그리고 하릴없이 도시를 거니는 '산책' 그 자체가 역사적, 문화적인 것임을 드러내고 있다.

1925년 5월, 나흘에 걸쳐 이루어진 '1925년 초여름 긴자 거리 풍속 기록一九二五年初夏銀座街風俗記録'에서 대상이 된 것은 바로 그러한

• '긴자'와 '부라부라'(ぶらぶら, 어슬렁어슬렁)를 합성한 조어.

역사의 최전방에서 긴자 보도를 어슬렁어슬렁 거니는 사람들이었다. 이 기록은 조사 규정에 대해 다음 다섯 가지를 들고 있다(『모데르노로지오』 5쪽, 이후 모: 5).[13]

1. 교바시에서 신바시까지를 조사 구간으로 삼는다.
2. 보도 위만 조사 무대로 삼는다.
3. 주로 서측을 조사한다.
4. 조사 구간을 20분 걸음걸이로 걸으며, 도중에 전방에서 걸어오는 사람들만을 조사 대상으로 삼는다. 즉, 멈춰 서 있는 사람, 추월해서 가는 사람 등은 일절 조사에 넣지 않는다.
5. 채집 카드에는 조사 사항들을 분류해서 그린 그림, 일시, 조사자가 걸어간 방향(북쪽인지, 남쪽인지) 및 조사 담당자의 이름을 기입한다.

규정 4번에서 전방에서 걸어오는 사람만을 조사 대상으로 한다는 규정은 순전히 기술상의 문제이며 사실 실제로 해봐야 알게 되는 지점이기도 하다. 교바시에서 신바시까지의 약 1킬로미터를 20분에 걸쳐 걷는 것은 긴자 거리를 느긋하게 산책하는 속도이기도 했다.[14]

여기서 주목해야 할 지점은 2번에서 보듯이 조사 공간을 '보도 위'로 한정하고 있는 것이다. 당시에는 차도를 걸어 다니는 사람

〈1925년 당시 긴자 거리〉

들도 적지 않았다. 차도에는 다이하치 구루마*나 마차도 다니고 소
나 말을 끌고 다니는 사람들도 있었다. 즉, 노동자나 직업인으로서
차도를 걷는 사람들은 채집 분류에서 제외되었던 것이다. 보도야말
로 '긴부라'의 무대였고, 그런 점에서 보도 위에 노점을 열고 자리
를 지키고 있는 사람들도 제외되었다. 채집 조사에서 노동과 업무
라는 요소를 가능한 한 통제하고자 했다고 생각할 수 있다.

규정 3번에서 볼 수 있듯이 채집은 대부분 긴자의 서측에서

---

* 　大八車. 사람 두 명이 끌어야 하는 큰 짐수레.

이루어졌다. 동측에는 큰 백화점이 두 곳 있었기 때문에 그 부근은 조사가 어려울 정도로 많은 사람들이 오가고 있을 거라 예측되었다. 즉, 도표까지 작성하면서 채집 카드를 상세히 기입하려면, 사람들이 적당히 분산될 필요가 있다고 생각했으리라. 고현학적 조사 대상이 된 긴자 거리 사진을 참고로 살펴보자. 『마쓰야 백년사 松屋百年史』에 실려 있는 사진은 이 조사와 같은 해 같은 월, 즉 5월 1일에 막 개점한 마쓰야 긴자점의 모습을 담고 있다. 개점한 지 얼마 안 된 무렵이므로, 아마 조사 시기와 큰 차이는 없을 것이다.[15] "예상해서 써둔 항목 분류가 너무 많아서 한 번에 채집하는 것이 잘 되지 않기도 했고, 항목 중 무엇에 해당하는지 알기 어려운 경우가 있어서 도중에 내버려둘 수밖에 없기도 했습니다. 또 어떤 때는 사람들이 너무 많이 쏟아져 나와 몹시 곤란하기도 했습니다"(모: 5)라는 진술을 읽으면, 채집에 꽤 어려움이 있었음을 알 수 있다. 즉, 질적 항목을 담은 분류가 가능하려면 어느 정도 통제할 수 있을 정도의 인파만 있어야 했던 것이다.

규정 5번에서 일시를 세세하게 기재하도록 한 것은 조사자 스스로에게 데이터의 위상을 자각하게 하는 효과가 있었다. 또한 이러한 일시로 인해 우리는 조사라는 실천 그 자체를 복원할 수 있었는데, 각각의 조사자가 어떤 시간에 어떻게 조사를 실시했는지를 증언하고 있기 때문이다. 이 채집 카드에 남겨진 데이터에 근간하여 긴자 거리에서 어떻게 채집이 이루어졌는가를 복원한 것이 다음 표 '긴자 조사의 구조'이다.

긴자 조사의 구조

날짜	조사 시간대	항목		조사자	방향	그림 번호
7일	1:40~1:58		수염	요시다 →	W	21
			남성의 안경	곤 →	W	22
	3:50~4:10		구두	← 요시다	W	15
			남성의 모자	← 곤	W	23
	4:25~4:45		칼라(깃)	곤 →	W	11
			넥타이	요시다 →	W	12
9일	11:40~12:05		남성의 팔 포즈	← 요시다	W	[4]
	11:48~12:05		남성의 신발	← 곤	W	20
	12:15~12:30		휴대품	← 이시카와	W	25
	12:16~12:33		구두	곤 →	W	16
			담배	도바시 →	W	26
	1:55~2:12		남성의 옷	← 곤	W	17
			남성의 외투	← 도바시	W	9
	2:30~2:55		통행인의 일행	요시다 →	W	19
	2:30~2:50		남성의 타비*	도바시 →	W	[2·3]
	3:45~4:00		화장	← 요시다	W	62
			남학생의 복장	← 곤	W	27
	3:45~4:05		여성의 옷	←이시카와	W	31
	5:00~5:40		여성의 옷감 질	← 사이코→	W	29
	5:15~5:45		여성 하오리**의 무늬	← 교이치 →	W	32
	5:20~5:40		여성 하오리의 질	마츠시타 →	W	39
			한에리***	시즈코 →	W	29

- 일본 버선.
- 기모노 위에 입는 겉옷.
- 속에 받쳐 입는 옷의 깃 위에 장식으로 겹쳐서 한 번 더 덧대는 깃. 길이가 실제 깃의 반 정도라고 하여 한에리(半襟)라고 한다.

5:30~5:50		통과하는 자동차의 안	○ 이시카와	—	70
6:20~6:40		여성의 신발	사이코 →	W	43
11:20~11:42		타비	← 시즈코	W	42
12:00~12:25		통행인의 성별 연령 구성	← 하토리	W	6
12:00~12:45		파라솔을 쓴 모양	← 마쓰모토 →	W	[9]
12:25~12:45		학생 모자	← 사이코	W	63
12:40~1:00		여학생 복장	사이코 →	E	64
2:10~2:30		레인 코트의 색상	← 이시카와	W	10
		남자 모자의 색상	← 도바시	W	24
2:15~2:45		여성복의 깃·모자	← 교이치 →	WE	44·46
2:35~2:55		소녀의 머리카락	사이코 →	W	51
2:35~3:00		여성 눈의 표정	안도 →	W	[6]
2:40~3:00		양산의 색상	이시카와 →	W	
2:50~3:15		올린머리	시즈코·사이코 →	W	60
3:00~3:25		여성의 입 표정	← 안도	W	49
3:15~3:35		여성의 장갑	← 교이치	W	[7]
3:35~3:55		장식용 깃의 색상	← 이시카와	W	56
3:35~4:15		스카프의 색상	← 도바시 →	W	40
3:40~4:00		여성의 안경	교이치 →	W	41
3:40~4:20		여성의 손가방	← 이치미즈 →	W	54
3:45~4:05		남성의 옷과 하오리의 무늬	사이코·시즈코 →	W	57
4:00~4:40		허리끈 장식물	← 이시카와 →	W	18
4:05~4:14		앵무새 앞의 사람	○ 요시다	–	38
4:25~4:55		손수건의 색상과 소지 방식	← 안도	센	[12·13]
4:30~4:50		소지품	← 사이코	W	55·[8]

11일

	시간		항목	관찰자	방향	번호
	4:45~5:05		평상복/외출복의 비율	시즈코 →	W	59
	5:00~5:55		여성의 양말·의복의 옷단	← 안도 →	W	28
	5:05~5:20		옷의 무늬	← 이시카와	W	45·45
			여학생의 겉치마 (하카마) 색상	← 도바시	W	33
	5:25~5:45		여성의 팔 포즈	← 요시다 →	W	65
			손가방의 재료	← 마쓰모토	W	[5]
	5:35~6:00		여성 깃의 조화	← 시즈코·사이코	W	58
	5:40~6:00		앵무새 앞의 사람	○ 요시다	–	34
	5:45~6:00		노동자의 신발	← 교이치	센	[11]
	5:45~6:05		노동자의 윗도리	안도 →	W	69
	6:00~6:15		차도를 걷는 사람	교이치 →	E	66
	6:00~6:25		허리끈의 옷감 질	사이코 →	W	71
	6:00~6:25		허리끈의 색상	시즈코 →	W	35
	2:06~2:22		여성의 걷는 모양	← 도바시	W	61
			여성 구두	← 이시카와	W	48
			노동자의 바지·모자	곤 →	W	67·68
	2:30~2:50		빗	이시카와 →	W	52
			시계의 줄	도바시 →	W	13
16일	2:50~3:10		동서의 인파 비교 (추정)	← (이시카와·도바시)	ew	3
	2:55~3:12		장갑	← 도바시	E	14
			허리끈의 모양	← 이시카와	W	36
	4:15~4:37		보도 위에서 움직이는 인물	곤·이시카와·도바시	W	7
	5:55~6:15		옷의 색상	이시카와 →	W	8
			머리 망	도바시 →	W	50
23일	4:40~5:00		공중전화를 거는 사람	○ 요시다	–	[10]

24일	2:00~2:08	〰️ 〰️ 〰️ 〰️	교차점, 사람과 차가 뒤섞임	○ 요시다	마쓰	[26]
	2:10~2:18		상동	○ 요시다	마쓰	[23]
	7:10~7:18		상동	○ 요시다	마쓰	[24]
	7:20~7:28		상동	○ 요시다	마쓰	[25]
	7:35~7:40	☕	카페에 출입하는 사람	○ 요시다	마쓰	[15·16]
25일	3:10		찻집 내 줄서는 모양 남은 음료	○ 요시다	후	[17] [18]
	3:10~3:15		전단을 뿌리는 사람	○ 요시다	W	[14]
	3:35~4:00		전신주에 광고를 쓰는 사람	○ 요시다	ew	[19~21]
	8:50~		뒤돌아보는 사람, 속삭이는 사람	요시다 →	E	[1]
	9:00~		긴자 노점 조사	← 요시다	e	[27]

1) 곤·요시다, '1925년 초여름 긴자 거리 풍속 기록'을 바탕으로 표를 구성함.
2) W는 서측. E는 동측. 소문자는 추정(e는 동측으로 추정, ew는 동측, 서측 두 곳에서 관찰한 것으로 추정).
3) 센(千)은 센비키야(千疋屋), 마쓰(松)는 마쓰야(松屋), 후(不)는 후지야(不二家)에서 관찰했음을 의미함.
4) ←는 북쪽 방향으로 보행, →는 남쪽 방향. ←→는 왕복, ○는 멈춰 서서 조사. ( )는 조사자를 추정했음을 의미함.
5) 그림 번호는 『모데르노로지오』 초판 페이지. [ ]는 요시다가 집필한 부분의 그림 번호를 의미함.

구두와 모자로는 인원수가 맞지 않다

실제 조사는 7일, 9일, 11일, 16일, 23일, 24일, 25일로 7일에 걸쳐 이루어졌으며, 특히 9일과 11일 조사가 중심적이다. 그중에서도 11일에 조사가 최고조에 이른 것으로 보인다.《후진고론婦人公論》의 편집부 사람이라 여겨지는 이들을 비롯해 많은 사람들이 채집에 참가하고 있기 때문이다.

당시 날씨에 대해서는 데이터만 기록한 것이 아니라 일기예보까지 신경 써서 기재하고 있다. 이는 복장(예를 들어 더위, 추위)이나 지참물(우산 등)과 직접 관련이 있기 때문으로, 사람들의 행동을 당사자의 시점에서 재구성하려고 하는 의지가 느껴진다. 16일만 기상 데이터가 누락되어 있는데, 4일간의 조사에서는 간단히 예보를 적어두었으면서 왜 16일 것만 빠졌는지는 이유가 불분명하다. 다만, 기상대에 날씨를 문의했던 'T씨'[16](교이치)가 16일에 곧, 도바시土橋, 이시카와石川 세 사람이 보충 채집을 한다는 사실을 몰랐기 때문에 날씨 문의를 빠뜨렸을 가능성이 있다. 그는《후진고론》편집부와 함께하는 조사는 11일까지로 충분하다고 생각했을 것이다.

마찬가지로 23일부터 3일간에 걸친 요시다의 채집은 보충 채집으로 보이는데, 이는 어쩌면 어떠한 이유로 요시다가 16일 채집 때 긴자에 함께 나가지 못했기 때문일지도 모른다. 요시다의 채집법은 다른 조직적 채집자들과는 분명히 차이가 있는데, 요시다는 거리를 스케치하듯이 길모퉁이나 찻집에 멈춰 서서 관찰하는 방법을 주로 사용했기 때문에 굳이 일행들과 날짜를 맞출 필요성을 느끼지 못했을 것이라 생각된다.

조사 첫날인 7일(목요일)은 사전 테스트 날이었던 것으로 보인다. 곤 와지로와 요시다 겐키치 두 사람만이 채집에 참여한 것은 조사가 가능한지 확실히 알아보기 위해서가 아니었을까. 우선 남성의 '수염'과 '안경'에 대해 동행 채집했고 다음 채집을 시작하기까지 두 시간 정도 시간을 두었는데 그 사이에 조사를 검토한 것으로 생각된다. 검토를 위해 찻집에 들어갔을지도 모른다.

논문에는 "교바시에서 신바시까지 도보로 요시다와 내가 수차례 걸어보았습니다. 그리고 나니 이 정도면 되겠다라는 생각에 둘이서 미소를 주고받았"(모: 5)다고 적혀 있다. 복원된 표에 붙인 그림 번호와 원 저서 『모데르노로지오』의 통계를 함께 살펴보면, 첫날 조사에서 요시다가 채집한 남성은 244명, 곤이 파악한 것은 243명으로 오차는 겨우 한 사람이다. 그들은 이런 형식의 풍속 통계가 어느 정도 가능성을 가지고 있음을 느꼈을 것이다.

그리고 3시 50분부터 이루어진 조사에서 요시다는 발밑을 바라보면서 '구두'를, 곤은 머리 위를 보면서 '모자'를 채집해보았다. 그런데 둘의 인원수가 꽤 달랐다. '구두'와 '모자' 채집으로는 대상이 되는 모집단의 수가 다를 가능성이 높으므로(즉, 게다를 신더라도 모자는 쓰는 경우 등), 비해당이라는 항목을 설정하지 않으면 비교할 수 없음을 실제 채집을 해보고 나서야 알게 되었을 것이다. 때마침 가랑비가 흩뿌리기 시작해,[17] 급작스레 가슴께의 '옷깃'과 '넥타이'를 분담해 관찰한 것은 만일을 위해 한 번 더 해보자는 생각이 있었기 때문일 것이다. 결과는 오차 14명. 조금 많다는 생각도 들지만, 논문에 써놓은 "5퍼센트 이상의 오차는 없을 것"(모: 5)이라는 그들의 판단에 근거가 없는 것만은 아니라고 하겠다.[18]

9일, 11일 2일간은 협력자들을 여럿 동원해서 본격적인 채집을 실시했다.

전쟁 후에 곤이 회상한 글에 "긴자에서는 센비키야 2층의 한 구역을 빌려서 식사와 차를 마음대로 했기 때문에, 안면 있는 긴부라 무리들도 참가했다"[19]고 적혀 있는데, 이는 11일 조사에 관한 것이다. 《후진고론》에 이 조사가 처음 소개될 때 협력자의 이름과 직함이 기재돼 있는데, 이것과 통계표의 서명을 맞춰보면, 곤과 요시다 외에, 이시카와 마사미(石川正己, 동경미술학교 도안과 학생), 도야마 나가토시(土橋長俊, 와세다대학 이공학부 학생), 나카이 이치미즈(中井一水, 상학사/지원병), 안도 마사테루(安藤正輝, 《주택》 편집주임), 핫토리 시소(服部之総, 도쿄제국대학 사회학 연구실)[20] 등이 참가했다는 것을 알 수 있다. 또, 사이코彩子라는 서명을 가진 인물이 다카시마 사이코高島彩子라는 이름의 여성이라는 것도 알 수 있다. 전체 이름을 알기 어려운 서명 중 '교이치曉一' '마쓰시타松下' '시즈코倭文子'는 《후진고론》의 편집부원 이름이 기재돼 있는 곳에서 확인 가능하다. 그 외에도 통계표의 서명에는 보이지 않지만, 하시모토 모리조(橋本守三, 도쿄니치니치신문 기자), 기타노 세이이치(喜多野清一, 사회학 전공/문학사), 도요하라 고로(豊原五郎, 보병 하사), 요시무라 지로(吉邨二郎, 서화·조각가) 등이 참가했음을 《후진고론》 목록에서 확인할 수 있다.[21]

거리의 박물학—채집하여 서술하는 시각

산책을 위한 무대 장치

긴자 조사의 구상과 실천의 특성에 대해 곤 와지로가 기술한 내용 속에는 고현학의 골격이 이미 드러나 있다.

우선 첫째로, 이 채집은 산책이라는 거리 행동을 해명하는 데에 주요한 관심을 두고 있다. 곤 일행은 조사의 기본 성격이 "거리에 있는 사람들의 상황 조사"(모: 4)이며, 이는 가정에서는 얻을 수 없는 여러 가지를 암시하고 있다[22]고 적고 있다. 여기에서 '거리'와 '가정'이라는 대립축이 만들어진 것에 주목할 필요가 있다. 왜냐하면 긴자에서의 채집과 비교 분석의 관점에서 진행해본 것이 혼조 후카가와本所深川나 도쿄 교외 조사로, 이 조사에서는 이러한 대립의 논점이 더욱 심화되기 때문이다.

두 번째로, '긴부라' 현상을 연기 분석이란 시선으로 파악하려고 한 점을 들 수 있다. 조사를 긴자의 '보도' 위로 한정한 것은 걸어 다니는 사람들로 초점을 제한한 것인데, 여기서 "조사의 무대"(모: 5)라는 표현은 우연적인 수사가 아니다. 긴자에서의 채집에 한해서는 곤 와지로의 분류 통계보다 요시다 겐키치의 연기론적

- 혼조는 현재 도쿄 스미다구에 있는 지역으로, 에도 초기에는 치바현의 일부였으나, 도시(에도)가 커지면서 개척되어 서민들의 주택 밀집지가 되었다. 남쪽의 후카가와와 아울러 '혼조 후카가와'라고 불린다.

관심이 더 강하게 나타난다고 할 수 있다. 그러나 곤 와지로에게서도 연기로서의 인간 행동을 보려고 하는 시선은 분명히 있었다고 생각된다.

세 번째로, 조사한 사항을 그림으로 분류(모: 5)하고자 한 생각이 지금까지의 통계와는 다른 특질을 만들어냈다는 점을 간과해서는 안 된다. 인식을 그림으로 표현하는 방식은 고현학의 중요한 특징이기 때문이다.

산책자의 '내면'

고현학 그룹이 초기에 실시한 채집에서 눈에 띄는 것은 전람회 입장객에 관한 조사이다. 목적은 "우에노 공원에 줄줄이 모여드는 산책자들이 각자의 취향에 맞는 전람회장으로 향하는 그 모습을 기록"(모: 258~259)하는 것으로, '감상자' 신분에 따라 분류한 조사이다.

전람회는 산책을 위한 '무대장치'로서, 모던한 생활의 한 부분을 보여주는 장이다. 공원, 동물원, 식물원이 채집 장소로 많이 선정된 것도 곤 일행이 근대의 산책에 가장 주목했음을 나타내고 있다. 이노카시라 공원을 드나드는 사람들의 여러 가지 모습을 채집한 '봄의 피크닉春のピクニック'에서 "벚꽃놀이 시즌이라 계급 관계가 다소 뒤섞여 있지만, 평소 이노카시라 공원에서 피크닉을 즐기는 군중은 좀 더 신식 생활을 보여주는 경향이 있는 것 같다"(모: 146)는 기록은 그 예라 할 수 있다.

또한 '각 공원 산책자의 남녀 그룹 비율'(모: 147~152) 등 '산책학'으로서 고현학의 가능성을 논하고 있는 논고에서는 산책이 생활의 중요한 표현의 하나이며, 기존의 '경제학'이나 '미학'으로는 얻을 수 없는 기분을 충족할 수 있다고 지적한다. 특히 일행의 유무나 일행의 특징, 즉, '고독한 산책자'가 많은지, 아니면 연애 성격의 산책이 많은지, 가족적 산책이 많은지 등을 검토한 것은 재미있는 지점이다.

공원이라는 공공성 강한 무대 공간과 백화점이라는 새로운 소비를 위한 무대 공간을 비교하는 것은 어떠한 측면을 강하게 의식하고 있다고 할 수 있다. 즉, 긴자의 통계가 산책자들의 복장 분류에 중점을 두고 있다면, 공원이나 백화점에서 이루어진 일련의 채집은 무대나 공연자를 선택함으로써 혹은 무대장치를 분석함으로써, 산책자의 내면에 한 발짝 발을 내딛어 산책 그 자체를 파악해 보고자 하는 경향이 표현되어 있기 때문이다.

내면을 파악하고자 하는 의지는 고독한 산책자의 그늘이라고 할까, 공원이라는 동일한 무대에서 벌어지는 또 하나의 어두운 드라마에 주목한 야외 자살에 관한 채집[23]에서도 드러난다.

'마루비루 모던 걸 산책 코스丸ビルモガ散歩コース'(모: 131~137) 조사 등은 미행이라는 방법을 통해 산책을 구성하는 연기의 모든 것을 무대 위에 그림으로 표시한 채집이다. 이 조사 또한 산책자의 내면을 해석하기 위해 데이터로서 대본을 제작한 것이라 할 수 있을 것이다. 「연애 고현학恋愛考現学」 중 '아베크(연인)의 산책 코스ア

ベックの散策コースの採集(『고현학 채집』, 56~65쪽, 이후 채: 56~65)이나 '미쓰코시 백화점 마담 미행기三越デパートマダム尾行記'(채: 36~42), '백화점 내 학생 미행기デパート内学生尾行記'(채: 43~45)는 동일한 관심에서 나온 채집이다. 즉 여러 가지 물품이나 코너로 분화되어 있는 백화점이야말로 내면의 기분이 변화하는 것을 비출 수 있는 복잡한 무대가 되기 때문에 이러한 채집이 효과적으로 이루어질 수 있는 곳이었다.

그러나 이처럼 '분류 통계'에서 '미행'으로 방법론을 전환한 것이 애초의 문제의식을 심화시켜 의도한 대로의 성과를 올렸다고는 말하기 어려운데, 이는 사실 고현학 그 자체에는 불행한 것이었다. '무리'를 비교하면서 채집한 분류 통계와 달리 '집단'으로서의 커플이나 마담, 학생은 반드시 그 자체로 시대를 대변한다고 말하기 어렵기 때문이다. 미행이라는 채집 방법은 관찰자들을 노트와 필기구를 가진 관객으로 만들어, 거리에서의 연기를 지그시 바라보는 흥미로움만을 채집자들에게 확산시켰다.[24] 그리고 이는 당연히 고현학의 정체를 불러왔을 것이다.

산책 기분의 근대

고현학은 접근법이 다양했을 뿐만 아니라 산책을 포착하는 방식 자체가 사회과학적이었다. 고현학은 폭넓은 시야 속에서 산책을 포착했는데, 이러한 면은 '생활'과의 관련성 속에서 산책의 위상을 파악하려 했던 데에서 잘 드러난다.

기노쿠니야 서점에서 이루어진 '시라베모노 전람회'[25]가 채집 활동에 있어 하나의 일단락이었음을, 책 말미의 채집 연표에서 알 수 있다. 이 전람회의 목록에 '개미의 걷는 법蟻の歩きかた'이라는 채집이 첫 번째로 올라와 있는 데에는 명확한 의도가 있었을 터이다. 두 번째에는 '마루비루 모던 걸 산책 코스'를 올려놓았는데 이 둘을 나란히 둔 데는 특별한 의미가 있다고 생각할 수 있다.

현재는 전혀 남아 있지 않은 이 개미의 걷는 법 연구는 어떠한 문제의식 속에서 이루어진 실험이었을까. 기본적으로는 인간도 하나의 생물이라는 생태학적 사고가 있었다고 할 수 있다.

그러나 곤은 개미의 걸음과는 질적으로 다른 모가(모던 걸)나 마담, 학생의 걸음걸이 모습을 끄집어낸다. 긴자에서 실시한 채집과 대비를 이루어야겠다는 생각으로 혼조 후카가와에서 채집을 실시했을 때 이 개미 걸음걸이 채집을 회고한 바 있다.

이 회고에 따르면, 개미 연구는 "산책의 재료를 얻기 위해"(모: 80) 이루어진 것으로, 반나절에 걸쳐 얻은 결론은 개미의 걸음은 산책이라는 개념으로 묶을 수 없다는 것이었다. 즉, 개미는 지상에 먹을 것이 떨어져 있을 것으로 믿고, 그것을 찾아다니며 계속 걷는데, 이는 [목적성이 있다는 의미에서] 농민의 걸음과 비교할 만하다.

이와 대조적으로 긴자의 '어슬렁거리는 무리'는 이른바 '밍근한 물속의 금붕어'라고 할 수 있다. 혼조에 모여드는 '다친보*'는 "고

• 立ちん坊. 메이지부터 다이쇼까지, 길가에 줄곧 서서 통행하는 수레의 뒤를 밀어주고 품삯을 받는 사람들.

용해줄 누군가가 오겠지 하는 막연한 공상에 젖어"(모: 80~81) 도
회의 길가에 줄곧 서 있다는 점에서 농민과도, 긴부라와도 대조를
이룬다고 논하고 있다.

소비라는 새로운 연기

개미의 걸음을 지배하는 필연성과 마루비루의 모던 걸이 걸
어 다닐 때의 기분을 대조한 의도는 무엇이었을까. 개미와 모던 걸
은 길을 걷고 거리를 배회한다는 점에서 동일하지만, 여러 가지 다
른 점이 있을 것이다. 필요에 의해, 목적을 가지고 움직이는 것, 정
해진 목적 없는 기분을 동행 삼아 움직이는 것, 필요에 의해, 하지
만 수단 없이 배회하는 것… 이처럼 여러 가지 다른 걸음을 결정
짓는 것은 각자의 '생활'이라는 사고가 혼조 후카가와의 채집에서
새롭게 강조되었다.[26] 여기서 말하는 생활이란, 분류 통계나 서술에
서 사용하고 있는 용어에 빗댄다면 '신분'이나 '계급'과 거의 중첩되
는 개념이라 할 수 있다.

조사 대상이 달라지면 조사 방법도 달라져야 했다. 혼조의 채
집에는 긴자에서 이루어진 것과 달리, 복장에 대한 통계가 거의 없
었다(수상하게 보여 채집이 불가능했기 때문이다). 대신에 해당 지역
상점에 줄지어 나열된 물품들이 그림으로 표현되어 있다. 긴자와
혼조라는 서로 다른 두 지역의 '생활'에 무엇이 필요하고 무엇이 소
비되는지, 그 차이를 대조시키려는 선택이었다고 할 수 있다.

긴자 조사에서 마지막 날 채집이 거의 끝날 무렵, '쇼윈도'를

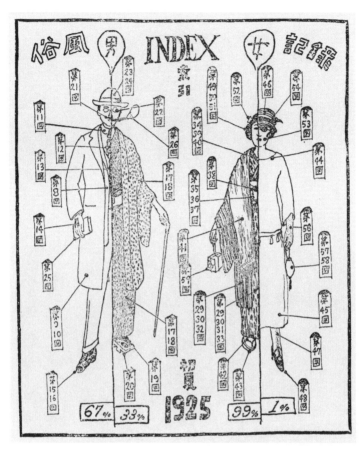

〈긴자 풍속 조사 색인도〉

들여다보는 사람에 대한 분류 및 서술이 처음으로, 하지만 꽤 중요
한 에피소드로 등장한다. "노동자와 학생에게서 윈도우를 들여다보
는 비율이 눈에 띄게 많다(모: 13)". 채집자들은 이러한 현상에 대
해 쇼핑할 능력이 적은 사람들이 곁눈으로 스쳐 지나가는 것으로

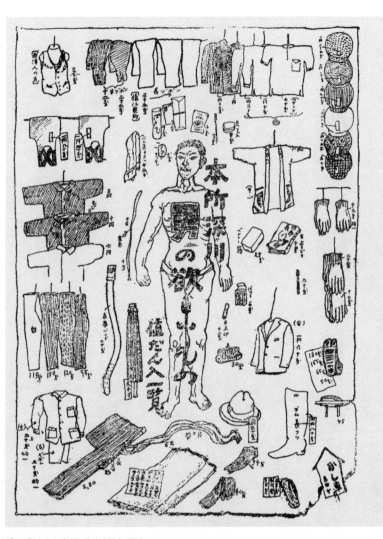

〈혼조 후카가와 빈민굴 근처의 풍속 채집〉

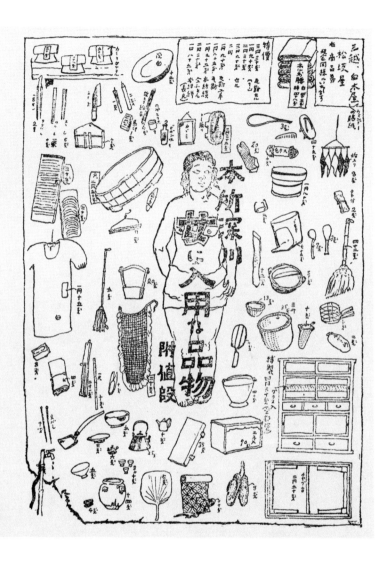

는 부족하여, 창 너머로 쇼핑하는 이들을 오랫동안 그리고 절절히 바라본다고 생각했다. 소비라는 새로운 연기는 그 연기를 선택할 수 없는 이들의 시선에서 볼 때 매력적인 것이고, 이러한 '계급'의 문제는 채집자들에게 신선하게 다가왔을 것이다.

확대경으로 아사히를 본다

새로운 산책이 생활의 표현이라는 생각 자체는 당시로서도 그다지 특별한 시각이 아니었다. 모던 걸이나 모던 보이라는 긴부라의 주역들은 일본의 새로운 생활양식과 이어져 있었다. 이러한 생활양식은 한편으로는 근대 기계문명의 표현으로, 또 다른 한편으로는 '자본주의적 퇴폐'[27]로 인식되어, 곧잘 '말초적 소비의 선두'[28]라는 향락성을 본질로 한 '경박하고 싸구려 같은 일회용품'[29] 같은 풍속으로 논해지는 경우가 많았다.

다만 너나없이 당시의 그 거리 상황을 잘 알고 있는 듯이 믿어 버리는 것, 인상을 그 자체로 믿고 둘러대는 것, 그것은 학문이 아니라고 고현학 그룹의 중심에 있던 곤 와지로는 생각한 듯하다. 풍속의 객관화는 한편으로는 세간의 인상만으로 판단해서는 안 되는 철저함을 필요로 하면서 다른 한편으로는 '주관적 열정'으로 가득 찬 시선을 필요로 한다. 현대인은 자신의 풍속에 대해 "무의식 무자각의 상황"(모: 1)에 있다. 그러한 사실 자체에 초점을 맞추고 풍속을 명확히 하기 위해 기록을 만드는 것이 바로 고현학이라고 곤은 생각했다.

'풍속'을 필요에 따라 생활양식 혹은 생활 양상으로 바꿔 부를 수 있는 것은, 지금까지의 풍속 개념이 "다소 무책임한 취미적(비객관적) 관찰"(채: 25)에 의해 파악되었기 때문이다. 이는 학문의 방법성이라는 면에서 강하게 비판받을 일이다.

현대인이 자신의 풍속에 대해 무의식·무자각적이란 것은 무엇을 의미하는가. 자신에 대한 것은 자신이 가장 잘 알고 있다고 하는 관념은 근대적 자아가 만들어낸 하나의 환영이다. '거리 위'에서 사람들은 "꾸미지 않은 노골적 상태로" 혹은 "대단히 꾸민 상태"(모: 4)로 관찰의 무대에 오른다고 긴자 조사는 기록하고 있다. 자신이 어떠한 상태로 무대에 오른다는 것은 무의식·무자각적으로 이루어지기에, 철저한 채집으로 쌓아 올린 지식은 당연히 연기자가 알고 있는 '자신'보다 훨씬 더 넓고 깊은 범위를 보여준다.

예를 들어, '담배꽁초 수집 보고煙草の吸殻収集報告'(모: 253~258)에서 고현학 그룹은 연기자의 심층을 분석하는 데 있어 정신분석과 같은 시선을 내보인다. 그들은 1463개피의 담배를 찾아내고, 그중 200개 가까운 꽁초를 주워서 '시키시마敷島'*와 '아사히朝日'** 담배꽁초를 비교했다. 그 결과 "꽁초 길이나 무게에 있어서는 큰 차이를 발견할 수 없었"(모: 256)지만 "피는 방식, 즉 담배를 빠는 부분의

* 1904년부터 1943년까지 판매된 일본 궐련의 하나. 러일전쟁 시작 직후 전쟁에 소요되는 비용을 조달하기 위해 일본 정부는 술과 담배를 전매하여 제조·판매했는데, 시키시마도 그중 하나였다.
** 시키시마와 함께 1904년에 제조·판매되기 시작한 궐련의 하나로 1976년까지 생산 판매되었다. 가격은 시키시마보다 다소 저렴했다.

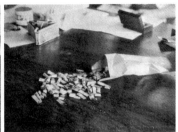

〈담배꽁초 분석〉, 풍속 채집

형태가 아주 다르다는 것이 명백"했다. 즉, 시키시마는 상태가 좋고 깨문 흔적이 없는 것과 달리, 아사히는 치아 흔적이 분명히 보여 이로 씹거나 꼬부린 것이 대부분이었다. 버린 방식도 시키시마는 그냥 버려진 것에 비해, 아사히는 어딘가 문질러서 불을 끄고 버리거나 버린 다음에 발로 비벼 불을 끄는 식이었다.

아사히 쪽이 명백히 거칠게 다뤄진 흔적이 보인다고 요시다 일행은 확대경을 쳐들고 마치 탐정처럼 고찰한다. 담배에 대한 그러한 태도의 차이를 '계급적 경향'(모: 258)이라고 보는 시선은 '계급'을 외서에서 온 번역 개념으로 파악했던 당시의 사회과학과는 사뭇 달랐다.

'하숙 거주 학생의 소지품 조사下宿住み学生の持ち物調べⅠ·Ⅱ'(모: 137~144)와 '신가족 물품 조사新家族の品物調査'(모: 155~173)에 이르는 개인 소유품 전수 조사 시리즈는 그러한 심층을 분석할 수 있는 철저한 방법론으로서 높게 평가받을 만하다.

한 사람의 인간에게 속해 있는 물건 모두를 살펴보면, 그 사
람의 성격과 경향 등 특징이 여실히 드러납니다(모: 158).

이는 물건에 투사한 자화상이다. 물질문화 연구에서의 '고백
소설'이며 '자연주의 문예'이다. 논하기 어려운 사적인 시공간을 채
집의 도마 위에 올려, "어떠한 우연도 놓치지 않고 전부 기록해"(모:
159)두는 것이다. 교외의 많은 가정들이 물질적 측면에서 모던한
생활을 영위하고 있다고 막연히 여겨져왔으나, 실질적으로 모던한
생활을 구성하는 구체적 물품들이 어떻게 소요되고 사용되는지,
어떻게 수납되고 처리되는지 등은 알기 어렵다. 이 채집은 바로 그
러한 것들을 철저히 대상화하여 기록으로 남기고자 했던 것이다.
개인 소유품 전수 조사의 두 번째 채집으로 이루어진 '하숙 거주
학생의 소지품 조사 Ⅱ'에서는 "태어나서 죽을 때까지 한평생 가지
고 있는 소지품을 표로 만들어보면, 욕망했던 물건들의 나열이 무
엇을 말하고자"(모: 143) 하는지[30] 알 수 있다고 보았다. 이러한 구
상은 현대의 단면을 통해 역사를 말할 수 있다는 믿음에서 비롯된
것이다. 이 구상은 정신분석이 대상으로 하는, 환자들의 고백과 유
사한 가능성을 갖는다. 이는 고현학적 해설의 또 하나의 특징을 구
성하는 것이라고 말할 수 있다.[31]

'도쿄 야마노테 시타마치 하수구東京山の手下町下水口' 조사는 대상
이 되는 사람들의 '의식' 너머의 표현에 대한 주목이라는 측면에서
보면 단편적 채집으로 끝나지만, 이 조사 또한 도쿄라는 '한 유기

체의 기능에 대해 해부학적인 설명'(모: 222)을 하고자 한 것일 수 있다. 그 유기체의 혈관인 하수라는 매개물을 통해 '거주지의 생활 양태'를 알고자 하는 설정은 도시의 이면에서 하나의 도시를 분석하고자 한 것이다.

또한 '다수의 깨진 밥그릇カケ茶碗多数' 조사는 한 식당의 밥그릇에 난 균열 48가지를 도표로 나타낸 것이다. 이 조사는 가게나 점원을 골탕 먹이려는 것이 아니라, 금 간 자국 이면에 "가정 내에서는 밥공기를 살살 다루기 때문에 비교적 금이 적게 간 것과는 다른 새로운 국면"(모: 300)이 있음을 발견하려 한 것이다. 즉 인간이 개인 물품이 아닌 공용으로 사용되는 물품과 관계 맺는 방식을 재고하고 이를 개선할 필요가 있음을 제언하고자 했다. 마찬가지로 양복의 찢어진 부분이나 창문의 금, 다다미의 닳은 자국 등을 통해 생활 개선이라는 테마를 펼쳐나가는 것은 물건의 내구성을 문제 삼고자 하는 것이 아니다. 현대인의 무의식·무자각을 해명하고자 하는 문화인류학적 문제 설정이 채집자의 의식 심층에 존재하고 있음을 잊어서는 안 될 터이다.

나마코 담장'과 벽돌 담장
연극은 고현학의 전개에서 무시할 수 없는 대상이다. 고현학은

• なまこ壁. 벽면에 기와를 붙이고 줄눈에 회반죽을 바른 담장. 줄눈은 가로세로로 되어 있는 경우도 있고, 사선으로 되어 있는 경우도 있다. 줄눈에 바른 회반죽의 부풀어 오른 모양이 해삼(나마코) 같다고 하여 나마코 벽으로 불린다.

'생활' 그 자체를 채집하고 독해하는 것을 중요한 방향으로 삼으면서, 또 다른 한편으로 풍속의 한 장면을 구성하는 요소인 연기의 세부적인 부분을 그대로 채집 기술하는 것을 중요한 방향으로 삼았기 때문이다. 이러한 두 가지 방향 설정으로 고현학적 실천은 더욱 풍요로워졌다.

긴자 채집에서 요시다 겐키치는 자신과 곤 와지로의 업무 분담에 대해 "통계에 관한 모든 것은 곤이 분담하고, 요시다는 '여러 가지 단편들'을 취합하게 되었다"(모: 43)고 기술했다. 이에 대해 곤은 이를테면 "나비나 장수풍뎅이를 하나하나 심혈을 기울여 채집하는 것만으로도 충분한 의의가"(모: 4) 있는데, 그 부분을 요시다가 맡아줘 안심했다고 말하고 있다.

분명 요시다에게는 무대예술가적 관심이 중심에 있었다. 요시다는 『무대장치가의 수첩舞台裝置者の手帖』에서 "무대장치라는 일에 대한 나의 흥미는 연극적 흥미가 70퍼센트, 조형미술적 흥미가 30퍼센트로, 거기에 고현학적 흥미(현대인의 모든 관습에 대해 조사하여 기록하기에 관한 것 또한 새로운 학문적 흥미)가 일부분 불거져 나오고 있는 상태"[32]라고 적고 있다.

또한 요시다는 쓰키지 소극장** 설립 당시와 비교하면, 점점 조

***

** 1924년에 연출가인 히지카타 요시(土方与志)와 극작가인 오사나이 가오루(小山內薰)가 설립한 일본 최초의 신극 상설극장이면서 극장 전속 극단의 이름이다. 일본 신극운동의 거점이 되었으나 1945년 도쿄 대공습으로 건물은 소실되었다. 요시다 겐키치는 1924년 선전·미술 부원으로 쓰키지 소극장에 참여하여, 제1회 공연 〈해전(海戰)〉의 무대장치 및 의상을 담당했다.

형미술적인 흥미에서 연극적 흥미로 관심의 비중이 옮겨가고 있으며 '연극적 사실'이 중요하다고 강조하고 있다. "인상이라는 것은 비과학적이고 믿을 수 없는 것, 그러므로 '조사하지 않고서는 알 수 없다.' 이러한 아웃트라인 없이 나는 일을 할 수 없는 상태에 놓여 있다"[33]라고 단언하고 있는데 요시다의 이 진술은 곤과의 교류를 통해 더욱 분명해졌다.

여기에는 이런 에피소드도 담겨 있다. 신국극인 〈오쿠마 시게노부大隈重信〉의 경우 대본 지문대로라면 암살자 구루시마 쓰네키來島恒喜가 나마코 담장 앞에 그 모습을 나타내야 한다. 하지만 나마코 담장이 역사극 무대라는 느낌은 있으나 메이지라는 새 시대의 리얼리티를 보여주지 못하는 것이다.

> 무언가 좋은 방법이 없을까 하고 가스미가세키霞ヶ関의 언덕을 내려가면서 생각해보았다. 파출소 바로 앞까지 가니 나마코 담벼락이 끝나고 벽돌 담벼락이 쭉 이어져 있었다. 나는 속으로 '이거야!'라고 생각했다. 나마코 담장을 대부분 보여주고 벽돌 담벼락을 조금 이어 붙여 살짝 보여주는 것이다.[34]

요시다의 조사는 한편으로는 대본에 나와 있는 개념이 가진 인상을 비판하면서, 한편으로는 관객의 인상-리얼리티를 구성해야 하는 '연극적 사실'로 향한다.

긴자 거리에서 채집할 때도 요시다는 나흘간의 기본 조사가

끝난 후 다시 사흘 동안 채집을
하러 나서면서, 긴자 노점이 줄지
어 있는 모습에 주목하는 등 밤의
긴자가 보여주는 무대장치를 채집
하기 시작한다. 그는 마쓰자카야松
坂屋 백화점 6층에서 교차로를 내
려다보며 '인간과 차의 뒤엉킴'이
나 카페에 출입하는 사람들 등에

〈나마코 담장과 벽돌 담장〉

시점을 고정하고 눈앞에서 벌어지는 움직임을 기술하는 데에 흥
미를 쏟고 있었다. '강매 행상인 풍속 조사표押売行商人風俗調査表'(모:
292~295)는 자택에 방문해 강매하는 행위의 종류와 물품, 성별, 복
장 등을 반 년간 세세하게 조사한 독특한 기록으로, 기본적으로
'관객'의 시점을 취하고 있다.

　고현학이 이처럼 새로운 '풍속'에 대해 관객으로서 흥미를 가
졌다는 사실도 정당하게 평가될 가치가 있다. 거리라는 무대장치
의 효과를 아마추어가 제 나름대로 측정하여 연기를 기록으로 남
기고 거기에 자기 나름의 비평을 덧붙임으로써 새로운 관계가 탄
생하게 되는 것이다. 『고현학 채집』에는 이런 경향이 강한 채집이
많았다. '팻말과 벽보의 유머레스크立札と貼紙のユモレスク'나 '레뷰 걸 분
장실 조사レビュ-·ガ-ル楽屋調べ' 혹은 '1934년 긴자 거리 광고 상세 조
사1934年銀座街広告細見' 등에 그런 요소가 드러나 있다.

　물론 비평이라고 해도 촌평 정도의 감상 수준이기에 비판이라고 할 만한 독자적 입장을 갖지 않은 경우가 대부분이다. 그러나 아라이 이즈미의 '도쿄의 어느 암흑가 분석東京某暗黒街分析'[35]에서 다룬 다마노이玉の井* 분석 등은 이러한 무대장치 분석을 기본으로 하면서 암흑가의 드라마 분석을 시도한 미완성의 기록으로 봐야 할지도 모르겠다.

있는 그대로를 모사하는 것은 아니다

고현학은 '현대'를 대상화하고 명확하게 하기 위해 어정쩡한 인상에 덮여 있던 영역에 눈을 돌려 채집하고 자신만의 탐구 영역을 구축해갔다. 채집이라는 방법은 운신의 폭이 자유롭기에 고현학이 가진 이러한 문제의식에 고유의 가능성을 부여했다고 평가할 수 있다. 여기에 더해 또 하나의 중요한 특질을 잊어서는 안 된다. 그것은 가와조에 노보루가 정확하게 지적했듯이, '알기 쉬운 도표'를 만들기 위한 '도형화'[36]가 가진 가능성이다. 즉 도식이라는 것은 채집을 분류하거나 장면을 제시하기 위해 사용될 수 있으며, 또 성과를 설명하는 데에도 다양하게 쓰일 수 있다는 것이다.

여기에서 말하는 도식에는 채집 과정에 쓰일 수 있는 분류 그림이나 스케치 기술, 또 성과 해설 과정에서의 도표 작성 등 여러 가지 도형화 기술도 포함해 생각해야 한다. 도식의 모든 기술은 종종 사진이 그렇게 여겨지듯이, 현상을 '있는 그대로' 모사하는 것이

* 전쟁 전부터 1958년 매춘방지법 시행 시기까지 도쿄에 존재했던 사창가.

아니다. 도식은 현상을 추상화하는 기술의 한 방법이다. 곤은 다음과 같이 적고 있다.

> 스케치는 편리하다. 눈은 광각렌즈로, 망원렌즈로 자유자재로 움직이고, 걸리적거리는 것을 피해 주안점만을 포착할 수 있다. 경우에 따라서는 실제 경치로부터 입면도를 포착해내기도 한다.[37]

그리고 아마도 반쯤 무의식 상태에서 도식을 그려나가면서, 사람들의 '경험'은 '인식'으로 변화한다. 채집은 그런 의미에서 중요한 과정=프로세스였다. 채집이 사진 촬영에 의지하면 자칫 세밀하게 관찰하고 기억하는 것을 잃어버릴 수 있다. 카메라가 그러한 과정을 필요로 하지 않기 때문이다.

스케치는 색이나 형태, 질이라는 요소를 설명하는 '언어'가 합쳐지면서 고현학적 '도형'이 된다. 그런 점에서 스케치는 기호화에 가까운 작업이다.[38] 기호화라고 해도 현대 사상에서 인기 있는 언어 내부에서의 기호화와는 달리, 구체적인 형태를 가진 도식과 언어가 합쳐진 형태이기에 스케치는 고현학에 더욱 자유로운 사고의 폭을 부여했다. 채집자들은 도식이라는 매체를 통해 이미지와 개념을 잇고, 자신의 인식을 '알기 쉬운 도표'로 종합해 구조화한다. 도식은 채집자 자신의 인식 과정에 중요한 방법이 된다, 고현학에서 표현이 힘을 가질 수 있다는 점을 간과한다면, 고현학의 학문으로서의 본질을 포착하지 못하게 된다. 이러한 도형화를 통해 독자적인 '시각 구축'을 했다는 것은 고현학이 가진 본질 중 하나이며, 이 시각 구축이야말로 육안을 통한 막연한 인상으로는 발견하기 어려운 '현대[現]'를 '고찰[考]'하는 근거가 되기 때문이다.

기법이라는 날개를 타고—방법으로서의 고현학

자기반성의 과학

독자적 '시각 구축'은 어떠한 기법을 통해 가능해졌는가. 고현학의 방법들이라고 할 법한 채집과 분석에 대해 한 번 더 정리하고 넘어가고자 한다. 인식의 구성은 세밀한 방법으로부터 만들어진다. 더 세세히 분류할 수도 있겠지만, 우선 특징적 경향을 아홉 가지로 분류해보았다.

1. 분별해서 수를 센다 – 분류 통계법
2. 측정해서 상상한다 – 새의 눈, 곤충의 눈
3. 꿰뚫어서 비교한다 – 중복 스케치법
4. 기호로 바꿔서 생각한다 – 기보법
5. 하나도 빠트리지 않고 적는다 – 낱낱이 적기법
6. 증상을 간파한다 – 파손 해독법

7. 위치를 파악해 지도로 만든다 - 생태 분포도법

8. 움직임을 파악해 지도로 만든다 - 생태 미행법

9. 장소별로 사람들을 조사한다 - 소유품 전수 조사법

우선, 이 시각 조사 방법에서 '통계'를 강력하게 내세운 것이 어떤 의의를 갖는지 다시 검토해보자. 여기서 말하는 '통계'는 계량적으로 조사 데이터를 처리했다는 것만을 의미하지는 않는다. 여기서 간과해서 안 되는 것은 첫 번째로, 분류 항목을 만들어내는 과정=프로세스의 중요성이다. 전체에 대한 막연한 인상을 어떠한 분류의 집합으로서 분절화해 그 이름을 바꾸어가는 것이 이 방법의 핵심이다. 비율이라는 수량적 표현은 이 분류 구축에 종속하는 결과에 지나지 않는다.

긴자 거리 풍속 조사의 통행인 분류 통계에서 종횡무진 구사되었던 이 방법은 통행인들의 여러 가지 외적 표식으로부터 몇 개의 분류 카테고리를 구축해간다. 그러한 과정이 있었기 때문에 그 분류에서 숫자를 세는 작업이 유용했음은 당연한 얘기다. 이 논점과 관련해 가와조에 노보루는 『곤 와지로―그 고현학今和次郎—その考現學』이라는 책에서, 고현학이 '정성적인 분석도 동시에 실시'[39]한다는 관점에서, 라운트리*의 생활 연구 방법과 함께 논한 바 있다.

• 영국의 사회조사가 시봄 라운트리(Benjamin Seebohm Rowntree)는 1899년부터 1951년까지 3차에 걸쳐 요크 지방의 도시 빈민을 조사했다. 빈곤층의 생활 실태를 제대로 보여주기 위해 요크 지역의 노동자 계급의 가정을 전수 방문하여 그 생활 양상을 샅샅이 조사한 것으로 알려져 있다.

그렇기 때문에 분류 통계법의 의의는 통계학적인 것이라기보다는 기호학적인 것이라 말해야 할 것이다.

간과해서 안 되는 두 번째 측면은 분류를 구축하는 데 있어 채집자 자신의 감수성이 중요한 매체가 된다는 것이다. 이처럼 채집자 스스로의 자각 위에서 이루어지는 분류 구축은 자신을 포함해 사람들의 '막연한 인상'을 정리해 언어화하는 방법이다. 채집자 자신의 감수성을 중요시한다는 이 대중적 측면은 놓쳐서는 안 되는 부분이다. 즉 두꺼운 화장, 옅은 화장 등의 분류는 얼굴에 칠해진 화장의 두께를 측정하려는 것이 아니다. 그렇기 때문에 객관성을 중요시하는 입장에서 보면, 의미 없는 주관적 구분에 지나지 않는다.

그러나 일상적인 인상에서 '두꺼운 화장/옅은 화장'이라는 언어는 충분히 변별력을 갖는다. '화류계 여인/여염집 여인', '구닥다리/유행' 등 여러 가지 기호적 대립이 있기에 이는 의미를 갖는 것이다. 분류 통계법은 이러한 일상적 인상의 분류에 개입하는 것에 대한 '자기반성'의 과학이라는 의의를 갖는다.

새의 눈과 곤충의 눈

고현학의 기본이 되는 것 중 하나는 현실을 측정하여 기록하는, 곤충의 눈 기법이었다. 예를 들어, 자살자가 목을 매단 나무의 두께나 분포를 실측하거나 자살이 발생한 건널목을 재현하여 사람의 뒷모습을 상상해 그려본다. 이러한 접근법은 어떠한 의미에서는 경찰의 현장 검증과 유사하다. 현장이라는 상황을 재현하려고 한다는 점에서, 또 목격자를 통해 그 광경을 재현하려고 한다는 점에서 리얼리티를 쫓는 이 자세는 이를테면 '탐정'과 같다.

우리는 이미 담배꽁초를 돋보기로 관찰한 채집에 대해 탐정이라는 단어를 쓴 바 있다. 이러한 탐정의 몸짓이 쇼와 초기 일었던 범죄과학 붐이나 추리소설 유행과 내적인 관계가 있음을 지적해야 할 것이다. 더구나 그 배후에는 도시가 낯선 이들의 거주지가 되어가는 '대도시'화라는 현실이 자리하고 있었다. 자살에 대한 관심 역시, 암울한 세상의 빈곤과 궁핍을 자살에서 읽어내려 한 고전적 이데올로기와는 달랐다.

거기에는 일면식도 없는 이들의 외적인 행동으로부터 내적인 동요를 관찰하려는 시선이 있었다. 마쓰야마 이와오松山巖가『란포와 도쿄―1920 도시의 모습乱歩と東京―1920都市の貌』[40]에서 분석한 1920년대의 도시성에서 고현학도 탄생한 것이다.

또한 곤충의 눈을 통한 조합과 축적이 도형화로 나타나고, 이것이 조감의 상상력을 만들어낼 수 있다는 점에서 고현학은 고유의 가능성이 있다. 즉, 평소에는 주의를 기울이지 않는, 그렇기 때문에 측정된 적 없는 '세부' 혹은 '큰 정황'이 실생활에서 측정됨으로써 도식이 만들어지는 것이다. 새처럼 하늘을 날지 않아도, 곤충처럼 몸을 작게 만들지 않아도 우리는 새의 시선과 같은 조감이나 곤충의 눈과 같은 경험을 기록하면서 구성해나갈 수 있다. 그것은 낯설게 하기 프로세스이다. 그러한 시각 경험의 극대화·극소화를

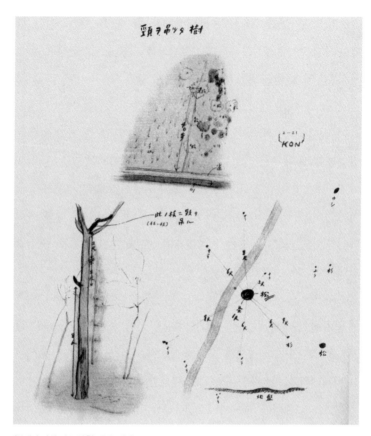

〈목매단 자살 장소 실측〉, 풍속 채집

통해 일상적 인상 그 자체를 다시 한 번 도마 위에 올려 검토하게
되는 것이다.

중복 스케치법

세 번째로 말하고 싶은 것은 간단히 말해 하나의 테마에 의거

해 스케치를 채집하고 이를 일정한 시선으로 정리하는 방법이다. 그림에서 제시한 보모의 머리 모양 예에서 볼 수 있듯이 중복 스케치법은 한눈에 조망할 수 있게 한다. 그렇기 때문에 이는 비교를 통한 추리력을 높인다.

'중복 스케치법'이란 내가 만들어낸 말이기에 완전히 적절하다고 하긴 어렵지만, 풍속 분석의 선구자로 일컬어지는 쓰보이 쇼고로의 '겹쳐 찍기 사진'법 및 야나기타 구니오의 '중복 입증법'과 관련되어 있음을 덧붙여야 할 것이다. 쓰보이 방법론의 구체적 특징에 대해서는 논문이 거의 없고 충분히 검토된 바도 없다.[41] 다만, 앞 장에서 언급했듯이 그림엽서에 대한 그의 관심을 통해 미루어 볼 때, 오늘날의 기술로 말한다면 네거티브 필름을 겹치는 것과 같다는 점에서 '비교'해볼 만한 기법이다. 또 야나기타 구니오는 민속학의 핵심적 방법으로서 오늘날 풍부히 논의되고 있는 '중복 입증법'에 대해 "겹쳐 찍기 사진법과도 같은 것"[42]이라고 설명한 바 있다. 이는 민속학에 있어서도, 야나기타 구니오론에 있어서도 한 번도 주목을 받은 적은 없지만 같은 과학적 측면을 겨냥했다는 점에서 사실 중요한 관계를 갖는다. 비교의 중요성을 강조하고 중첩을 통해 기법을 만들어낸다는 점에서 이 세 가지 구성은 동일한 방법이라 하겠다. 더구나 시각 능력의 중요성에 공명한다는 점에서 쓰보이 논의와의 관련성은 더욱 주목해야 할 것이다.

보모의 머리 모양 채집 예시로 돌아가 이 방법의 의의를 확인해보자. 곤은 이 그림을 '설술說述'[43]하면서 '실용성', '과시성', '유행

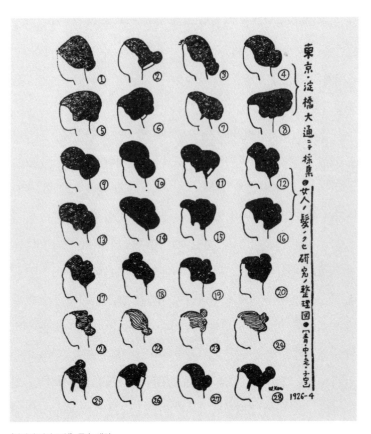

〈여성의 머리 모양〉, 풍속 채집

기사', '이력 효과' 등의 논점을 다루고 있다. 이러한 설명이 채집 이후의 분류 구축 과정에서 생겨났다는 점은 여러 번 논한 바 있지만 다시 한 번 강조하고 싶다. 사실 이 중복 스케치 구성 안에서 발견된 '머리카락의 정리 방법'에 대한 관심은 곧 내부에서 진화하여, 이후 '교외 풍속 잡경郊外風俗雜景'에서 보모들의 머리 모양에 초점을 맞추게 되었기 때문이다. 여기에서 곤은 다음과 같이 설명한다.

> 이런 건 생각할 수 없을까요. 업힌 아이와 업은 사람 간의 지위가 동격이라면, 업은 사람은 아이를 스스럼없이 대하니 머리 모양이 본래 모습 그대로 나타납니다. 그러나 자기보다 신분이 높은 아이를 업은 경우에 업은 사람의 머리 모양은 본래 모습과는 다르게 정리되어 있다라든가(모: 123~124).

부모-자식 관계와 보모-아이 관계의 차이를 머리 모양 변형을 축으로 두고 포착하려는 시선은 풍속이라는 사소한 일상 속에 내재한 권력관계에 눈뜨기 시작했음을 보여준다.

선율을 악보에 일으키다

정확성 면에서 '기보법'은 아직 원초적인 기호화 방법이긴 하다. 그러나 발전의 맹아를 품고 있다는 점에서 이는 고현학의 네 번째 방법이 될 수 있다. 기보법 또한 애초에는 채집 현장에서 사용되던 기술이었다. 산책자나 통행인의 흐름을 ○●의 조합으로 기호화하여 기록하면서 생성되기 시작했던 것이다.

처음에 그림으로 그린 것은 긴자 거리 교차로에 있는 사람들의 흐름이었는데, 그리고 나서 보니 일본 전통음악邦楽 악보와 비슷한 도면이 되어 있었던 것이다. 사람들의 움직임이 만들어낸 풍경을 거리 선율의 하나로 여겨 이를 단순한 리듬의 악보로 만들었다. 기보법, 리듬이라는 호칭은 비유 이상으로 상응 관계를 보여준다. 요시다 겐키치는 기호로 채집을 보여주는 이 형식을 율동 무용 리듬을 표현하는 형식에서 떠올렸다고 쓰고 있기 때문이다.

삼삼오오 5월의 긴자를 거니는 사람들의 흐름을 관찰해주십시오. 이 시기 통행인의 수는 물론 남녀, 아이 동반자, 동행인들이 열을 지어 있는 모습을 이 리듬 속에서 자유로이 헤아릴 수 있을 것입니다. (중략) 다음번에 조사할 때에는 이 형식에 동네마다 경계선을 넣어 마디를 만들거나 동행인과 걷고 있는 사람들의 대화 한 자락을 써 넣어 가사로 만들거나 해서 한층 완비(?)해 보여드리겠습니다(모: 47).

그러나 현실의 고현학파 연구는 이 도면에서 무언가를 적극적으로 해석하지 못했고, 채집법의 가능성을 넓은 콘텍스트 속에 놓으려 하지도 않았다. 이 예시에서도 시간의 흐름이 균질적이지 않기 때문에 리듬을 기록했다고는 해도 상황을 재현하는 것은 어렵다. 실제로 이러한 기록을 그대로 사용하지는 못하고, '동행인'의 분류 통계를 재정리하는 식으로 방향을 바꾸었다.

그러나 소리의 세계를 악보로 기록하는 대상화·가시화 기법이 '바로크 음악' 사상에 끼친 영향을 떠올려보면, 이 미발달의 기호화 기록 방법에서도 새로운 가능성을 논할 수 있지 않을까. 무

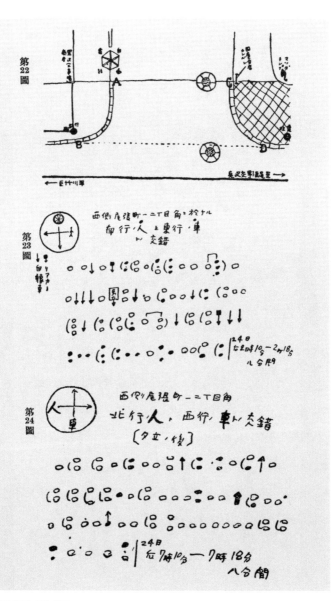

〈거리의 선율〉, 풍속 채집

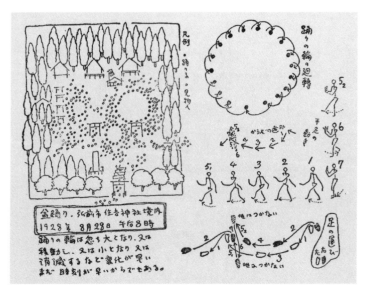

〈백중맞이 춤〉, 풍속 채집

용보*의 경우라면, 바로크 무용의 무용 표기법과 비교해봐도 좋지 않을까 여겨지는 '백중맞이 춤'을 가시화[44]한 것이 고현학 기록 중에 있다. 음악사 연구라는 것이 악보를 분석해 작곡가가 '질서를 모색'하면서 '감동'을 만들어내기 위해 애쓴 부분을 탐구하는 것임을 떠올려보면, 분명 이 미발달의 채보법을 정교화하려는 노력 속에 새로운 질적 관찰이 성립될 가능성이 있었을지 모르겠다. 그러한 몽상을 제거하고 싶지는 않다.

• 　무용에서 신체의 움직임을 악보처럼 지면에 기호로 그려놓은 것.

객관이라는 표상을 향해

그리거나 적어두는 것은 대상화의 기법으로서 뛰어난 수단이었다. 고현학은 철저하게 모든 것을 기록하여, 말을 생산하고 분류를 생산하고 개념(카테고리)을 생산하는 하나의 실천이었다.

가와조에 노보루는 곤 와지로가 도시에서 실시한 고현학 채집에 단편적인 스케치가 거의 없다는 점에서 농촌의 길거리 채집과는 다르다고 보았다. 또한 "도회지에서 볼 수 있는 여러 가지 현상들은 농촌처럼 농작물을 재배해서 먹는 사람들의 마음을 농작물에서 읽어낼 수 있는 그런 성격이 아니었다. 농촌에서라면 곤의 뛰어난 촉각으로 사소한 것들에서 생활 속 깊은 면을 읽어낼 수 있었겠지만, 도시에서는 그것이 불가능했다. 그러나 바로 이러한 점 때문에 도시 풍속에 대한 조사는 고현학이 보다 객관적 과학을 향해 나아갈 수 있도록 해주었다"[45]고 평가했다. 즉, 고현학은 '객관'이라는 표상을 향해 나아가기 위해 몇몇 새로운 방법을 고안해내야 했다.

5번 방법인 '낱낱이 적기법'도 그중 하나이다. 이 또한 일정한 시각 설정(관점)하에 자신의 앞에 벌어지는 모든 것을 기록한다는 점에서 일상적 인상을 대상화하는 시도라 할 수 있다. 예를 들어, 노점상의 행렬, 혹은 마을의 겉모습을 보여주는 상점들의 행렬과 배치, 점원의 복장 등을 하나도 남기지 않고 낱낱이 적는다. 혹은 일정한 통계가 도출될 때까지 '무산자 아동'의 복장(모: 307~317)을 다수 조사하여 철저히 기록한다. 사회과학의 세계에는 비교의 중요

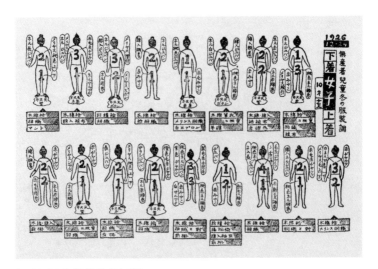

〈무산자 아동의 겨울 복장〉, 풍속 채집

성을 강조하는 논설이 많지만, 그 비교가 단순한 착안으로 끝나지 않고 여러 번 반복해서 재검토되어 어떤 지식을 생산해내기 위해서는 이러한 종류의 철저한 기록이 뒷받침되어야 하는 것이다.

6번 '파손 해독법'은 또 하나의 구상이다. 양복이 타진 부분(모: 295~298)부터 유리나 밥공기의 금 간 자국 및 수선법(모: 298~307)에 이르기까지 '찢어짐'이나 '깨짐'에 대한 고현학의 관심은 꽤 특이한 것이다. 찢어졌다는 것은 기능이 상실된 상태라 할 수 있기에 이는 기능 분석의 방법으로 평가할 수도 있겠지만, 곤와지로는 오히려 '생활병리학적' 접근임을 강조했다. 기능의 개선보다는, 이미 언급했듯, 무의식을 분석하고자 했기 때문이다.

어떤 식당의 깨진 밥공기 여러 개를 그린 그림은 개가 찢어발

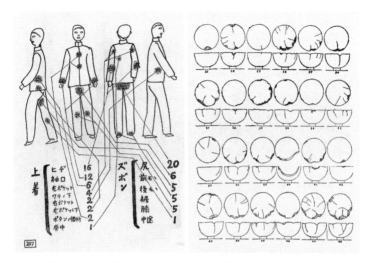

〈양복이 찢어진 모양〉, 풍속 채집　　〈식당의 깨진 밥공기〉, 풍속 채집

긴 장지문 스케치(채: 219)와 마찬가지로 특별한 의미 없이 취미로
한 채집처럼 보인다. 그러나 이 고현학적 시선이 다수의 밥공기를
철저하게 묘사하면서 구축한 입장은, 개념 예술이 찬미한 '예술'이
아니다. 즉, 금 자국의 흥미로움을 발견하는 것이 아니라, '공영公營',
'영업'이라는 폭넓은 상품 관계 속에 들어가 있는 인간의 무의식을
병리적으로 해독하려는 것이었다. 공공적인 것과 사적인 것을 다
루는 인간의 손놀림에 차이가 있음을 서술한 다음 문장에 주목해
보자.

　　비록 영업을 하는 식당이라고는 하지만 공영적 성격을 가진
　　이들 식당에 오면 반드시 마음에 걸리는 것이 있습니다. 식기류

를 다루는 방법은 공영적인 식당이 점점 늘어나는 추세에 있는 오늘날, 생각해볼 문제입니다. 즉, 지금까지는 가정에서 조심스러운 손놀림으로 비교적 소량의 식기들이 다루어져왔지만, 지금은 새로운 변화에 있기에 재고해보아야 합니다. 이번 조사를 무의미하게 끝내고 싶지는 않습니다(모: 299~300).

철저한 기록의 선구

7번(생태 분포도법), 8번(생태 미행법), 9번(소유품 전수 조사법)으로 제시한 방법은 생태학적 관심을 도형화한 것으로 고현학의 방법이 하나의 지점에 도달한 것을 의미한다.

물론 오늘날의 '피아 맵'* 등의 도시 그림과도 중첩되는 요소를 지닌 '생태 분포도'는 결코 고현학만의 독창적 기법은 아니다. 지리학으로 거슬러 올라가지 않더라도, '사회 지도'의 전형적 기법의 하나로서 특정 분포를 표시한 예는 발견하기 어렵지 않을 것이다. 그러나 많은 '사회 지도'에 생태학적 관심은 제대로 표현되어 있지 않다.

그도 그럴 것이 지도 도면을 정태적으로 가시화하는 '사회 지도'에는 '사람'과 '공간'이 곧잘 누락된다. 그 결과 모든 생태 분포를 만들어낸 힘 그 자체는 지도상에 비가시적 형태로 무시되는 경우

* 1972년 영화, 연극, 콘서트 등의 엔터테인먼트 정보를 망라한 월간 정보지로 탄생한 《피아》는 1970년대 젊은 층의 절대적 지지를 받았다. 1982년부터 무크지 형태로 펴낸 《피아 맵》은 레저 및 엔터테인먼트 장소 위주로 구성되어 있다.

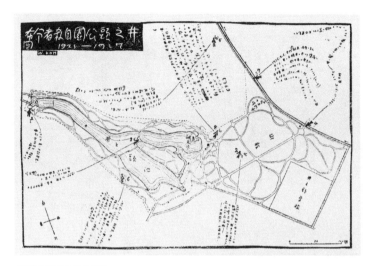

〈자살자의 분포〉, 풍속 채집

가 많았다. 그러나 고현학에서는 '자살자'의 분포처럼 '사건'을 소재로 함으로써, 혹은 책상 위의 도구 생태 분석처럼 매크로적 시각을 결합시킴으로써 그 역동감을 포착하려고 노력해왔다.

　인간의 행동 생태를 미행 관찰해 그 궤적을 그림으로 그리고 해설을 덧붙인 '생태 미행법' 또한 그러한 관심을 방법화한 것으로 평가할 수 있다. 이 방법은 동선을 철저히 기록하고 대상화하여 행동의 구조를 분명히 했다. 생태 미행법을 만들어낸 전제가 된 것은 다이쇼부터 쇼와에 걸쳐 번성했던 무대예술이었다. 그리고 인간의 생활을 도시 혹은 가정이라고 하는 무대 위에서 상연되는 구체적인 드라마로 분석하고자 했던 자세는 그야말로 민족지학적 방법론의 선구적 실천이었다.

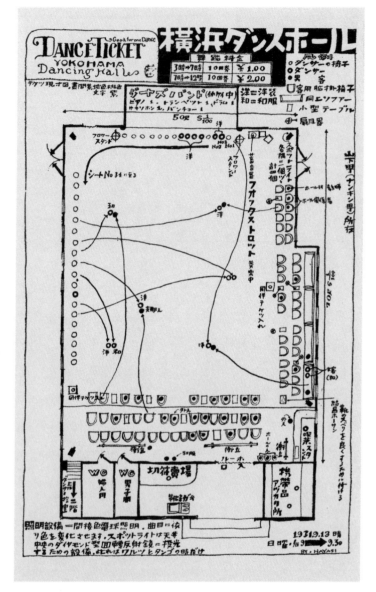

〈요코하마 댄스홀〉, 풍속 채집

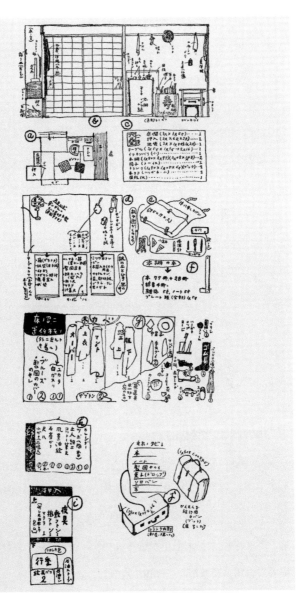

〈소유품 전수 조사 (발췌)〉, 풍속 채집

이 방법론이 '자연주의 문예'로서 '소유품 전수 조사법'을 탄생시킨 것은 바로 고현학의 독창성을 보여준다. '소유품 전수 조사'는 학생의 하숙집이나 신혼 가정 등 일정한 주제에 맞는 '장소'를 대상으로 그곳에 있는 물품을 모조리 조사하여 서식 생태를 함께 정리해나가는 방법이기 때문이다.

지금까지 우리는 고현학이 생활양식(혹은 생활 구조)을 그 디테일한 역동성과 함께 파악하려고 했던 방법적 의지였음을 확인했다. 고현학은 사상 면에서 강력한 설득력을 가질 정도로 발전해나가지는 못했지만, 철저한 기록이라는 실증적 방법론 측면에서는 오늘날에도 계승할 만한 비판력을 가졌다 할 수 있다.

생활문화편의 꿈―환영의 기록

얄팍해지고 왜곡되다

고현학의 향후 운명을 논할 때, '고현학'이라는 단어만이 홀로 남겨졌다는 사실은 묻어둘 필요가 있다. 두 번째 책 『사이슈採集』가 나왔을 때 그들도 이 사실을 알고 있었다. 「고현학 총론」에서 곤은 당시의 신新용어사전이 고현학을 마치 유입된 모던 과학처럼 해설하고 있다며, "겸연쩍기 그지없다"(채: 12)고 기술했다.

여기서 언급된 신용어사전은 아마도 기타 소이치로喜多莊一郞가

감수한 『모던 용어 사전モダン用語辞典』(지쓰교노니혼샤, 1930)일 것이다. 거기에는 다음과 같이 적혀 있다.

고현학

모데르노로지Modernology의 일본 번역어. 일찍이 캘리포니아 대학의 인류학 교수인 클로이버가 50여 년 전으로 거슬러 올라가 여성들의 옷자락 변천을 연구하여 발표했는데, 이 교수의 고고학적 입장에 반대하면서 오늘날의 문명사회에 가까운 변천 상태를 연구하고자 한 것이 고현학이다. 현대 사회의 모든 분야에 걸쳐 그 유행 변천을 조직적으로 연구하는 것이다. 컬럼비아 대학의 니스트롬 교수는 정적인 상품학에 대응하여 동적인 유행학의 존재를 주창했는데, 이것이 바로 고현학에 가깝다. 일본에서는 와세다대학 교수인 곤 와지로 씨 등이 이 방면의 개척자로서 알려져 있다.

이 외에 다른 지면에서 고현학을 소개한 글을 참고로 들 수 있는데, 예를 들어 나카야마 요시고로中山由五郎 편 『모던어 만화 사전モダン語漫画辞典』(라쿠요쇼인, 1932)에는 고현학을 다음과 같이 소개하고 있다.

고현학

모다노로지. 이는 토기나 인골을 뒤적거리는 골동학이 아니다. 스타킹의 주름 잡힌 상태, 여성 속바지의 노출도, 거리를 걷는 여자의 옷자락이 비뚤어진 상태 통계, 노점의 분포 상태, 백화점에 쏟아지는 손님들의 분류, 연인의 산책 코스, 샐러리맨과 노동자의 담배 피우는 법 등등을 조사한다. 심지어는 사창굴의 오염 분석까지 감행해 눈부신 현대인의 생활을 숨김 없이 기록하고자 한, 그야말로 100%의 모던 과학(?)이다.

여타의 신용어사전[46]들도 위 사전들을 토대로 하고 있거나 대동소이하다. 전체적으로는 (혹은 모데르노로지오라는 용어 때문인지) 모더니즘을 표현하려고 하는 논조가 느껴진다.

고현학은 동시대 독자인 연구자들에게 어떻게 받아들여졌을까. 곤 일행은 "전람회를 보았다고 하는 익명의 사람들로부터 그들 자신이 시행한 조사 보고서들을 받기도 했습니다"(채: 14)라고 기록했다. 요시다 또한 「고현학 그 후考現学その後」(채: 229~231)에서 새로운 동지가 미지의 장소에서 생겨날 것이라는 예감을 쓴 바 있다. 그러나 오늘날 그 영향력이 어느 정도였는지를 정확히 알기는 어렵다.

고현학적 방법을 채용한 이후의 연구들은 어쩌면 곤 일행이 비판했던 '모더니즘'의 인상주의적 용법 속에 갇혀 있었을지 모르겠다. 그 결과 고현학적 방법론이 차차 얕아지고 왜곡되었을 수 있다. 무라시마 모리유키村島帰之의 『카페 고현학カフェ-考現学』은 고현학의 이름을 내세운 단행본으로는 비교적 빠른 것이었다. 이 책은 제목에 고현학을 사용했을 뿐 아니라 내용 면에서도 학생을 지도해

서 "이른바 모데르노로지적 연구를 수행했다"[47]고 적혀 있다. 또 경찰청 통계를 이용하거나 도톤보리를 배회하며 다리 위 통행인 통계를 내고 전철 막차를 탄 사람들의 신분 조사를 실시했다. 그러나 모데르노로지오적 연구라고 이름 붙인 부분조차도 도형화한 표현은 전혀 없었기 때문에 고현학 이전의 번화가 풍속 조사에 더 가까웠다.

전전戰前에 채집을 도형화한다는 면에서 영향을 받았다고 할 만한 것은 기타가와 지카시와 이소베 시즈오儀部鎭雄가 실시한 고현학 채집이다.[48] 아사쿠사의 길거리 점쟁이들 분포나 비치파라솔 색상 채집, 시노바즈 연못에 보트가 떠다니는 장면, 어떤 병원 신발장의 게다 종류, 닛포리·긴자의 야시장 분포, 담배꽁초 분석, 유시마나 센주의 노천 상점, 오미쿠지(운세 뽑기), 아사쿠사 및 산야의 여인숙 간판, 오미야행 쇼센省線˙ 전차의 승객, 묘지의 모습, 다리의 표주 등이 조사되었다. 일반적인 '서술'이 별로 없고, 자세히 들여다보면 곧 일행이 생각했던 방향과는 다른 곳에 주안을 두고 있기도 하지만, 고현학 그룹의 서적에서 영향을 받았음은 분명하다.

민가론民家論에서 이미 접점이 있고, 이후 생활학의 이념과도 공감대를 가진 민속학자 미야모토 쓰네이치宮本常一에게도 고현학 실험은 매력적인 시도로 보였다. 쇼와 10년대˙˙에 오사카중학교에서

•   1920년부터 1949년까지 운영되었던 철도로 현재의 JR선의 옛 이름이다. 당시에는 철도성과 같은 정부기관이 국유 철도를 운영했기에 쇼센(省線)이라 불렀다.
•• 쇼와 10년은 1935년이다.

교사를 할 무렵 그는 '마을 조사'를 하면서, '아동 복장 조사児童服
裝調査'[49]를 실시했는데, 이 조사는 고현학의 영향을 받은 것이 분명
해 보인다. 미야모토 쓰네이치와 곤 와지로 사이에는 민속학을 매
개로 한 접촉 이외에도 동시대 교육 운동에서 고현학이 평가받고
수용되었다는 점에서도 공유하는 지점이 있다. 생활작문 교육에서
도 "고현학적 입장에 서서 현대의 세태나 현대의 사회의식을 분별"
한다는 언명이 「조사 작문調べ綴り方」이라는 형태로 등장하기 때문이
다.[50] 또한 빈민굴의 풍속 채집을 포함한 곤 일행의 실천은 도시의
사회조사에도 영향을 끼쳤다. 도쿄시 사회국이 피被구호세대를 조
사[51]하면서 작성한 그림에 이불의 수납 형태나 부근 전경 스케치
등이 곁들여 있다는 점에서 고현학의 영향을 논하지 않을 수 없다.

이러한 조사들은 동시대적인 것이기 때문에 내용이나 방법적
인 측면에서 고현학을 의식하여 진행되었지만, 전후가 되면 '고현
학'이라는 용어는 이러한 내용 및 방법론과는 완전히 멀어져 흥미
본위로 그 명칭만을 쓴 예가 넘칠 정도로 많게 되었다.[52]

『고현학 채집(모데르노로지오)』 이후 고현학 그룹 자체의 채집
활동은 분명치 않다. 곤 와지로의 경우에는 가와조에가 논한 것처
럼 '생활학'으로 발전적인 해체를 해나갔다고 할 수 있다.[53] 다른 사
람들, 오카다 다쓰야나 아라이 이즈미, 고이케 도미히사小池富久의
경우에도 각자 전문적 영역(예를 들어, 디자인)에서 활동 비중을 높
여갔음은 상상하기 어렵지 않다. 애초에 고현학은 '하나의 깃발 아
래' 모였다기보다는 '대합실'(채: 14) 같은 것이었다. 자신들의 채집

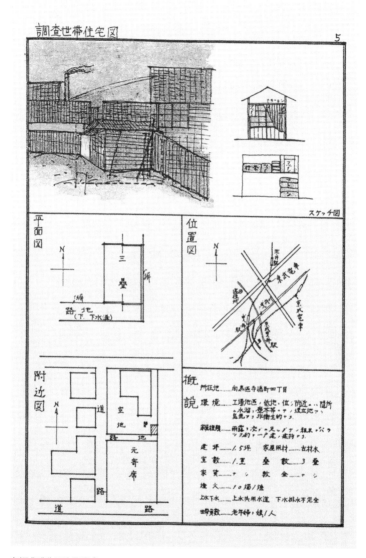

〈피구호세대 조사 중에서〉

을 서로 보여주는 '비정기적 보고 모임'(채: 15)이 언제까지 이어졌는지는 여전히 분명하지 않다.

다만, 요시다 겐키치는 전후에도 여러 형태로 고현학 채집을 지속했다. 예를 들어, 「파친코 고현학」[54]에서는 예전의 고현학과 마찬가지로 예술대 디자인과 학생 등과 함께 우에노, 긴자, 신주쿠에 있는 파친코 가게의 분포를 조사하거나 기계 구조를 그림으로 그리고 손님의 풍속을 분류하기도 했다. 지진 후의 새로운 풍속이 『모데르노로지오』를 만들어냈던 것처럼, 모든 것이 파괴된 패전을 겪은 후 새롭게 나타났던 '거리 풍속'은 요시다 고현학의 관심을 자극해 『여성의 풍속女性の風俗』[55] 같은 모데르노로지오 속편을 만들어내기도 했다. 예전에는 '단편적 채집'을 분담했던 요시다가 이 『여성의 풍속』에서는 분류 통계를 포함하여 고현학 전 영역을 혼자서 도맡아 의욕적으로 채집 활동을 펼쳤다.

후계자들

고현학의 계보를 잇는 활동으로 1980년대에 어떤 채집 연구가 이루어졌는지 세 가지 정도 간단하게 짚고 넘어가면, 첫 번째는 곤 와지로가 직접 설립에 관여한 생활학회의 연구 활동이 있고, 두 번째는 현대풍속연구회의 활동, 마지막으로는 '길거리 관찰학'에 관한 것이 있다.[56]

일본생활학회는 '곤 와지로 전집'(전 9권)을 편집할 때 만들어진 네트워크가 중심이 되어, 곤 와지로를 회장으로 초빙하고 주거학, 디자인, 가정학, 농업경제, 민속학, 문화인류학, 사회복지학 등등의 연구자들이 모여 1972년 9월에 설립한 학회이다.

생활학이라는 용어도 고현학과 마찬가지로 기존의 제도 학문에서는 정통적 위치를 갖지 못한 학문적 구상이었지만 이미 몇 가지 방향성은 제시되어 있었다.[57] 이 방향성 아래 일본생활학회의 조사 연구를 비롯, 고현학의 방법론적 전통을 이어받은 몇몇 연구가 이루어진 상황이었다. 특히 '개인 소지품 전수 조사'의 계보를 이어받은 마지마 슌이치真島俊一의 총總 도구량 조사[58]나 히키타 마사히로疋田正博를 중심으로 CDI*에서 수행한 일련의 생활재 생태학 조사,[59] 이치반가세 야스코一番ヶ瀬康子가 노인 요양 시설에서 실시한 소지품 조사[60] 등이 주목을 받았다. 이시게 나오미치石毛直道 일행이 로스앤젤레스에 있는 일본 요리점을 분석한 연구 또한 식사 문화에 대한 고현학적 국제 연구로서 여겨질 법하다.[61]

오가와 노부코小川信子가 실시한 어린이 주거 환경 조사는 고현학과 관련해 생각해보면, 아라이 이즈미 일행이 주거 운동 활동을 통해 실시한 채집과 가까운 것이다. 어린이들에게 자신의 집을 그리게 하고 그것을 소재로 하여 독해를 해나가는 방식이다.[62] 이외에도 자동판매기 생태 연구나 히비야 공원의 부랑자 연구 등 고현학을 계승했다고 볼 수 있는 문제 설정이 적지 않다.

현대풍속연구회는 '현대(메이지 이후) 풍속에 관한 이론적, 역

• CDI는 Communication Design Institute의 약자로, 교토를 중심으로 하여 1970년에 조직된 문화계 싱크탱크이다.

사적 연구를 폭넓게 수행한다'(회칙)는 목적 아래, 1976년 9월, 간사이 지역의 철학자, 사회학자, 역사학자 등이 중심이 되어 설립되었다. 연보인 《현대풍속現代風俗》 창간호에는 곧 와지로의 고현학이 선행적 연구 활동으로 평가되어 있다.

현대풍속연구회는 지금까지의 '풍속사'적 고찰이 에도나 미야코 민중의 '전통'적 관례들을 해설하는 것에 그쳤다고 보고, 과거의 '풍속사'적 연구와는 다른 새로운 조사 연구를 제창했다. 인베이더 게임의 유행처럼 지극히 현대적 소재를 중심에 놓고 프로젝트 팀을 꾸려 연구를 수행하는 것이다. 특히 《민간전승民間伝承》이라는 잡지 권두에 야나기타 구니오가 게재한 「작은 문제의 등록」[63]에 나타난 사고방식을 발전시켰다고 할 만한 [쓰루미 슌스케의] 「엽서 보고」[64]에는 고현학을 떠올리게 하는 단편적 채집이 축적되어 있다.

최근까지는 현대 유적을 적극적으로 탐험하는 그룹이 회보를 지속적으로 내어 다코야키의 발생을 밝혀내기도 했다.[65] 또 나고야에는 고현학 연구 당시에 채집 활동을 도왔던 가메야마 이와오亀山巖가 있었다. 지금은 오카모토 노부야岡本信也 일행[66]이 기록에 열심이다.

길거리 관찰학은 1986년 5월에 발행된 『길거리 관찰학 입문路上観察学入門』(지쿠마쇼보)의 선언 아래, 여러 관찰자, 수집자들의 실천이 축적되어 일반적인 학문이 되기에 이르렀다. 1970년부터 아카세가와 겐페이赤瀬川源平가 미美학교에서 강의한 '고현학'은 원류의 하나이다.

이 강의의 수강자였던 미나미 신보南伸坊는 비교적 모데르노로지오에 가까운 채집, 참여관찰로 시작해 벽보의 채집에 관한 비평 보고서를 정리한 바 있다.[67] 아카세가와의 지도 아래 토머슨 조사[68]가 이루어졌는데, 토머슨 조사란, 유용성만 가지고서는 그 존재 이유를 설명하기 힘들지만 '보기에 좋은' 건축물을 찾는 것이었다. 또, 하야시 조지林丈二는 요시다나 곤이 여관을 대상으로 실시했던 채집을 더욱 철저히 탐구했다.[69] 그 외 후지모리 데루노부藤森照信를 비롯한 건축 탐정단이 이미 현대 도쿄에서 유물이 되어버린 '근대 건축'을 방문 조사한 실천[70]도 또 하나의 원류를 형성했다. 길거리 관찰학을 대표해서 후지모리는 "생생한 눈동자를 되살리고자"한다는 목표를 내걸었다. 전체 질서로부터 비어져 나오는 '물건'을 발견함으로써 얻는 성과, '최후의 자유'[71]를 내건 '관찰'이라는 전략으로부터 얻는 성과가 우리가 논한 고현학의 가능성, 즉, 현대[現]를 생각[考]하는 '시각의 구축'에 어떠한 방식으로 구체적 지식이 되어줄 것인가, 여전히 분명하지 않다.

움직이는 사상

필자는 일본의 도시사회학적 서술의 탄생을 다룬 논문, 「도시사회학의 사회사」[72]를 비롯하여 다양한 논문에서 고현학을 논해왔다. 그렇기는 하지만, 쇼와의 역사 속에서(혹은 일본 근대 속에서) 고현학 자체의 기본적 성격을 다시 한 번 이 자리에서 논해보고자 한다.

결론부터 말하면 고현학은 철저히 눈을 통한 연구 방법이며, 그 전제에는 사람-사람, 혹은 사람-물건 사이의 '도시적'인 관계가 깔려 있다. 이는 다이쇼에서 쇼와에 이르기까지, 지진을 포함하여 일본 사회가 만들어낸 새로운 경험에 뿌리내린 방법이기도 했다.

즉, 도시는 시각이 압도적으로 중요한 역할을 하는 공간이다. 줄곧 낯선 물건과 조우하고 모르는 사람과 마주한다. 찾아가서 물어보는 것이 아닌, 물건이나 사람을 겉모습에서 이해해야만 하는 경험이 도시의 일상에는 압도적으로 많다. 고현학은 그러한 도시의 일상적 풍경에 뿌리내린 방법이었다는 점을 반드시 기억해야 한다.

곤 와지로 자신이 이러한 고현학의 특징에 어울리는, '관찰자' 적 소질을 가지고 있었다는 점은 부정할 수 없다. 「말의 수업言葉の修業」[73]이라는 짧은 글에는 다음의 에피소드가 소개되어 있다. 청년기의 야나기타 구니오와 함께 곤이 시골 마을을 걸어갈 때, 야나기타가 곤에게 "자네는 물건에 대해 얘기하기보다는, 물건을 눈으로 보는 사람인 듯하네. 찬찬히 무언가를 보고 있어. 사람의 얼굴도 보고 있지. 꽤 재미있는 면이 있구나"라고 평했다는 것이다.

야나기타 구니오 자신이 관찰력의 본질에 있어 언어적 인간이라고 한다면, 분명 곤 와지로는 시각적 인간이다. 또한 그의 뛰어난 스케치 능력이 그 관찰의 세세함을 뒷받침해주고 있다. 사진이나 인쇄물만 사용해서는 관찰이 막연해지기 쉬우나, 스케치는 항상 대상을 상세히 바라볼 것을 요청한다. 곤 와지로나 요시다 겐키치가 미술학교 출신이기는 하지만, 그들이 시각 예술적 경향을 가지고 있었다는 점을 부각해 고현학의 방법적 특징을 논해서는 안 된다. 고현학을 만들어낸 관심은 그보다는 오히려 근대 대도시에 보편적인 것이었기 때문이다.

예를 들어, 우리는 고현학의 실험에서 문학가 오노레 드 발자크Honore de Balzac가 19세기 대도시 파리를 무대로 작성한 '걸음걸이 이론' 구상을 떠올릴 수 있다. 발자크는 '걸음걸이'는 신체의 표정이며 언어 이상의 '움직이는 사상'이라고 말한 바 있다.

> 나는 우선 사람의 움직임을 곁에서 바라보면 어떻게 보일까 닥치는 대로 조사해보겠다고 결심했다. 그 움직임의 좋고 나쁨을 평가해 분류하기로 한 것이다. 그 분석에 기초해서 이상적 움직임을 연구하고 이를 통해 법전을 만들어 자신의 됨됨이나 생활, 습관 등을 좋게 만들고 싶은 사람들에게 제공하면 어떨까. 내 생각에 걸음걸이야말로 사상이나 생활을 정확히 나타내는 증상이다.[74]

앞서 언급했듯이 고현학 최초의 채집이 '긴부라'였으며, 또 '공원 산책'이나 '전람회' 구경, '백화점' 윈도쇼핑, '모던 걸스'의 걸음걸이 등 대도시 도쿄의 거리에서 벌어지는 사람들의 움직임을 채집 대상으로 삼은 것은 다 이유가 있었다. 고현학은 발자크의 '생리학physiologie'과 같은 일련의 인간 유형학과 마찬가지로,[75] 풍속으로서 '움직이고 있는 사상'을 우선 곁에서 바라보고 분석하려고 했던 것이다. 그리고 채집자 자신 또한 도시가 허락한 새로운 산책자였다 할 수 있다.

미완으로 끝나버린 어린이 과학

이렇게 말해도 괜찮을지 모르겠으나, 고현학은 도시의 '어린이 과학'이라 할 정도로 재미와 의문에 있어 자유로웠다. 미완성이란 말의 의미는 고현학파가 이후 활동을 이어나가지 못했다는 문제가 아니다. 그보다 고현학의 미완성은 '쇼와'기 전시체제에 돌입한 근대 일본의 선택에 물어야 할 죄이다.

전후, 야나기타 구니오는 『월요통신月曜通信』이라는 저작에서 쇼와 10년대의 수첩에 적힌, 관찰 조사를 시작하던 시대를 돌아보며, "뭔가 신기하다 생각되는 것이 있으면 모두가 수첩에 적어 와 마치 아이들에게 식물 채집통이나 곤충 채집망을 주던 시대처럼 서로를 격려"하던 그 시대는 끝나버렸다고 적었다. 또한 그는 "우리 단체가 공동의 수첩, 혹은 적극적인 조사 방법을 만들어내고 그것을 실제 시험해보았던 것이 지금 되돌아보면 구시대적인 것이었다"[76]고 반성했다.

이미 국가라는 개념을 향해 동원된 정신은 과거든 현재든 생활을 관찰하는 일을 억압하고 있었다. 야나기타의 민속학 또한 여행자라는 새로운 관찰자를 조직한 학문이었지만, 태평양전쟁 개시 전야인 1941년 3월에는 다음과 같이 적고 있다.

일찍이 없었던 이 미증유의 시대를 마주하여, 지방에 있는 다수의 젊은 우리 동지들 중 누군가는 출정해 전사하거나 부상을 입고 돌아오고, 또 누군가는 손을 뗄 수 없는 격무에 시달리고 있습니다. 또 남은 이들은 무엇을 할지 몰라 헤매고 있습니다. 이러한 시대에 즐겁기만 한, 새롭고도 오래된 이 학문을 계속해도 괜찮을까. 그런 점에 꽤 번민하고 동요하는 기색이 보입니다.[77]

이는 민간전승 연구에 대한 발언으로, 고현학을 포함하여 생긴 지 얼마 되지 않은 미완성의 방법을 가진 '관찰자 학문' 전반에 대한 언급이라고 봐도 될 것이다. 그 시대에 즉각적으로 어떤 효용성을 발하는 학문이 아니라면 시간을 들여 키워나갈 필요가 없다는 성급한 풍조야말로 새로운 학문의 가능성을 빼앗는 것이었다. 그러한 예감 때문에 야나기타는 지금 진척시키지 않으면 변화하는 세상 속에 학문이 매몰될지도 모른다고 생각했다. "빛나는 평화를 되찾았을 때에는 이미 빈 곳이 생겨 이를 회복하기 어려울지 모릅니다."[78] 바로 눈앞에 펼쳐지고 있는 현재에 대해 질문할 시기를 놓쳐서는 안 된다고 그는 설파했다.

그로부터 1년 후 전쟁 기간 중에, 이 역사사회학자는 주관하고 있던 잡지 《민간전승》 권두에 특유의 곡절을 가진 문체로 "반드시 써야만 한다고 확신하는 자가 때때로 발견과 입증에 게으름을 부리고 있다. 세상에서 어느 정도 구설에 오르는 이들, 혹은 일부러 동포들을 둔감하게 하려고 하는 이들은 독단적인 설을 내세우고 있다"[79]며 이를 우려할 만한 획일화라고 기술하고 있다. 산책자의 자유를 빼앗아간 '시대'에 학문의 위기를 느낀 것이다.

역사적으로 볼 때, 고현학의 채집 활동은 새로운 풍속에 이끌려 곤충 채집망이 주는 즐거움만으로 끝나버렸는지 모른다. 그러나 노쇠한 야나기타 구니오가 "이제부터는 이른 시기에 깨친 외국과 마찬가지 방법으로, 야트막한 지표면 아래에 감추어진 과거의 시대를 더욱 활발히 발견하고 기록해야"[80] 하며, 지금이야말로 이 시대의 변화에 적응할 "새로운 기록의 방식"이 만들어져야 한다고 기술한 것에 주목해보아야 한다. 야나기타가 느낀 절실함을 가지고 관찰과 채집 방식을 그 나름의 재미 속에서 다시 생각해봐야 할 것이다.

고현학은 자기 자신의 감성을 스스로 인식한 새로운 기록 실험이었던 것이다.

제3장

삽화의 광경

: 파출소 앞의 쥐들

쥐떼 대학살

파출소에 쥐를 가지고 온 아이들

잡지라는 인쇄물 속에 등장하는 삽화 풍경도 하나의 텍스트이다. 사실을 보여준 것은 그림엽서나 사진만이 아니다. 그림으로 묘사되어 있지 않은 부분까지 함께 읽어내기 위해서 우리는 여러 자료들을 겹쳐 보며 집중할 필요가 있다. 이 장에서는 몇몇 자료들을 통해 삽화가 만들어낸 풍경을 살펴보고자 한다.

우선 여기 소소한 자료 단편들을 보자. 표면에는 '매서권買鼠券'이라고 적혀 있고, 도쿄 시청의 도장이 보인다. 뒷면에는 교부일로부터 30일 이내에 현금화해야 하며, 기간을 넘기면 무효라는 내용이 인쇄되어 있다. 먹으로 적힌 날짜를 보니 1915년 발행이다. 본 장의 고찰은 이 자료로부터 시작된다.

매서권(앞, 뒤)

야나기타 구니오는 1926년 1월에 "파출소에서 쥐를 사들인다고 한 이후로 대략 30년이 지났다. 이에 대해 글로 쓴다면, 동양의 흑사병 역사도 문학이 될 수 있을 것이다"[1]라고 쓴 바 있다. 그러므로 1926년이라는 시점에서 다시 30년 전을 거슬러 올라가보면, 시대는 메이지가 된다.

일곱, 여덟 명의 아이들이 축 늘어진 쥐의 긴 꼬리를 잡고, 파출소 앞에 서서 순사의 얼굴을 바라보는 광경은 이제 보기 어려워졌다. 우는 아이에게 순사가 잡으러 온다며 겁을 주던 시대에서 급변하여 사탕 장수처럼 경관이 친밀하게 느껴지던 시대도 있었다.[2]

잡지 《풍속화보風俗画報》의 삽화는 아래와 같이 당시의 파출소 광경을 묘사하고 있다. 아이들은 쥐를 줄에 묶어 들고 오거나 가는 대나무에 끼워서 모아 왔다. 이는 야나기타의 묘사와 매우 유사하다. 정경에 대한 기술이 우연히 딱 맞아 떨어졌거나, 야나기타도 언젠가 읽은 적 있는 《풍속화보》에서 이 삽화를 떠올려, 야나기타의 기억의 서고로부터 이런 글이 나왔는지 모르겠다.

어쨌든 어렵지 않게 볼 수 있었던 풍경임에 틀림없다. 앞치마를 두른, 식모로 보이는 이가 상자 안에 가득 담긴 쥐들을 내놓고 있다. 하오리를 입은 부인들이 소매에 감춘 손으로 입을 가리며, 무언가 피하는 듯한 분위기를 풍기며 지나가고 있다. 앞서 언급했던 매서권은 이러한 풍경 어딘가에 존재하고 있었을 것이다. 어쩌면 창

〈쥐를 사들이는 그림〉

건너편에 사무를 보고 있는 순사의 손에 들려 있을지도 모르겠다.

 이시이 겐도는 『메이지 사물 기원明治事物起源』 제2판에 "페스트의 전염 예방법으로 도쿄시가 쥐를 사들이기 시작한 것은 메이지 33년(1900년) 1월이며, 35년(1902년) 12월, 혼조오시아게本所押上에 있는 가스 방적 회사 내에서 페스트가 발생한 후 세간이 매우 떠들썩해져서 쥐잡이 전문가가 생겨날 정도"[3]였다고 기술하고 있다. 이러한 내용은 1900년 1월 13일 도쿄시 포고문 제2호에서도 확인할 수 있다.

 도쿄 시내에서 포획된 쥐에 대해 한 마리당 금 5전에 사들인다. 단 본 고시는 본월 15일부터 시행하는 것으로 한다. 이상,

수매를 요망하는 자는 바로 각 구청에 설치되어 있는 페스트 예방사무소에 가지고 가서 교환표를 신청할 것.

도쿄시 참사회 도쿄 시장 마쓰다 히데오松田秀雄[4]

도쿄시가 교환표 시스템을 이용해 쥐를 사들였다는 것은 시 예규집을 보아도 분명히 알 수 있다. 1917년 발행된 「도쿄시 예규집」에 의하면, 제2편 제2종 제2절 예방 소독항에 '쥐 수매 절차'가 적혀 있는데, 이는 1910년 5월 15일 고시 제38호에 따른 것임을 알 수 있다. 이 제4조에는 잡은 쥐를 "구청, 경찰서, 경찰서 지서 및 분서 혹은 쥐 수매를 하는 파출소에 가져다주고 매서권을 교부받을 것"[5]이라고 되어 있다.

구청 외에 가까운 파출소에도 쥐를 들고 가서 교환권을 교부받을 수 있었던 것이다. 이 교환권이 본 장 서두에 밝힌 매서권으로, 파출소에서는 그 자리에서 쥐를 현금으로 사들인 것은 아니었음을 말해준다. 교환권(매서권)을 시청 세금 취급 부서나 고지마치麴町 은행을 비롯한 은행 몇 곳에 가지고 가면 소정의 대금을 받을 수 있었다.

하루에 5000마리

그렇다면 이 교환권 체제로 얼마나 많은 쥐가 학살되었을까.

이시이 겐도가 기술한 바에 따르면, 도쿄의 경우 1902년 12월 28일부터 1905년 9월 29일까지의 2년 9개월간 수매된 쥐가 385만

마리에 달했다.[6] 신도 긴조進藤銀蔵의 통계 자료를 보면, 1902년 12월부터 이듬해 12월까지 1년 1개월 동안 수매된 쥐가 148만 5589마리였다.[7] 그 외 다른 통계에서는 1902년 12월부터 1906년 12월 31일까지인 4년 1개월 동안 584만 7855마리의 쥐를 잡아 가져왔으며, 1906년 한 해 동안만 해도 199만 1264마리에 달했음[8]을 확인할 수 있다. 이러한 통계 기록들이 남아 있기는 하지만, 당시 사들인 쥐의 수가 상당하고 기록마다 수치가 달라서 정확한 수치를 실감하기는 어렵다.

따라서 각각의 데이터를 하루 단위로 바꿔 생각해보고자 한다. 이시이 겐도의 자료로 계산해보면, 하루 평균 약 3831마리, 신도 긴조의 1902년분 계산에 따르면 하루 4025마리, 다른 해 데이터에서는 하루 5456마리, 또 4년간 기록한 통계로 계산하면 하루 3922마리가 된다. 즉 평균적으로는 하루 약 3800마리에서 5500마리의 쥐가 매일 도쿄시에서 처분되어 구청이나 파출소로 오게 되었다는 것을 알 수 있다. 한편 통계가 모두 1902년 12월 이후 자료인 것은 이시이 겐도가 적은 대로 '매우 떠들썩해진' 이후, 통계 작성 보고 집계 체제가 정비되었기 때문이다. 제도적으로 여겨지는 통계 역시 사회적 관심을 반영해 만들어진 것임을 알 수 있다(308쪽 부록5 참조).

오사카에 관한 기록을 보면, 수매 개시 자체가 늦어서인지 쥐 수매가가 1905년 10월 1마리당 2전으로 시작하여 곧이어 3전으로 가격이 올랐다. 그 당시 모인 쥐가 하루 평균 1988마리였으며,

5전으로 오르자 하루에 4584마리, 7전이 되자 9000마리까지 수매가 이루어지는 등 수매가의 상승에 따라 잡혀 오는 쥐도 늘어났다. 그러나 잡아 오는 이의 주소와 이름을 기록해 제출하도록 하자 가져오는 쥐의 수가 '급감'하기도 했다. 이름과 주소를 남기면 자칫 당시 방역 대책으로 실시된 소독이나 봉쇄의 대상이 될 수도 있었기 때문이다. '네즈미 도미쿠지(쥐 복권)'라는 새로운 현상금 대책도 이러한 쇠퇴를 막지는 못했다.[9]

하루에 5000마리나 되는 동족이 파출소에 잡혀 왔다는 사실은 쥐의 입장에서는 대사건일 것이다. 이 시기《호치신문報知新聞》은 '학살 수매買殺し'라는 그럴듯한 용어를 사용[10]하기도 했다. 거리에서 쫓겨 잡혀 온 쥐의 수를 보면, 쥐의 입장에서는 대학살이라고 부를 만했다. 그 꺼림칙한 행위의 저편에는 여러 가지 의미가 숨어 있었다.

18세기의 고양이

로버트 단턴Robert Darnton은 대도시 파리를 배경으로 '고양이 대학살'을 다룬 논문을 쓴 바 있다. 인쇄공이었던 남성의 회고록을 분석하여 독특한 역사사회학을 시도한 논문이다. 거리에서 고양이를 사냥한 기억은 그 기묘한 사건을 만들어낸 18세기 전반 도시 파리의 사회관계나 직공들의 심성을 이야기한다. 단턴의 이야기를 조금 들어보자. 대소동은 이렇게 시작되었다.

그들은 빗자루, 인쇄기의 쇠파이프, 그 외 판매하는 도구들로 각자 무장하여, 회색빛 고양이(감독관의 아내가 좋아하는 고양이)를 시작으로 보이는 대로 덮쳤다. 레베예가 우선 쇠파이프로 잿빛 고양이의 등뼈를 으스러뜨리면, 제롬이 마지막 일격을 가했다. 두 사람이 사체를 배수구에다 처리하는 동안, 견습공들은 옥상의 고양이들을 한쪽으로 몰았다. 가까이 있는 고양이는 곤봉으로 때리고, 도망치는 고양이도 준비해둔 포대 자루 덫으로 몰았다. 직공들은 반쯤 죽은 고양이들을 가득 담은 포대 자루를 안마당에 털썩 던져놓았다. 그러고 나서 인쇄 공장 사람들 모두가 모여들어 호위병, 고해 사제, 사형 집행인 등의 역할을 맡아 모의재판을 열었다. 그들은 우선 동물들에게 유죄 판결을 내리고, 마지막 의식을 거행한 후 즉석에서 교수대에 목을 매달았다. 웃음소리가 왁자하게 나자 감독관의 부인이 현장에 도착했다. 그녀는 피투성이 고양이가 교수대에 축 늘어져 있는 것을 보고, 찢어지는 비명을 질렀다. (중략) 이후 수일 동안 레베예는 최소 스무 번은 학살 사건의 전 광경을 흉내 내며 재연해 보였다. 인쇄공들은 일을 멈추고 기분 전환을 위해 레베예에게 재연을 부탁하곤 했다.[11]

단턴이 말하듯이, 현대의 독자들은 이 사건을 그리 유쾌하게 느끼지 않을 것이다. 어쩌면 지나친 잔혹함에 어깨를 움츠릴지도 모르겠다. 이러한 거부감은 산업혁명 이전의 노동자 문화가 인류학의 대상이 될 정도로 아주 멀고 이질적인 문화가 되었기 때문일 것이다. 직관으로는 이해하기 힘든 이러한 상황 안에 새로운 의미를 발견할 수 있는 실마리가 있는 것이다.

역사사회학자 단턴의 해석에 의하면 우선 이 고양이 학살에는 당시 노동자와 그들이 '부르주아'라고 불렀던 감독관과의 도제 관계에서 비롯된 깊은 균열이 드러난다. 고양이 학살은 감독관 부부에 대한 간접적인 공격이라고도 볼 수 있었다. '부르주아'들에게 당시 고양이는 애완동물로 인기가 있었던 데 반해, 도제들에게 고양이 울음소리는 잠을 방해하는 소음에 불과했다.

아침잠을 마음대로 잘 수 있었던 '부르주아'들에게 고양이 울음소리는 그다지 성가신 게 아니었지만 노동자들은 달랐다. 온종일 기진맥진하도록 일하고, 피곤에 절어 차갑고 더러운 침실로 돌아왔더니 고양이들이 지붕 위를 날뛰며 밤새 잠을 방해한다. 새벽 네다섯 시면 비틀거리며 일어나 고용주를 위해 문을 열어두어야 하는 그들에게 고양이 울음은 불면을 유발하는 주범이었다.

계기가 된 것은 어느 직공이 시도한 보복이었다. 이 불면의 괴로움을 감독관 부부도 똑같이 겪게 하리라. 흉내에 대단히 능한 이 노동자 소년은 부부의 침실 가까운 지붕 위를 돌아다니며 밤새 야옹야옹 우는 소리를 냈다. 며칠 밤 이 울음소리에 시달린 감독관 부부는 자신들이 마법에 걸렸다고 생각했다.

감독관은 대단히 신심이 깊었고, 부인은 교구 사제를 매우 흠모하고 있었지만, 이때에는 사제에게 도움을 요청하지 않고 직공 두 명에게 고양이들을 제거하라고 명했다. 부인은 명령을 내리면서, 좋아하는 회색 고양이만은 절대로 건드리지 말라고 소년들에게 덧붙였다.[12]

소년들은 매우 기뻐하며 고양이 퇴치에 나섰고, 앞서 묘사한 학살이 일어났다. 사건의 이러한 전개는 상징으로 가득한 사건이 사소한 장난에서 비롯될 수 있다는 것을 보여준다.

여기서 해석할 수 있는 점은 노동자와 '부르주아'의 균열만이 아니다. 그 문화적 균열의 의미를 풍부하게 만들어주는 고양이의 상징성이 폭넓게 고찰되었다는 점이 중요하다. 구체적인 사례 위에 쌓인 상징을 해독하는 것은 역사 분석에 있어 사회학의 가능성을 보여준다. 고양이는 우선 마력과 이어져 마녀나 밤의 향연이라는 상상을 끌어들인다. 이는 또한 섹스의 메타포와 이어져 도발하는 여성이나 바람난 아내를 둔 남성을 연상시킨다. 나아가 도덕적인 비난을 포함한 괴롭힘의 의식(샤리바리)이나 축제에서 동물에 대한 가학을 즐겨온 전통과도 관련된다.

즉, 고양이 학살은 의례라는 형식을 빌려 분출된 노동자의 놀이였으며, 그 속에는 여러 가지 관습이나 새로운 상황들에 대한 파편이 숨겨져 있는 것이다. 노동자들이 회색 고양이에게 곤봉을 휘두른 것은 감독관의 아내를 마녀로 고발한 것이며 소란스러운 샤리바리 의식은 그 부인의 통정을 함의했다.

동시에 라블레적 웃음은 '프랑스 혁명의 9월 학살'을 예감하게 하는 '민중 봉기의 맹아'[13]이기도 했다. 소년공의 그럴듯한 흉내가 반복되어 학살의 광경이 떠들썩하게 펼쳐졌다는 사실을 들면서 단턴은 이 고양이 대학살이 19세기 노동자 문화의 현실적인 위상을 이야기하는 사례였다고 강조했다.

위생이라는 일

고양이 학살을 다룬 솜씨 좋은 이 연구는 대단히 흥미롭지만, 계급 대립이나 의식의 성격을 띤 학살 전통을 일본 근대의 쥐 학살에 대입해 논하는 것은 불가능해 보인다. 서양과는 다른 문화를 축적해온 일본의 근대에서 발생한 에피소드를 18세기 파리의 경험과 직접 비교하는 것은 백해무익한 실수를 가져올 수 있다.

결과적으로 보면, 일본에서 이루어진 쥐 학살은 그 사체를 파출소에서 구매했다는 사실이 상징하듯이 고양이 사냥과는 다른 주제를 담고 있다. 무엇보다 쥐들은 도시에 거주하는 이들에게 애완동물이 될 수 없었다. 애완동물/적敵이라는 사회적 대립이 아니라 누구에게든 동일하게 병의 원흉이라는 강한 의미를 가지고 있었다.

쥐 수매의 풍경을 조금 더 깊이 파보자.

처음 소개한 삽화로 되돌아가면, 아이들이 파출소에 모여 있다. 아마도 용돈을 벌 기회라고 생각했을 것이다. 도시 하층 계급 노동자들에게도 쥐잡이는 짭짤한 용돈이 되었다. 1906년 고베 신가와新川 빈민굴 탐험기에는 다음과 같은 대화가 실려 있다.

위생 일이라면 너 같은 애들도 35전 받으니 편하지. 너 오늘 처음이냐. 그래 나랑 같이 하자, 어려운 일도 아니니까. 쥐를 잡으면 돈 버는 거지. 쥐 값은 쳐주니까.[14]

여기서 말하는 '위생'이란 빈민들이 하는 일의 이름으로, 저자의 설명에 따르면 시내 대청소 인부 일을 말한다. 그 외에 '청결'이라는 쓰레기 집하 청소부, '도로코'라 불리는 토사 수레 운반부, '오키神'라 불리는 항구 화물 운반 부두꾼 등에 빈민 대다수가 종사하고 있었다. 필자에 따르면, '청결'은 큰 수레에 쓰레기를 가득 싣고 끌어야 하기 때문에 풋내기들은 좀처럼 하기 어려웠고, 오키는 중노동에 위험하기까지 했다. 그렇기 때문에 필자는 누구라도 할 수 있는 위생 일을 했다고 쓰고 있다. 그러나 자세히 보면, 위생이라는 이름으로 불린 일은 아마도 단순한 청소가 아니라 페스트 소독과 관련한 작업이었던 걸로 보인다.

그날의 청소는 아이오이초相生町 5번가였다. 마을은 쥐가 도망가지 못하도록 사방이 함석판으로 둘러싸여 있다. 전날 시청 처마 밑에 며칠 몇 번지라고 백묵으로 써놓는다. (중략) 일을 시작하기 전에 시청에서 빌려준 매우 이상한 상의를 입는다. 양손에서 양발까지 하나로 된 쥐색 옷인데, 생각 없이 옆으로 기어

〈페스트 소독 복장〉

가면 센다이하기*의 대왕쥐 저리 가라다.[15]

가부키의 큰 쥐 분장과 닮았다고 비웃음을 산 복장은 아마
도 사진에 있는 간호부나 의사들의 복장과 같은 옷일 터이다. 그리
고 작업이라는 것은 집에 있는 가재도구들을 손 닿는 대로 소독액
으로 씻어내고 바닥과 천정을 청소한 후, 방 구석구석에 석회를 바
르는 일을 의미했다. 청소부라고 할 수도 있겠지만, 청소보다는 소
독에 가까운 작업이었다. 마을 사방이 함석판으로 둘려 있었다는

• 　가부키의 상연 목록 중 하나인 〈메이보쿠 센다이하기(伽羅先代萩)〉를 이르는 것으로, 17세
　기 센다이의 다테(伊達)가의 집에서 일어난 소동을 이야기로 만든 것이다. 영주를 암살하려
　는 반란파의 우두머리는 거대쥐로 모습을 바꾸어 마루 밑에 숨는다.

것은 페스트 유행과 관련한 작업이었음을 증명하는 것이기도 하다. '함석판으로 두르고 즉시 통행을 차단'[16]하는 것은 메이지기 페스트의 기본 대책법이었기 때문이다. 오사카의 나니와浪速구 사쿠라가와마치桜川町에서는 이 함석판이 5킬로미터나 둘러져 있었다는 기록도 있다.[17]

그러나 당시의 인부들은 정작 작업보다는 쥐잡이에 열중하고 있었다고 한다.

그들은 청소를 하기보다는 쥐를 잡는 데에 전력을 다하고 있다. 청소 대금은 정해져 있으니 일하는 척하면서 놀아도 되지만, 쥐는 한 마리당 10전을 받을 수 있다. 이 수입은 일행들이 똑같이 나눠 갖게 되는데, 많으면 하루에 열다섯 마리도 잡았으니 그러면 한 사람당 10전 이상을 배당받게 된다. 이를 임금에 합치면 50전 가까운 수입이 된다. 한참 작업하고 있을 때 쥐 그림자라도 보이면 난리가 난다. 작업반 전체가 달려들어 벽을 부수고 흙을 파내고 기와를 뜯어내길 예사로 한다. 부모 원수라도 되는 듯이 혈안이 되어 쫓아다니는 것이다.[18]

쥐 대금을 모으다

도제들에게 있어서도 쥐잡이는 약간의 용돈벌이가 되었다. 《풍속화보》의 기사에는 "가게 사환도 오늘 아침에는 일찍 일어나서 졸린 눈을 비비면서 새끼줄에 쥐들을 묶어서 가져간다"[19]라고 적혀

있다. 흔히 들리는 라쿠고(만담)에도 쥐잡이가 화제로 올라오곤 했다. 고전 라쿠고라고 하면 에도 토박이들의 전통이라 여겨지지만, 사실 근대 풍속도 많이 다뤄진다. 도제가 주인공인 '야부이리藪入り'*를 살펴보자.

더부살이꾼들은 '야부이리'라 부르는 몇 년 만의 휴가를 얻어 집에 돌아간다. 오랜만에 온 자식은 못 알아볼 정도로 어른스럽게 인사하여 배우지 못한 아버지를 기쁘게 한다. 너무나도 감격한 아버지가 아들에게 목욕탕이라도 다녀오라고 보낸 후, 아들이 없는 사이 슬쩍 아들의 지갑을 보니 큰돈이 들어 있다. 가게의 돈을 훔쳤다고 생각한 아버지가 돌아온 아들을 덮어놓고 야단치며 때린다. 아들이 울면서 사정을 설명하는 것을 들어보니, 일하는 가게에서 쥐를 잡아 파출소에 가져가서 받은 돈을 모은 것이라 한다. 아들의 효심과 근검저축을 알고 결국은 행복하게 살았다는 이야기인데, 이 쥐 포획 대금을 모았다는 1절은 틀림없이 '1900년' 이후에 만들어진 부분이다.

쥐 수매는 꽤나 의외의 정책이었기에, 여러 가지 소문을 불러왔다. 아오야마에 쥐 방목장을 만들었다는 자가 있는가 하면,[20] 너 말들이 나무통 몇 개에 쥐를 가득 채워 파출소로 가지고 와서 쥐 벼락부자가 생겨났다는[21] 이야기도 돌았다. 이런 소문이 유포된다는 것은 쥐 수매 정책에 대한 사람들의 관심과 흥분을 반영하는

---

* 에도 시대에 장삿집의 하인들이 음력 1월 16일(정월)과 7월 16일(백중)에 휴가를 얻어 고향 집으로 돌아가는 것.

것이다.

나아가 러일전쟁과 관련한 세간의 이야기도 기록되어 있다. 러일전쟁 당시 출정 군인이 귀에 동상을 입지 않도록 하기 위해 토끼 모피가 이용되었다. 정부는 페스트 대책이라고 하면서 쥐를 수매했지만, 사실은 이 전쟁을 예상하여 귀마개용 털가죽을 준비하기 위한 것[22]이라는 소문이었다. 이 이야기에서는 내셔널리즘이 미묘하게 드러나 있다.

이시이 겐도는 1944년 『메이지 사물 기원』 제3판에서 "다이쇼의 지진으로 파출소에 구비되어 있었던 쥐 용기가 없어졌다. 이로 인해 쥐 매수도 끝났다"[23]라고 기록한 바 있기는 하지만, 이 수매 제도가 정확히 언제쯤 폐지되었는지는 아직 여타 자료에서 확인되지 않았다. 다만 확실한 것은 현대에는 그것이 완전히 잊혔다는 것이다.

사체의 윤회와 근대의 도시

인간만이 특권을 가진 이 세계

이 교환권과 삽화를 두 가지 시각에서 읽어보자.

《풍속화보》 삽화의 파출소 왼쪽 하단에는 양철통으로 보이는 것이 그려져 있다. 거리를 함석판으로 둘러싼 것과 유사한 맥락인 것인지, 여기에 쥐의 사체를 넣고 있다. 첫 번째 시각은 이처럼 쥐 사체와 관련한 것이다. 쥐들의 '죽음의 역사'와 관련되어 있다고도 볼 수 있다.

죽음은 생물에게 있어 피할 수 없는 자연과학적 사건이지만, 사회학이 대상으로 삼을 법한 문화적 사건이기도 하다. 뇌사를 둘러싼 논쟁에서 볼 수 있듯이, 죽음의 정의 그 자체가 그것을 판단하는 자가 속해 있는 역사-사회적 맥락에 따라 다르기 때문이다. 인공호흡기를 비롯한 의료 기술의 진보는 과거에는 관념적이었던 죽음의 개념을 벗겨내고 심장사와 뇌사라는 다른 개념을 사회적으로 성립시켰다. 그러한 프로세스는 죽음이 생물학의 문제에 그치지 않는, 인류학적 문제의 영역에 있음을 명확히 보여주었다.

그렇다면 사체를 어떻게 다룰 것인가 하는 문제가 생긴다. 한때 〈장례식お葬式〉*이라는 영화가 화제를 모은 적도 있지만, 동일한 종에 속해 있는 인간의 사체를 '처리'하는 기술과 의례는 인류학과 민속학의 주요 연구 주제였다.[24] 또한 사회학은 그 시작부터 오늘날까지 인간의 세계만을 주요한 관심 주제로 다뤄왔다. 그렇다고 해도 지금 살아 있는 인간만이 함부로 특권을 가져서는 안 된다. 인간의 특권화는 살아 있는 자의 에고이즘을 근대가 확대한 것이다. 또한, 그 이면에 붙들려 있는 니힐리즘은 이미 사라진 무수한 죽은 자들의 역사를 위태롭게 하며, 아직 태어나지 않은 무수한 후손들의 미래를 빼앗을 위험성을 갖는다.

• 　이타미 주조(伊丹十三) 감독의 첫 작품으로 1984년 작이다.

인류학이나 민속학 이상으로 사회학이 종종 무의식적으로 빠지는 인간 중심주의는 박물학이나 생태학의 시각과 주제 속에서 재검토될 필요가 있다. 예를 들면 '먹는다'라는 우리의 일상 행위가 사실은 다른 종에 속해 있는 생물들의 사체를 처리하는 문화의 일환임을 알 수 있다.[25]

고독한 부패

쥐 또한 하나의 거주자였던 시대의 도시에는 쥐의 사체를 '먹는' 형태로 처리하는 고유의 형식이 존재하고 있었다. 야나기타는 '역시 고양이는 쓸모가 있다'[26]며 쥐약을 비판했다. 그는 쥐약이 쥐의 사체를 일상적 삶의 이면, 즉 지붕 밑이나 풀숲 아래에 방치시키게 된다며 비판했다. 쥐약은 '춘추의 청결법', 즉 계절의 대청소를 무의미하게 만드는 것이었다.

고양이는 쥐를 먹어서 처리한다. 사체의 의미를 스스로의 생존으로 변형시키기 때문에 부패된 사체가 주거의 뒤편이나 도시의 어둠 속에 널브러져 있지 않다. 1909년 1월에는 페스트균의 발견자이기도 한 기타사토 시바사부로北里柴三郎의 건의에 따라, 내무성이 집고양이 사육을 장려하는 통첩을 각 시도에 발송했다.[27] 그러나 집고양이를 대량으로 키우는 것이 문제를 해결했는가 하면, 꼭 그렇지도 못한 것 같다. 고양이뿐만 아니라 새들의 노동환경도 변화해가고 있었기 때문이다.

근대 여명기의 도시에는 우리가 '애완용'이라 부르는, 집집에 가둬놓고 기르는 동물 카테고리 외에도 많은 동물들이 생활하고 있었다. 1900년대 초에 군마群馬의 시골에서 도쿄로 나와 학창 시절을 보낸 우부카타 도시로는 "도쿄에 왔을 때 절이 많다는 것과 까마귀가 많은 것에 크게 한 번 놀랐다. 거리를 걷고 있으면 바로 머리 위 나뭇가지에서 까마귀가 까악까악 울고 있다"고 회상하며, "그러던 것이 언제부터인지, 도쿄에서 까마귀를 보기 어려워졌다"[28]고 적은 바 있다. 솔개 또한 근세에는 신기한 것이 아니어서, 때로 사환들이 들고 있는 튀긴 두부를 낚아채 놀라게 하곤 했다. 그렇기에 근세 사람들은 솔개들이 알아서 채갈 것이라 믿고 쥐들이 큰길에 기어 다니도록 내버려두었다. 생태계를 자각하여 그렇게 했는지는 모르겠지만, 적어도 그 나름의 효과를 생각한 자연스러운 관습이었을 터이다. 그러나 '허수아비'처럼 전선이 사방을 둘러치고 나뭇가지들이 적어지자, 솔개는 더 이상 휴식을 취하거나 먹잇감을 찾기 위해 올라앉을 곳이 없어졌다. 그 결과 도시에 더 이상 솔개가 살지 않게 되었다. 방치된 쥐들의 사체는 경제 발전과 함께 오가는 수많은 수레들에 짓밟힌 채 남겨졌다. 거리에서 썩어가는 작은 동물들의 사체는 서글프고도 새로운 풍경이었던 것이다.

야나기타는 이 풍경의 탄생에 대해 다음과 같이 말하고 있다.

교육이라는 것을 책상과 걸상 사이에 아이를 억지로 밀어 넣는 것으로 생각한 것은 잘못이었다. 선대의 죽은 쥐 처리법을 다수의 도쿄인들은 어디에선가 배웠다. 시키테이 산바式亭三馬

의 『우키요부로浮世風呂』*가 인기를 얻었던 에도에는 아직 전선 줄이 하나도 없었기에 교바시의 솔개는 종종 도제들의 튀긴 두부를 낚아채 가기도 했다. 요즘에는 아무리 용감한 솔개라도, 또 아무리 맛있어 보이는 무해한 쥐가 떨어져 있다고 해도 이 무수한 전선들 사이를 뚫고 먹이를 줍기 위해 거리로 내려오는 녀석이 있을까. 이런 것을 생각해보지도 않고 쥐는 마을에 버려두어도 된다고 지금도 생각하고 있다. 실로 놀라운 전통주의가 아닌가.²⁹

이 글에서 보듯이 야나기타는 인간의 습관이 된 전통주의를 비판하는 입장에 서 있었다.

쥐가 베푼 공덕

쥐들의 죽음은 한편으로는 고독한 부패를 의미했고, 다른 한편으로는 쥐 교환권이 보여주고 있듯이 오염된 생물을 취급하는 데 있어 정부 당국의 훈시가 침투해 있음을 의미했다. 쥐는 만지지 않도록 젓가락으로 집을 것. 또 그 젓가락은 소각하거나 철저히 소독할 것. 죽은 쥐는 파출소에서 받아주지만, 살아 있는 쥐는 덫에 담긴 그대로 구청으로 옮길 것, 구청에서는 너 말들이 나무통이나 큰 대야에 물을 가득 채우고, 그 안에 쥐를 빠뜨려 죽인 후 사체는 "스

• 　1809년부터 1813년까지 간행된 총 4편의 통속소설로, 에도 시대 서민의 생활을 목욕탕을 배경으로 하여 그렸다. 1편, 4편은 남탕, 2편, 3편은 여탕으로 분류되어 있다.

무 배의 석탄산(페놀) 혹은 천 배의 승홍수를 담은 통에 가둬" 태워 없앤다.[30] 야나기타는 솔개와 까마귀가 쥐 사체의 처리를 맡았던 시대를 그리워하며 이렇게 말했다. "수도의 청소부 역할을 도맡았던 그들은 모르는 사이에 무언가에 내쫓겼다. 그들의 활약이 필요한 사정은 이전보다 훨씬 많아져 그들의 존재가 더욱 절실해졌다."[31]

야나가타의 시선과 기술은 결국 가설 수준에 지나지 않을지도 모른다. 그러나 가설이라고 하더라도 이러한 생각을 생산해낸 상상력은 검증의 전제이고, 검증 방법을 고안하기 위한 기초이기도 하다. 이 상상력으로부터 배울 것이 있다고 한다면, 그것은 생활의 현상을 복합적인 시스템과 구체적으로 관련지어 다시 묘사할 수 있는 능력, 그리고 인간 이외의 생물들의 시선에서 인간의 형식을 상대화할 수 있는 동정심에 있을 것이다.

진보라고 이름 붙여진 인류 생존 방법의 변화에는 종종 이처럼 성찰의 불충분성, 또 동정심의 결핍이 동반된다. 이러한 면을 충분히 생각해보지 않는다면, 지금의 이른바 생활 개량도 결국 자기중심적인 것이 된다.[32]

우리가 영위하는 도시 생활의 이기주의에 의해 쓰레기로 쫓겨난 쥐 사체를 다시 돈으로 사들이는 정책은 그야말로 쥐띠 해에, "쥐가 베푼 공덕"[33]이었다. 그렇게 생각하고 다시 삽화를 들여다보니 오른쪽 구석의 노파가 쥐를 쓰레받기에 담아서 파출소에 가지고 오는 모습이 보인다.

질병의 경로와 위생화하는 신체

전염병의 지평

또 하나의 테마는 촉각의 역사와 관련되어 있다.

야나기타는 "긴 꼬리를 잡아 쥐를 늘어뜨린 채"라고 썼지만, 삽화 속 소년은 쥐를 끈에 묶어 가져왔다는 점에서 야나기타의 30년 전 기억과는 차이가 있다. 대나무 작대기 끝에 끼워 온 것 또한 말하자면 쥐 사체에 손을 대서는 안 되기 때문일 것이다. 교환권으로 고찰해볼 수 있는 또 하나의 테마는 더러움이나 청결과 같은 심성의 변화와 연관되는 것으로, 위생이라는 이념=단어가 사회적인 힘을 가지게 되는 역사이다. 그 역사가 구조화하는 데 있어 전염병은 중요한 매개체였다.

병의 고유한 역사는 병에 대한 인간의 대책에서 발생하는 문법과 밀접히 관련되어 있다. 메타포 분석을 다룬 수전 손택Susan Sontag의 뛰어난 논고가 시사하듯이, 병과 환자에게 이름과 의미를 붙이는 인간의 심성과 단어 고유의 운동은 우리가 다시 한 번 주목해야 하는 연구대상이다.

앞서 언급했듯이 쥐를 다루는 방식에 대한 훈시에 따르면, 쥐에는 손을 대지 않고 젓가락 같은 것을 써서 처리하고, 젓가락은 불태우며, 쥐 또한 약품 처리를 해야 한다. 위생이라는 이념은 왜 이처럼 접촉에 대한 강한 공포 속에서 만들어졌는가. 사람들의 신체를 대상으로부터 떨어뜨리고 고립시키는 공포심이야말로 위생이라는 이념이 가진 권력의 핵심이었다.[34] 그러한 공포를 우리에게 익숙한 형태로 구조화시킨 것이 콜레라부터 에이즈에 이르기까지, 알게 모르게 우리 생활에 숨어든 이국의 병이며 그것의 발견과 배제의 이야기다.

　콜레라는 일본 근대의 여명기에 '전염병'이라는 관념을 사회적으로 형성한 축이었다. 물을 매개로 확대되는 이 병은 근교 농촌의 비료형 농업을 위한 인분 공급지[35]와 관련되어 있기에, 하수 정비가 늦었던 일본 근대도시의 구조에서 어느 정도 원인을 찾을 수도 있을 것이다. 그러나 여기서 제기하고자 하는 문제는 하수와 콜레라 피해 사이의 상관관계가 아니다. 문제는 피해가 확대되면서 그에 따른 대책이 만들어낸 병의 의미에 있다.

임시변통의 설명이 만들어지다

　어느 정도 정체불명의 성격[36]을 띠고 있는 전염병은 언제나 과잉의 의미를 만들어내고, 숨겨져 있던 의식을 설명하는 힘을 갖는다. 예를 들어 중세를 몇 번 공습한 페스트는 관동대지진 때의 유언비어처럼 사람들의 생활 저편에 깊숙이 감춰져 있던 역사적 균열을 '의미 있는 것'으로서 발견해냈다. 아비뇽의 외과 의사는 다음과 같이 기술하고 있다.

> 많은 사람들이 이 대역병에 대해 자기 마음대로 해석을 내
> 리고 있다. 어느 지방에서는 유대인들이 세계에 독을 퍼뜨리고
> 있다고 여겨 수많은 유대인들을 살해했다. 또 다른 지방에서는
> 불결한 빈민들이 공기나 식물, 음료를 더럽힌 것이 원인이라며
> 빈민들을 거리에서 추방했다. 어떤 곳에서는 귀족이 역병의 원
> 흉이 되어 귀족들이 편안하게 거리를 걸을 수 없게 되었다. 마
> 을 사람들이 마을 어귀 입구에 보초를 세우고 모르는 얼굴은
> 마을로 들어가지 못하게 한 곳도 있었다.[37]

집 주변에 둘러친 함석판이 상징하듯이, 전염병은 일상적 행위
를 그대로 영위하는 것을 막는다. 이로 인해 일상을 의미 짓던 상
징적 질서, 즉 설명 및 해석 체계에 균열이 일어난다.[38] 설명되지 않
는 '공포'나 '불행'을 오랜 기간 버텨내기란 힘들다. 결국 임시변통적
설명이 만들어진다. 반∦의식적인 층에서 떠도는 역사적인 소재의
힘을 빌려서.

막부 말에서 메이지에 걸쳐 유행한 콜레라에 대한 도시 대책
또한 사람들 사이에 여러 가지 '설명되어야 하는 균열'을 일으켰다.
'콜레라 소요'*는 민중들에게 또 하나의 의미를 가진 반란이었다.

• 1877년 이후 콜레라가 끊임없이 유행하면서 44년간 약 37만여 명의 사망자를 내자 메이
  지 정부는 위생, 방역 체제를 정비해 여러 가지 규칙을 공포했다. 이 과정에서 메이지 정부

나미히라 에미코波平惠美子는 메이지 정부의 콜레라 대책의 특징을 다음 네 가지로 요약하고 있다.[39]

1. 매우 간단한 구조의 피병원避病院을 설치하여 격리
2. 환자에 대한 특별한 '표식'화
3. 의사 신고의 의무화
4. 방역 및 처치에 있어 경찰 개입

그렇다면 이 대책에서 어떠한 '의미'가 만들어졌을까. 격리병원을 간이 형태로 한 것은 쥐의 처리와 마찬가지로 모조리 불태울 수 있음을 전제하고 있었다. 환자를 산 채로 태운다거나 피를 뽑아 사라사更紗** 도안에 이용한다[40]는 유언비어는 극단적인 예라 하더라도, 격리병원이라는 곳이 입에 올리기도 무서운 절망의 대명사였다는 점은 사실이다.

"격리병원에 보내지는 것을 두려워해 가능한 한 병을 숨겨서 의복을 은밀하게 강이나 수로 등지에서 세탁하고, 배설물을 도랑, 하수 등에 투기"[41]하는 등 격리를 기피하는 의식 및 행동 때문에 오히려 전염병의 피해가 확대되었다. 일본이 전염병 방침으로 큰 비

는 경찰 행정적 조치를 펼쳐 민중의 반감을 크게 샀으며, 행정과 경찰의 조치에 불신을 품은 민중은 각 지역에서 경찰과 마찰을 빚으며 여러 소요 사태를 일으켰다.

** 다섯 빛깔을 이용해 기하학적 무늬를 물들인 피륙을 뜻하는 포르투갈어이다. 일본에서는 '콜레라에 걸려 격리병원에 가면 생피를 뽑아 사라사의 도안으로 쓴다'(「사라사의 그림 도구는 격리병원에서 뽑은 생피(更紗の繪具は避病院で取る生血)」, 1882년 6월, '신문집성 메이지편 연사(新聞集成明治編年史)' 제5권)는 유언비어가 돌았다.

용이 필요한 하수도 건설을 밀어붙이는 대신, 환자를 강제적으로 격리하거나 개인적으로 예방주사를 맞도록 장려했다는 사실은 콜레라가 주기적으로 유행하는 원인이 되었다.

격리병원에는 콜레라를 의미하는 문자를 검게 쓴 황색 깃발을 내걸고, 환자의 집이나 사체에 병명을 기입하여 사회적인 '표식'을 붙였다. 나미히라는 콜레라의 유행과 화장을 기피하는 풍습을 연관해 논하고 있다. 어느 집의 노인이 산에서 화장되었다라는 말은 '부끄러운' 전염병으로 죽었다는 것을 의미하여 그 집안을 모욕하는 험담으로 이용되었다는 것이다. '콜레라 소요'에서 매장(토지매장)을 허용해달라고 요구한 것이 이 화장 기피의 증거로 제시되었다.

의사들이 신고를 하게 되면 '표식'을 포함, 장기간의 격리나 교통 차단, 외출 금지 등 상당한 불편함이 생겼기에 환자 가족과 오랜 기간 긴밀한 관계를 유지해온 개업의는 이 문제와 관련하여 검역의·경찰의와 대립과 마찰을 일으키기도 했다. 또한 이 대립에는 전통의학과 서양의학 사이의 다툼이 관련되었을 가능성도 크다.[42]

콜레라 소요 동안 주장되었던 매장의 자유는 메이지 정부의 종교적 감각과도 근원적으로 연결되어 있는 테마였다. 메이지 정부는 근대국가 형성 과정에서 경작지에 죽은 이를 매장하는 관습을 금하고 마을마다 공동묘지를 갖추도록 행정지도를 내렸다. 묘지는 '높고 건조한 토지로, 근방 인가의 식수에 지장을 주지 않을 것'[43]을 조건으로 제시하였다. 이 내무성 지시의 바탕에는 아마도 물에 의해 전염되는 병, 즉 콜레라에 대한 직접적 두려움이 있을 터이다.

한편으로는, 시에死穢*를 부정하는 신도적神道的인 '청정' 관념 형성과도 연관해 지적할 수 있을 것이다. 다카토리 마사오高取正男에 따르면, 과거에는 일부의 사회계급만이 가지고 있었던 죽음에 대한 생각―죽음은 더러운 것이며, 죽음이 전염된다는 생각―이 신도주의라는 제도로서 힘을 가지게 되어, 메이지기의 '근대적'인 위생 사상과 만나 더욱 강화되었다.[44] 이렇게 강화될 수 있었던 이유는 전염병 콜레라에 의한 피해가 가시화되고 위생이라는 이름으로 의미의 구조화가 이루어졌기 때문이라고 상상해볼 수 있다.

아시아지만 아시아가 아니다

1900년대의 전염병인 페스트는 콜레라처럼 매일같이 물을 통해 전파되는 것이 아니라 자본주의의 새로운 교통체계와 함께 일본 근대에 상륙했다.

흑사병, 즉 페스트가 일본에 들어온 것은 1896년, 병에 걸린 중국인이 홍콩에서 요코하마로 들어와 사망하면서부터다. 이미 매장한 사체를 발굴하여 검역한 결과 페스트로 판명되어 소독하고 재매장했지만, '페스트', '흑사병'이라는 말이 유행하기 시작하며 사람들의 공포심을 불러일으켰다. 최초의 일본인 환자는 1899년

•   시에는 죽음의 오염, 불결함을 의미한다.

10월에 발생했는데, 대만에서 들어오는 배 안에서 발병하여 11월에 히로시마에서 사망했다. 같은 해 11월, 고베 시내의 미곡 창고에서 일하던 13세의 소년이 돌연 고열로 앓아누운 후 이틀 만에 죽음에 이르렀다. 해부를 통해 진성 페스트라는 것을 알게 되었을 때에는 이미 몇 사람이 같은 증상으로 급사하여 신문에 연일 '흑사병'이 보도되고 있었다. 거의 같은 시기에 오사카에서도 열세 살 소녀가 발병하는 등 11월 열흘 만에 히로시마에서 시작하여 고베, 오사카, 기후, 요코하마 등지에서 페스트 환자가 발견되기 이르렀다. 앞서 보았던 쥐 교환권은 이러한 페스트 확산이 한참 보도되던 중에 실시된 방어책이었다.[45]

오사카에서 처음 발병한 열세 살 소녀는 어떠한 경로로 감염에 이르렀을까. 다쓰카와 쇼지立川昭二가 정리한 바에 따르면, 소녀는 발병 수일 전, 여동생과 함께 친척이 하는 단팥죽 가게에 놀러 갔다. 단팥죽 가게 옆집은 밤과자 가게, 그 옆은 솜 가게였는데, 그 솜 가게 창고에는 방적용 솜 부스러기들이 산처럼 쌓여 있었다. 그 솜 더미는 중국(청나라)에서 출하되어 일본으로 오는 도중 페스트 유행지였던 대만 항에 들른 후, 고베를 경유하여 들어왔던 것이다. 밤과자 가게의 두 사람을 포함하여, 1899년부터 이듬해까지 오사카에서 페스트로 161명의 환자가 나왔는데, 그중 방적 공장의 여공들을 포함하여 섬유 관계 종사자들에게서 가장 많은 희생자가 발생했다.[46] 섬유 산업을 중심으로 한 제1차 산업혁명의 시대에 면은 중요한 수입 재료였다. 페스트는 그 경제 발전의 길을 통해 일본에

〈페스트 유행을 풍자한 만화〉(기타자와 라쿠텐 그림)

상륙했던 것이다.

페스트에 대한 당국의 대책에서 근간이 된 것은 쥐를 철저하게 박멸하고 감염 경로를 차단하는 것이었다. 주민들이 신체 위생을 갖추도록 훈련하는 것, 쥐를 몰아내는 것, 보이지 않는 세균을 박멸해 위생 공간을 만드는 것 등이 이념적인 목표였다. 기타자와 라쿠텐北沢楽天이 비꼬고 있듯이, 균이 다리에 들러붙는다고 맨발 금지령을 내리고 반강제적으로 신을 신도록 지도한 것도 접촉을 배제하는 위생의 태도였다.

둘러친 그물망

결과적으로 보면 페스트라는 전염병은 일본에서는 중세 유럽에서와 같은 파괴력을 갖지는 않았으며, 20세기 초 오사카에서 대유행한 이후에는 거의 유행이라고 할 만한 사태를 불러오지 않았다. 이는 다른 아시아 국가들이 거대한 희생을 치른 것과는 다른 양상이었다. 이러한 양상은 과거 쓰노 가이타로津野海太郎가 정확하게 지적한 대로,[47] '아시아이면서 아시아가 아닌' 근대 일본의 위상을 보여주는 것일지 모르겠다. 분명 관서 지역에서만 1000명에 달하는 피해자를 내기는 했지만, 이는 1920년까지 1000만 명의 희생자를 낸 인도와는 비교할 수 없는 숫자이다. 또 사들인 쥐에서 발견된 페스트 균도 아주 적었다. 1906년 한 해 동안 사들인 약 200만 마리의 쥐 중에 페스트균이 나온 것은 후카가와가 집계한 바로는 열 마리, 다른 지역에서는 한 마리도 발견되지 않았다.[48]

쓰노는 페스트라는 전염병을 페스트균으로 실체화하는 '근대 세균학=유전자적 사고'와 '생태학=사회학적 사고'를 대비시킨다. 여기서 말하는 생태학=사회학적 사고란, 페스트의 유행에는 "미세하게 조정된 많은 조건들이 필요"(한스 진저Hans Zinsser)하며 전염병의 근저에 있는 것은 세균만이 아니라 "몇 가지 자연현상의 밀도 높고 미묘한 복합체"(미셸 푸코Michel Foucault)라는 사고이다. 쥐를 매입하고 함석판을 둘러쳐 마을을 봉쇄하는 것은 분명 전자의 세균학적 사고에서 비롯된 것이나 "이에 대한 방책은 철저한 도시 개조와 위생 제도의 개혁 속에서 하나의 도시, 하나의 국가를 통째로 병원화하는 과정에 유기적으로 편입되어 처음으로 그 효과를 발휘할 수 있었다."[49] 근대 일본은 그러한 개조의 그물망을 몇 겹으로 겹쳐서 짜내려갔던 것이다.

위생이라는 이념이 완전히 강권적인 것이었다고 단순히 말할 수 없으며, 또 신속하게 퍼지는 계몽의 빛줄기였다고도 말할 수 없다. 이 과정에 작용한 전략으로서의 권력은 그물망처럼 복잡하게 얽혀 있고, 그 하나하나의 '매듭'을 말하기에는 우리의 식별 능력이 아직 부족하다. 쥐 교환권이라는 작은 조각 하나에 자극받고, 한 장의 삽화에 이끌려 펼쳐낸 이 산만한 사고를 정리하기에 앞서, 질병 의식의 역사로 돌아가 한 가지 덧붙이고자 한다. 수전 손택이 분석한 것처럼,[50] 결핵의 '근대'와 암의 '현대'라는 은유가 리얼리티를 가지고 사회 역사 분석으로서 성립할 수 있는 것은, 위생 이념이 자명한 존재로 자리하고, 사람들에게 평등하게 죽음을 선사한 과거 질병의 공동체, 즉 페스트에서 콜레라에 이르는 전염병이 힘을 잃고 해체된 이후부터다. 보이지 않는 함석판으로 우리 한 사람 한 사람을 에워쌀 수 있도록 그물망이 둘러쳐져 있는 것이다. 역으로 말하면, 과거의 사람들이 정체불명의 전염병 속에서 결정화해온 의미를, 위생의 신체는 작은 조각들로 부수었고 결핵이나 암은 다시 한 번 다른 형식으로 구조화되었다. 그 매듭에 대한 손택의 분석이 철저했기에 그 상징 분석은 사회 분석이 될 수도 있었던 것이다.

제4장

풍경의 생산
: 야나기타 구니오의 풍경론

말과 몸짓의 분석

제4의 생활 기술

'풍경'을 감각에 의한 관습이나 규범이라는 관점에서 논하는 것은 풍경론의 새로운 과제이다. 근대에 들어 분업화되고 전문화한 오감의 구축은 마르크스가 말한 것처럼 '세계사의 노작'[1]이다. 감각이 역사적으로 구축되었다는 자각은 감각의 사회사[2]라는 탐구 영역 속에서 검토되어야 한다. 우리가 '풍경'이라는 개념을 논하면서 고찰의 뿌리를 내리고 싶은 수맥 또한 우리 일상생활의 감수성 앞에서 펼쳐지는 이 역사성이다.

민속학자 야나기타 구니오가 논한 '풍경'에 관한 담론은 이러한 새로운 문제를 제기했기에 활용할 만한 소재가 된다. 야나기타의 풍경론은 지금까지 충분히 논의되어왔다고 말하기 어렵다. 종종 지적되듯이, 풍경론에 대한 야나기타의 서술은 이론적으로 정리되지 않아 독자들은 그의 논의에서 일관된 체계성을 스스로 발견해야만 했다. 그러한 상황 또한 야나기타의 풍경론이 충분히 전개되지 못한 하나의 이유일 것이다.

　문제는 이것만이 아니다. 야나기타는 현상을 구체적으로 서술하고 있기 때문에 그의 설명이나 판단은 특정 시대에 한정되는 측면이 있다. 이것은 그의 논의가 이론적으로 보편화되기 어렵게 만든다. 그의 논의를 현대에 적용하여 고찰하는 것 또한 쉽지 않다. 이러한 한계점은 간과해서는 안 될 것이다. 그럼에도 불구하고 야나기타 구니오라는 사상가가 당시 유포되고 있던 풍경 관념을 비판하며, 그와는 다른 풍경 개념을 강하게 의식하고 있었다는 점은 주목해야 한다.

　예를 들어, 새로운 역사 기술을 구상한 『메이지 다이쇼사 생활문화편』에는 「풍광추이風光推移」라는 장이 있다. 이 장은 이 책이 역점을 둔 의식주 관련 서술 다음에 이어지는데, 풍경의 변용에 주목하여 지금까지 일본 근대사에서 이야기되지 않은 주제를 추적한다. 여기에서 그는 생활환경을 어떻게 인식하고 기억할 것인가, 하는 문제가 의식주와 이어지는 '제4의 생활 기술'[3]이라고 논하고 있다.

　『콩의 잎과 태양』은 짧은 논고들을 모아놓은 것인데, 한 권으로 정리하면서 '풍경'론을 독자적인 장으로 새로이 편찬했다. 여행은 이 연구자의 중요한 조사 방법이기는 하지만, 그는 현실의 여정과 경험 이상의 보편적인 무언가도 적극적으로 이야기하려고 했다. 관심 있게 보고 싶은 것은 바로 이 적극성으로 인해 주목을 받은 장소들이다. 그 장소들을 통해 새로운 의미의 '풍경' 개념을 강하고 의식적으로 주장하고 있기 때문이다. 그 주장 속에서 논의된 풍경은 성장해가는 역동성을 가지고 있다는 점에서 하나의 발견이었다. 많은 저작들에서 '일본어[国語]'의 변용을 다루면서 그 성장과 미래를 논한 것처럼,[4] '풍경' 또한 야나기타 민속학의 주요한 분석 대상이었다.

감성의 역사사회학

이 장에서는 우리의 감각에 대한 관습을 새로이 보고자 하는 태도를 이야기하려 한다. 또한 메이지 근대 관찰자로서의 야나기타가 논한 담론[5]이 시사하는 신체=미디어 결합을 어떻게 발굴, 분석, 재편성하여 새로운 가능성을 가진 이론으로 나아가도록 할 것인가, 그 재구조화를 본 장의 과제로 삼고 싶다.

한 가지 덧붙이면, 야나기타는 이러한 신체의 오감을 모두 중요시하는 사고야말로 민간전승론의 뿌리이며, 해명해야 할 과제라고 본 듯하다. 그런 의미에서 본서는 새로운 가능성을 가진 민속학이란 무엇인가 하는 물음과 교차하고 있다. 또 그와 동시에 오감의 사회사, 감성의 역사사회학이라는 미개척의 영역과도 깊이 공명하고 있다.

그렇다면 야나기타 구니오의 풍경론이 가진 특징은 무엇인가. 그 특징을 일반화하면서 정리해보자. 우선 세 가지 특징에 주목해보고자 한다.

1. 동물을 풍경 구조의 일부라고 느낌. 그러한 감성의 발굴이

관계성 논리의 확대를 요청하고 있음.

2. 사람이 없는 산수보다는 농작물이 자아내는 전원의 색채를 중시함. 그 설정이 사회학적인 독해와 이어짐.

3. 근대에 생겨난 새로운 경험으로부터 풍경 개념을 재조직하려고 함. 그 논리가 미디어론으로 발전해나갈 것으로 예측됨.

이는 메이지 다이쇼 시대의 '풍경' 의식에 대한 비판이기도 했다. 본서에서는 풍경론의 가능성을 새로이 평가하면서 이 세 가지 특징을 고찰해보고자 한다.

관계성 논리의 확대

동물이라는 주체들

동물들이 풍경에 내재한다. 이 주장은 아무것도 아닌 듯이 보이지만, 사실 사상적 의미를 갖는다. 또한 막연한 상식에 대항하는 독창성을 내포하고 있다.

『메이지 다이쇼사 생활문화편』의 「풍광추이」에는 쥐나 뱀, 개, 고양이, 비둘기, 참새, 박쥐, 늑대 등 여러 가지 동물이 등장한다. 이러한 풍경론은 시카 시게타카 이후 오늘날에 이르기까지 중심이 되어온 산수풍월이라는 풍경 개념과 대비되어 신선한 주목을 끈다. 풍경이 이러다가는 인간까지 배제하면서 완전히 생물 없는 경관이 될 수 있다는 것을 경계하기에, 야나기타의 풍경론은 개입적이라고도 말할 수 있다.

그는 이 글에서는 풍경이라는 개념을 상당히 의식적으로, 특유의 주장을 담아 사용하고 있다. 예를 들어, 「풍광추이」에서 야나기타는 들새, 산짐승과 같은 생물들은 멸종된다는 이야기가 나오기 전부터 이미 우리의 '풍경' 속에 존재하지 않았다[6]고 주장한다. 이 문장 속 풍경에 대한 서술은 동물 애호가의 한탄이 아니다.

야나기타는 동물들이 풍경화의 한 가지 소재가 아니라 풍경을 구성하는 주체(혹은 주체로서 추상할 수 있는 관계성)의 중요한 일부분이었다고 주장한다. 그의 논리에는 우리의 근대가 잃어버렸을지 모를 어떠한 사상성이 느껴진다. 그의 풍경론은 생태계의 확장에 있어 풍경을 만드는 주체성을 염두에 둔 것 같기 때문이다. 과거 한 시대를 풍미했던 풍경론이 지형을 풍경의 핵심적 실체로 다룬 것처럼, 이제는 감, 살구, 동백과 같은 식물, 가금류나 들짐승과 사람이 맺는 관계성이 풍경의 테마가 된다. 그러한 주체들이 풍경을 만들어가는 과정 자체가 풍경론의 새로운 주제가 되는 것이다.

예를 들어, 야나기타의 풍경론은 동물들이 풍경에서 사라진 것이 결코 사냥꾼과 총포 때문만은 아니라고 말한다. 그는 토지를 비롯한 공간의 이용에 주목하면서, 인간들의 토지 이용이 이들 동물의 생존을 불가능하게 만든 측면이 있다고 설명한다. 이와 관련하여 그는 '들새를 내쫓은 거대 건축물'[7]을 언급하고 있다. 이 언급은 하드웨어 면에서 공간 이용을 중요하게 다룬 이야기라기보다는 근대 인간 사회의 소프트웨어 면에서 상실을 지적한 것에 가깝다.

다시 말해, 사람은 동물들과 공간을 공유하는 방식을 잃어버린 것이다. '마을의 개'[8]라고 할 법한 카테고리는 어느새 사라지고, 사유화된 집개와 대조되는 '들개'라는 잔여 개념이 탄생했다. 이는 우리의 '허술한 방목'[9]의 종언을 의미한다. 물론 어째서 그러한 상실과 종언의 역사를 우리가 선택했는가에 대해서는 여러 가지 관점에서 다시 한 번 세세히 고찰할 필요가 있겠지만, 거시적으로는 동물의 배제가 근대 풍경 관념의 특징 중 하나라고 생각해도 좋을 것이다. 동물원과 애완용으로 상징되는, 동물들에 대한 격리와 감시의 탄생은 우리 안에 이어져 있는 관계성이 변화한 하나의 결과였다.

그러나 동물 배제에 대한 비판이 있다고 해서 이 풍경론을 곧바로 생태주의적인 보호와 신성함으로 여겨서는 안 된다. 생태주의의 관점은 새나 짐승과 같은 인간 외의 생물 존재를 '자연'과 동일시하여, '자연에 대한 경외(와 그 상실)' 같은 이데올로기 비판 속으로 현상에 대한 관찰을 녹여버린다. 야나기타를 이해하는 데에 있어 자연에 대한 이러한 물신화는 오히려 피해야만 하는 독해 방법이다. 이런 식의 조급한 '생태주의' 이데올로기로 야나기타를 독해하는 것은 위험한 고정관념과 밋밋한 일반화를 불러온다.

그보다는 풍경이라는 말에 나타나 있는 환경의 단면을 생활 기술技術의 하나로 보고, 환경과의 대화=커뮤니케이션으로 새로이 풍경을 고찰하려고 한 것에 주목해야 한다. 이러한 방향성이야말로 『메이지 다이쇼사 생활문화편』 제4장 「풍광추이」의 구성이 향후 열어젖힌 가능성을 보여주기 때문이다.

축음기의 양식

야나기타는 애완동물이나 분재, 혹은 등산과 같은 취미들이 자연에 대한 감각과 수용을 절단하고 고정화했다고 비판했다. 우리와 들짐승의 관계를 떨어뜨린 것은, 무기의 혁신이 가져온 수렵 제도의 근세, 그리고 사진 등 시각 기술적 변화가 가져온 기술記述 제도의 근대였다. 또한 개간 사업이 생활공간을 무리하게 확장시킨 것도 인간과 동물들의 관계를 변화시킨 원인 중 하나이다. 이 관계성 변화의 실재야말로 우리가 문제시해야 할 것이다. "사람과 동물의 사이가 점점 소원해지자, 오히려 이 관계에 대한 이야기가 많아졌다."[10]

그러면서 우리가 자연을 느끼는 감수성 안에 '진기함을 감상하는 기분'과 '집 바깥의 평범함'에 대해 경멸[11]하는 마음이 차츰 스며들어갔다. "최근에 애완 새를 양식하기 시작한 것은 축음기나 견직물의 창조에 비견되는"[12] 일로, 이는 인간이 만들어낸 의도적 기예였다. 애완동물 애호나 관엽식물의 범람을 생태주의적 감성이나 자연회귀 욕망의 본성으로 해독하는 논의는 낭만주의를 뒤집어놓은 것에 불과하다. 더 나아가 이는 의도하지 않은 쓸모없는 일반화를 불러오고 만다.

다시 말하면, 야나기타의 풍경론은 동물이나 식물들과의 본래적 관계성을 중요한 논점으로 삼으려 했다. 풀이나 꽃, 나무나 들짐승을 서술하는 데에 있어[13] 벌레나 해양생물 등을 많이 다루지 않은 것은 다름이 아니라 관찰의 한계 때문이었음을 염두에 두어야 할 것이다.

야나기타는 우리의 풍경에 이러한 생물들이 없다고 비판하면서 새로운 풍경 개념 속에 이들 생물과 인간의 본래적 관계를 넣으려 했다. 이러한 관점을 포함시킴으로써 야나기타는 비판적 힘의 내실을 형성했다. 풍경을 관계론적으로 읽어내면서 자연의 분리와 물신화, 균질화를 비판한 그의 풍경론은 어쩌면 생태학의 가능성을 심층에 내포하고 있을지 모르겠다.

생활양식으로서의 풍경

풍경을 생활에서 보다

두 번째로 들었던 농작물의 광경이라는 논점 또한 신선한 시각적 발명이었다. 이 부분은 일본 근대에 유행했던 명승지 중심주의적 풍경론이 빠뜨렸던 것이다.

작물이 만들어내는 광경은 여행 중에 우연히 눈에 들어오는 것이 아니라 생활양식까지 거슬러 올라가 조직적으로 관찰해야 보이는 것이다. 「풍광추이」에는 풍경이 대대적으로 변화했다[14]는 서술이 있는데, 이는 근대 이후 작물을 선택하고 배합하는 데에 자유가 생겨나면서 전원의 광경이 새롭게 변화했다는 것을 의미한다. 즉, 개간한 들에는 푸른색 보리가 번성하고, 기름을 얻기 위해 심은 노란 유채꽃이 더해지며, 풋거름으로 이용되는 홍자색 자운영이 논의 그루갈이로 선택된다. 그러한 생활양식이 상품 화훼를 위한 재배보다 더 이른 시기에 전원의 색깔을 바꾸었다는 것이다. 『콩의 잎과 태양』에서 콩의 잎을 언급한 것 또한 이러한 시각에서 비롯된 사색의 한 예다.

풍경을 생활에서 발견하는 논점은 바로 여기에 있다. '섬 풍경의 두 양식'[15]을 대조하면서 생활양식의 형식으로서 풍경을 제시하는 것 또한 전원에 대한 주목과 같은 것이다. 야나기타는 촌락에 가까운 풍광을 '발전기'로 보고, 마쓰시마松島나 우미콘고海金剛의 신기한 바위들이 만들어낸 풍광을 '말기' 풍경으로 보았다. 이를 비교·분류하는 그의 태도에는 풍경이란 발전하는 것이라는 사고와 그 발전의 중심에 사람이 있다는 두 가지 논점이 숨어 있다.

이러한 풍경 개념은 메이지의 베스트셀러였던 시카 시게타카의 『일본 풍경론』에서 내세운 지형·지리적 풍경과는 다른 사회학적 논의를 불러온다. 이 사회학적 풍경 개념은 화산 활동이나 기후, 풍수에 의해 만들어진 기암과 경승 등 하늘이 만들어낸 것을 '풍경'이라 하지 않는다. '자연' 개념 아래에서 논해야 하는 것은 산업 변동 속에서 일어난 농작이며, 인간의 실천이다. 이러한 것들이 풍경 개념 속에 포함되어야 하는 것이다.

풍경의 배후에 숨어 있는 것

「하늘에서 본 도호쿠空から見た東北」[16]에서 자릿그물로 인해 생긴 생활의 변화를 상상하는 풍경 감상법도 같은 논리를 응용한 것이다. 자릿그물 기술이 도입되면서 자본이 마을 어부들의 일손을 대신하게 되었고, 이로 인해 마을의 노동력의 형태는 변화해갔다. 자릿그물 기술로 어획량이 커지면서, 기름을 짜서 말린 정어리는 벼의 비료로 이용되고 어유는 마을을 밝히는 원동력이 된 것이다.

또 야나기타는 하늘로 오르는 숯 연기를 마을 분위기나 화젯거리가 확산해가는 지표로 보고, 북방개발사 혹은 국토개발사를 논하기도 했다. 야나기타 구니오는 유랑민에 대해 관심이 많았는데, 이와 관련해서 종종 인용되는 에피소드로 일왕 즉위식 날 피어오르는 산카*의 연기[17] 이야기가 있다. 이 에피소드에서 주목할 것은 단순히 산카론이 아니다. 그보다는 연기를 직접 눈으로 확인하고 불을 둘러싼 사람들이 모여서 하는 이야기들을 상상해내는 능력이 풍경론에서 얼마나 중요한가 하는 것이다.

* 산카(山人)는 일본의 산속이나 마을 주변을 떠돌아다니는 불특정의 사람들을 지칭하는 말이다. 일반적인 부랑자와는 다르다고 할 수 있는데, 산카의 기원에 대해서는 야마토 정권에 의해 내쫓긴 일본 원주민설, 에도 말기에 기아로 산간부에 내몰린 난민설 등 여러 설이 존재한다. 메이지기에는 전국에 20만 명, 쇼와기에는 종전 직후 약 1만 명 정도로 추산되었지만 정확히 조사된 바는 없다고 한다. 다만, 이 산카라고 불리던 사람들은 메이지 시대 이후 산업화와 호적 제도의 시행으로 국가가 국민을 관리하면서 서서히 가까운 산지 및 농촌에 흡수되어 소멸된 것으로 여겨진다. 산카에 대한 최초의 학술 조사는 야나기타 구니오에 의해 이루어졌다.

상상력을 시인이나 가수의 전유물로 보고 과학에서 이를 배제한다면, 우리는 이 과학주의로 인해 풍경의 배후에 항상 잠복해 있는 사람을, 그리고 어느 지점까지 거슬러 올라가 풍경을 바라보고자 하는 의지[18]를 놓치게 된다. 야나기타의 풍경론은 풍경 안에 새겨져 있는 힘을 느끼고, 그 힘을 사람들의 생활의 실천으로 이해하려고 했다. 이를 통해 풍경을 새로운 관점에서 바라보고 읽어나가는 경험을 만들어낼 수 있는 것이다.

농작에 대한 야나기타의 주목이 산업으로서의 농작으로만 수렴되지 않는다는 것은 말할 것도 없다. 이와 관련해 야나기타는 동백꽃에 초점을 맞춰 논한 바 있다. 떡갈나무도 참대나무도 자라지 않고, 고구마도 밀보리도 지을 수 없는 북위 40도 이북의 토지에서 동백은 숲을 이루고 여기저기 무성히 자란다. 내무성이 보존을 목적으로 '천연기념물'로 정한 이 북방 한계 동백이 자아내는 신기한 풍경은 오히려 '역사적 기념물'이라 부르는 편이 나을지 모르겠다. 사람이 이식하여 키운, 혹은 나무를 베지 않고 남긴 결과이기 때문이다.

야나기타의 기술을 차근차근 살펴보면, 규슈의 울타리 밖이나 계단식 밭의 경계 부분, 또 작은 시내의 뒤편에 핀 오래된 흰 산다화나 간토의 대나무 숲 한쪽 구석에 있는 오래된 야생 매화나무 또한 역사적이지 않나 하는 생각이 든다. 길가나 다리 옆에 서 있는 나무 또한 역사적인 실천의 흔적이 아닐까 하는 주장이 엿보이는 것이다. 이 민속학자는 이렇듯 지금까지 그다지 주목받지 못한 실천의 역사를 발굴해나갔다.

풍토를 생각하지 않은 설계

물론 이 실천이라는 말로 모든 것을 설명할 수는 없다. 목적의식을 동반하는 '작위'와 흔적을 통해 거슬러 올라갈 수 있는 '일상적 실천'은 같지 않다. 이러한 점은 야나기타의 서술 안에서도 명확히 드러나 있다.

예를 들어 마을 경관에 대한 글 속에는 도쿄 교외에 감나무를 심는 흥미로운 실험 이야기가 나온다. 야나기타가 살고 있었던 기누타 마을은 당시 대도시 교외의 다소 살풍경한 신주택지였는데, 그곳에 감나무 숲을 조성하면 보기에 좋지 않겠는가, 하는 계획이 은밀히 세워졌다. 만추의 신나노信濃* 거리가 낙엽으로 뒤덮이고 붉은 과실이 가지에 주렁주렁 매달린 선명한 색감이 인상적이었기 때문이다.

이 풍경론자는 색에 강하게 집착했다. 오키隱岐** 에서도 비슷한 계획을 이야기했다. 오키를 바다와 비교해보면 역시 섬 풍경이 쓸쓸하다. 산에는 응당 침엽수를 심어야 하겠지만, 적어도 한쪽 구석에 한 그루라도 꽃을 피우는 나무가 있으면 좋겠다. 눈에 아주 띌 수밖에 없을 것이다. 시범 삼아 꽃이 피는 나무를 한가득 심는 것도 좋고, 일부러 꽃나무를 심지는 않더라도 눈에 띄는 잡목을 베

---

* 옛 지방 이름, 현재의 나가노현 지역.
** 시마네현에 속해 있는 섬.

지 않고 남겨두는 무의식적 습관을 떠올려본다면, 잡목을 그대로 두는 것도 좋겠다. '북쪽 바다는 쓸쓸하다'라는 고정관념을 가진 여행자들이 멋대로 하는 비평이 횡행하고 증식하는 것을 막기 위해서라도 섬 풍경의 색을 바꿀 필요가 있다고 야나기타는 생각했다.[19]

이처럼 색채가 풍부한 수목을 심어 번성시키려는 자신의 제언을 스스로 실험한 것이 기누타 마을의 감나무였다. 그는 묘목 200그루를 주문하여 가정에 나눠 주었지만, 이 작위적 색채 개혁은 원하던 성공을 이루지 못했다고 한다.

감나무 열매는 오소리가 아주 좋아하는 먹이였기에 오소리의 명소가 될 것이라고 비웃는 사람들도 있었지만, 그것보다 문제는 나무가 다 자라도 열매가 전혀 눈에 띄지 않았다는 것이다. 신나노처럼 강한 서리가 내리지 않아, 잎이 떨어지기 전에 잎 그림자 때문에 열매가 메말라버리는 것이다. 잎이 지고 나면, 선명한 붉은 빛을 띠어야 하는 열매는 이미 퇴색해 있었다. 이처럼 '풍토를 생각하지 않은 설계'[20]는 애초에 계획을 세우지 않느니만 못하다는 것을 배우게 됐다고 야나기타는 적고 있다.

그렇다고 해서 애초에 계획을 안 세우는 게 낫다는 감상을 야나기타의 풍경론이 작용하기 어려운 이유인 것처럼 인용해서는 안 된다. 그보다는 작위적인 계획과 일상적 실천이 자아내는 풍경의 차이를 검토하고 나서 그가 풍경이란 계획할 수 없음을 깨닫게 된 것이 중요하다.

살구나무와 관련된 실패담도 있다. 기누타 마을을 살구나무 숲으로 만들고자 하는 계획도 있었는데, 이 또한 "매몰찬 사람들로부터 실패는 따놓은 당상이라 여겨졌다."[21] 그는 북北신나노에서 가져온 묘목을 힘들게 나누어 심었지만, 살구나무는 묘하게도 옆가지가 꼬불꼬불 구부러지는 성질이 있어 사라시나更級 지방에서 봄을 북돋우며 쭉 뻗는 살구나무 숲처럼 되지 않았다. 대단히 좋은 어린 나무를 골라 상당한 정성을 들여 돌보지 않는 한 그런 숲은 조성될 수 없는 것이다.

가져온 묘목을 급하게 나누어 심는 수준의 단기적 노력으로는 가지 모양도, 꽃 색깔도, 개화도 제멋대로라 개성 있는 풍경을 만들어낼 수 없는 것은 당연했다. 그것이 바로 자연이라는 것을 야나기타는 깨닫게 되었던 것이다.

토지와 수목의 인연은 우리가 맺은 인연보다 훨씬 뿌리 깊은 것이기에 시간이 많이 걸린다. 그런데도 이를 꼭 확인하려고 스스로 정당화한 것이 분수를 모르는 짓이었다.[22]

그는 자기 세대에서 결과를 보려고 서둘렀다. 이는 근대 자아의 목적의식에 부여된 시간 의식의 한계였다. 그러나 그러한 자아에 갇힌 달성 의식만이 궁극의 판단 기준은 아니라는 것을 그는 알게 되었다. 자신의 사후에 풍경이 형성되고 창조될 수 있음을 재발견한 것이다. 풍경론에 있어 무시할 수 없는 시간 단위와 요소를 발견하게 된 것이었다.

이 두 가지 실패담을 담은 「아름다운 마을」은 출처 기재 없이 서문과 똑같은 날짜로 되어 있다. 아마 이 책을 위해 새로이 쓴 글일 것으로 추정된다. 즉, 『콩의 잎과 태양』이라는 선집을 하나의 서적답게 만들기 위해 가벼운 주제를 담아 쓴 것이라 할 수 있다.

개념의 혁신

거기에 '자연' 개념의 혁신이 있다. 앞서 서술했듯이, 동백의 북방 한계 군락을 '천연기념물'로 부른다면, 이는 사람의 마음까지도 포괄한 천연이다. 자연과 사람 사이의 이러한 관계성에 대해 자각하지 않는다면 도리어 파괴를 부를지도 모른다는 생각에는[23] 다음과 같은 의미가 있다. 즉, 드물고 진기한 것이 되어버린 자연이라는 개념으로 '천연기념물'을 파악하는 정적이고 실체적인 상식에 도전하고 있는 것이다.

그리고 인간의 습속과 역사야말로 풍경을 만들어내는 힘이라고 파악하면서 야나기타는 천연이라는 말을 수정하려고 했다. 이를 통해, 자연과 연결된 하나의 역사적 형식으로서, 그리고 그 광경 속에서 길러진 감각을 포함한 삶의 방식으로서 농작물이 있는 풍경을 다뤘다. 즉, 생활양식이 풍경을 만들어낸다는 논리가 설정되는 것이다.

'문화'라는 개념 아래, 무기적 '자연'에 상식적으로 대립하는 영역을 비롯해 자연이나 천연이라는 말을 사용한 것은 무시할 수 없는 개념의 혁신이다. 이 혁신적인 개념은 인류를 포함하는 자연이 풍경을 만들어낸다고 보았다. 이는 그의 풍경론이 가진 적극성이며, 우리가 계승하고 주지해야 할 특징 중 하나이다.

생태주의적이라는 논점과 대립시켜 말한다면, 이 풍경론은 본질상 사회학적인 것이다. 인간의 실천을 생활양식과 그것을 지탱하는 생활의 모든 기술과의 관련 속에서 해석해나가는 것이며, 그러한 미디어론적 태도가 이 풍경론에 명확한 입장과 방법을 부여하기 때문이다.

이는 풍경을 '다른 쪽에서' 바라보는 시선이다. 풍경에서 느낄 수 있는 자신의 감수성을 다른 쪽, 즉 생활자의 측면에서 새로이 바라보고 기술하는 것은 이 사상가가 가진 방법론의 가능성이자 '여행자'로서의 시각을 생활양식의 기술로 바꾸는 변환 장치였다. 이 민속학자가 구상한 풍경론은 조감鳥瞰을 인간의 시선으로 변환하는 장치였으며, 이를 통해 풍경을 읽는 실천의 맹아를 가리키는 것이었다.

새로운 경험에 대한 옹호

산책자의 사색

새로운 풍경에 대해 개방적으로 평가하는 태도 또한 야나기타 풍경론의 중요한 특징이다.

지금까지의 풍경론은 '새로움'을 어떻게 평가해왔는가. 어떤 풍경론은 유구한 불변성을 가진 자연의 위대함을 칭송하고, 인위적 경관은 새롭지만 무례한 것으로 경멸했다. 또 다른 풍경론은 오래된 사적을 그리운 듯이 묘사하며 파괴되어가는 자연을 애석하게만 생각했다. 이러한 풍경론은 새로움을 느낄 수 있을 만한 모든 것을 개악으로만 파악한다. 이와 같은 태도는 일본 근대에 유행한 회고주의·복고주의적 태도와도 이어질 터이다. 그러나 야나기타는 사람들이 '새로운 풍경'을 인간 번영의 증거로서 느끼고 받아들였다는 점을 중시했다.

야나기타는 철도의 발달로 인해 고갯마루를 넘는 경험이 사라지고, 오히려 벽촌은 증가했다[24]고 보았다. 이러한 문명의 파괴력[25]을 논하는 이 민속학자의 태도는 마치 오래된 행복이 파괴된 것을 안타까워하는 듯 보이지만, 사실 이 논의에는 다른 측면이 있다.

야나기타의 초기 민속학은 과거라는 이름으로 구속력을 가지고 작용하는 가치 의식을 비판했다. 그는 이러한 가치 의식이 당대의 허상일 뿐이라고 주장했던 것이다. 이는 풍경에 대해서도 마찬가지였다. 예를 들어, 메이지 30년대 초 도쿄 교외에 남겨진 자연미를 그린 서적으로 인해 무사시노武蔵野 취향이라고 할 만한 전원 산책이 크게 유행했다.* 야나기타는 이처럼 전원 풍경을 찬미하는 감

---

* 1898년에 발행된 구니키다 돗포의 『무사시노(武蔵野)』(발행 당시 제목은 『오늘날의 무사시노 (今の武蔵野)』)를 가리킨다. 무사시노의 풍광과 정취를 그린 이 수필은 이후 무사시노 이미지를 만드는 데 지대한 영향을 끼친 것으로 알려져 있다.

수성 속에 협소한 시야가 섞여 들어가 있다고 비판했다.[26] 에도 문인의 수필에서 이어진 무사시노관은 거기 살고 있었던 사람들의 삶과는 무관했던 탓에 무시와 오독이 생겨나기도 했기 때문이다.

이 무시는 새로움에 대한 무시이기도 했다. 당시 무사시노 주민들은 생활이나 취미에 있어 대도시 도쿄의 거리를 동경하고 있었는데, 작가는 주민들의 그러한 새로운 관심을 무사시노 풍경에서 느끼려고 하지 않았다. 주민들이 오면가면 나누는 이야기의 내용에는 관심을 두지 않은 채, 자연 풍물만을 떼어내 추상화하여 고금집古今集이나 만요슈万葉集처럼 대자연의 모습만을 바라보고자 했다. 거기에는 에도의 도시 문화인들을 옭아매고 있었던 취향과 비슷한 시각이 있었다. 그런 점에서 새로움은 무시되었다고 하겠다.

오독에 관해 말하면, 당시 작가는 마을 경계에 있는 참나무 숲이나 억새 벌판을 태고로부터 있었던 위대한 자연과 직접 연결시켰다. 그러나 이는 오래된 자연이 아니라 사실 근세 생활의 수요가 만들어낸 새로운 풍경이었다. 즉, 억새에는 도시 소비를 동경한 새로운 생활 요소가 섞여 있으며, 참나무 숲은 장작을 확보하기 위해 필요한 것이었다.

그런 점에서 야나기타의 풍경론은, 주민 생활에 관해 현실적인 지식이 없는 채 풍경을 찬미하는 시각에 대한 비판이기도 했다. 그의 풍경론은 풍경의 새로움에 기반하여 아름다움을 재평가하는 방법론을 필요로 한다는 점에서 적극적이다.

원래부터 오래됨/새로움이라는 구별은 표면적인 가치판단을 넘어 그 구별을 가능하게 하는 기준의 근거를 고찰하는 것이 더 중요한 경우가 많다. 그렇기에 기준을 만드는 행위 속에 잠재해 있는 역사적 감수성의 속박을 비판하고, 부자연스러운 개념이나 표현을 명확히 하는 것이 중요해진다. 야나기타의 기술이 역사사회학으로서 매력적인 이유는 사회학적인 '역사' 분석의 논점을 도입하여 구체적 비판을 가하고 있기 때문이다.

즉, 개인의 가치 의식/집단의 가치 의식으로 나눌 때 범하기 쉬운 평면적인 '개인/사회', '개별/공유' 구별에 사로잡히지 않고, 긴 시간축을 가지고 비교의 중요성을 제기하고 있는 것이다. 이는 가치 의식의 기반 자체에 내포된 시대성을 대상으로 삼는 것이며, 현재의 가치 의식을 바꿀 가능성을 구체적으로 시사한다고 할 수 있다.

풍경의 생산과 미디어

야나기타의 풍경론은, 문명이라는 것은 많은 새로운 기회를 제공하며[27] 세월이 지나면서 풍경이 반드시 나빠지는 것만은 아니라는[28] 관점을 가진다. 이러한 서술은 옛 고적에 대한 교양 있는 설교, 혹은 무구한 대자연에 대한 찬미라는 양극적 논의밖에 없었던 지금까지의 풍경론과는 달리, 풍경의 생산이라는 새로운 입장을 보여준다. 그 시대에 생산된 풍경의 '새로움'을 재평가하고 재검토할 것임을 시사하고 있는 것이다.

예를 들어, 철도는 근대적 공간을 만드는 데에 있어 세계사적으로 중요한 역할을 한 미디어로, 일본 근대 풍경에도 여러 가지 소재를 제공했다. 우리는 이미 망초가 공터를 점령한 것이 새로운 광경이라는 것을 잊고 있다. 그러나 망초가 철도초라든가 제방초, 혹은 메이지초로 불린 몇몇 흔적들은 산야와 자갈밭이었던 둑방 부지가 철도를 놓기 위해 열리고, 그로 인해 풀이 번성하게 됐음을 보여주고 있다. 그리고 그 시대는 그렇게 오래되지도 않았다.

자갈투성이의 강바닥을 달맞이꽃이 뒤덮는 광경 또한 에도기 이전에는 볼 수 없었던 새로운 광경이다.[29] 이 광경을 단지 귀화식물의 생태만으로 서술하지 않고 철로가 생기면서 수운이 쇠퇴했다는 복합적 결과[30]로 보려는 관점은, 풍경을 감상할 때 단지 명소를 찬미하는 것이 아닌 새로운 시선으로 바라보고자 했음을 나타낸다.

"이제까지의 입장에서 볼 때는 쓸모없어진 장소들도 새로운 시선으로 보면 문명이 새로운 기회를 제공한 것"[31]이라는 말은 어떤 내용을 포함하고 있는 것일까. 산길이 능선을 따라 생겨나면서 처음으로 자신이 살고 있는 동네의 전경을 보게 된 이도 많다. 열차가 지나가는 철교가 폭이 넓은 강을 건너는 수단이 되고 나서 처음으로 강의 한가운데에서 유유히 강 아래를 들여다보는 경험도 생겨났다.

철도가 너무 당연한 생활수단이 되어 철도의 풍경이 이미 정착된 시대에 살고 있는 우리로서는 야나기타가 철도에서 느끼는 직선의 쾌감을 똑같이 느끼기는 어려울 것이다.

황야의 한가운데를 가르는 두 선의 철길이 시선이 미치는 저 멀리까지 힘차게 뻗어 있고, 지난해에는 바다였던 먼 간석지를 쭉 뻗은 제방이 둘러싸고 있다. 제국의 수도 들판에는 돌로 지은 대저택이 들어서고, 밤에는 별에 닿을 듯이 등불이 늘어서 있는 풍경은 이제는 눈에 익었는데도 질리지 않고 모두가 좋아한다.[32]

그곳에 거주하는 자들은 이 새로운 직선로에서 넓은 세상(다른 사람들)과 연결되어 있다고 느꼈다. 이것을 풍경이 주는 근대적 즐거움, 원근법의 즐거움이라고도 할 수도 있겠지만, 한편으로는 원근법의 매력이라는 논점으로는 포착할 수 없는 숨겨진 경험의 재발견도 있을 터이다.

콘크리트로 만든 거대한 건축물도, 야경의 아름다움도, 인간의 번영을 받아들인다는 관점에서 재검토되어야 할 현상이다. 이런 것들을 만들어낸 인간의 힘을 어느 정도 추상적으로 받아들일 것인가 하는 것 또한 이 풍경론이 설정한 과제이기 때문이다. 더구나 새롭게 생겨난 심성이 반드시 좋은 심성만일 수는 없다는 것 또한 여기에서 강조되어야 할 것이다. 신칸센에 대해 사람들은 한편으로는 후지산과 신칸센을 결합시켜 그림엽서로 만들기도 하지만 한편으로는 소음 공해를 호소하기도 한다. 이 모두가 풍경론에서 다루어져야 할 현대적 테마가 된다.

풍경은 생산되고 성장하는 것이며 좋게도 나쁘게도 바뀔 수 있다는 시선이 여기에서 만들어졌다. 풍경은 단지 새로운 명소를 발견하는 것이 아니라 인간 실천의 발견이며, 풍경이라는 개념의 근거 그 자체를 발견하는 것이다. 다음 장에서 논하겠지만, 철도의 근대는 새로운 교통=커뮤니케이션 양식을 만들어냄으로써 풍경의 생산에 관여했다. 철도는 현실 공간을 변화시키는 동시에 주체의 기술記述 능력 또한 변화시켰다. 그 변용 과정을 검토하면서 우리 생활에 새겨진 풍경을 대상화하고, 이를 통해 '새로움'을 재평가하는 작업이야말로 이 풍경론의 핵심적 태도일 터이다.[33]

바로 그런 점에서 이 풍경론은 역사적 관점이라고 할 수 있다.

제5장

언어, 교통, 복제 기술

: 근대 풍경 의식의 존립 구조

문예의 대상이 된 명소─규범화하는 풍경

자연의 사물화

역사사회학자로서 야나기타의 풍경론은 인간의 일상적 실천을 중심에 두는 것이었다. 그의 이러한 관점은 관계성을 이해하는 데에 비판적 힘을 가지고 있다. 그렇다면, 비판의 대상이 되는 근대 일본의 풍경 의식은 어떠한 매커니즘으로 존립하고 있었던 것일까. 그 매개 구조에 다시 한 번 초점을 맞춰보고자 한다.

근대의 '풍경'관에 감추어져 있는 가장 기본적 특징은 자연의 사물화死物化 경향이다. 여기서 말하는 사물화란, 인간과 다른 생물들이 생태학적 관계성 면에서 단절, 격리되어 있음을 단순히 의미하는 것이 아니다. 여기에는 보다 더 큰 관계성의 시스템이라 할 수 있는 표상(=언어·이미지)과 인간 사이에 일어나는 변용이 포함되어 있다. 즉, 풍경 서술의 정형화, 풍경을 표현하는 문체와 향수의 매너리즘이라는 사회문화적 프로세스에 주목해야 한다.

이 지점에서 풍경의 해방이라는 주제가 떠오른다.

풍경의 해방이라는 주제를 설정할 때, 생활하는 신체는 논의를 집약하는 하나의 초점이 된다. 일상적 실천을 중시하는 관계론에서 중심적 대상이 되는 것이 이 신체-미디어의 중층일 터이다. 오감을 가진 신체가 근대 일본이라는 사회공간에서 자연관을 어떻게 생산해갔는가 하는 역사성을 해명하는 것이 이 풍경론을 재조직화해야 하는 이유이다.

물론 이러한 과제를 전면적으로 전개해나갈 정도로 풍경에 대한 담론이 오늘날 존재하느냐 하면, 불행히도 그렇지 못하다. 새로운 풍경론은 낡은 개념의 속박과 싸워가며 소재를 모색하고 있는 단계에 와 있을 뿐이다.[1] 본 장에서는 새로운 이론적 대상으로서써 내려가야 할 신체-미디어 중층에 대해 세 가지 정도의 논점을 제공하며 분석의 첫 걸음을 내딛고 싶다.

그 세 가지 논점은 언어, 교통, 복제 기술이다. 세 가지 모두 미디어 개념과 관련되어 있다. 또 이 세 가지는 각자 복합적으로 작용하면서 풍경에 대한 이미지나 규범을 만드는 데 관여하고, 공간을 분리하거나 종속관계를 맺게 하면서 감각 구조를 변용시키기도 한다. 근대의 커뮤니케이션(=관계성의 형태)이 고정화시킨 '풍경' 개념으로부터 해방되기 위해서는, 근대 일본의 풍경 의식을 분명히 할 필요가 있다.

그러한 관점에서 야나기타 구니오를 다시 한 번 읽어보고자 한다.

소리의 풍경, 문자의 풍경

그렇다면 야나기타의 풍경론은 풍경의 명소로 이름 붙은 경관을 어떻게 바라보았는가. 미디어로서의 언어와 풍경 관념 사이의 깊은 연관성을 생각해볼 필요가 있다.

첫 번째로 고찰할 것은 명소를 둘러싼 여러 관념들이 미의식을 옭아매고 있다는 점이다. 이러한 관념들이 '규범'으로서 모습을 드러내는 것을 야나기타는 '문예의 전제專制'라고 비판한 바 있다. 의외로 멀지 않은 시대의 문인들, 즉 문학 생산자들이 만들어낸 미의식의 속박에 대한 비판이다. 명승은 '풍아도風雅道의 영지', '문인전文人伝의 고적'이라고 할 만한 순례를 위한 성지이지만, 풍경 면에서 말한다면 명승지는 '극성맞은 강요'가 이루어지는 곳이자 여행하는 이가 경계해야 하는 '옛 법칙'[2]이다.

명소는 분명 이름 붙여지고 이야기되어 '유명'해진다. 그렇다고 해서 야나기타가 풍경의 언어화 자체를 비판했다고 바라보는 무리한 일반화는 피해야 한다. 이 부분에 대해서는 조금 더 섬세한 검토가 필요한데, 예를 들어 다음과 같은 언설에서 야나기타가 '문예의 전제'를 비판하면서 미디어의 구조를 분석하고자 한 측면을 읽어내야 한다.

일본 고유의 평민 문학에서 가장 풍부한 것이 공동의 영탄이었다. 감동을 함께 나누는 삼삼오오의 무리가 유독 맑고 매끄러운 목소리를 가진 한 사람에게 눈앞의 정취를 문장과 시가로 엮도록 위임할 때, 반드시 제대로 된 서술 형식을 바라는 것은 아니었다. 특히, 풍광이라 함은 언덕과 물가 도처에 사람들이 모여서 함께 즐겨야 하는 것이었기에, 돌아와서 보지 못한 이들에게 굳이 그 풍광을 전해주는 이야기가 발달할 여지는 없었다. 따라서 문학이 소수의 재능 있는 자에 의해 칭송받는 세상이 되자, 다수의 사람들이 문학하는 이들이 하는 그 정취 묘사에 따라 움직이게 되었다. 또한 사람들은 외려 이국 문인들의 유행에 맹종하여 자신들의 경치를 품평하게 되었다. 그 폐해는 이미 로에이朗詠 고킨古今˙ 시절부터 시작되었다.[3]

여기에서 서술하고 있는 내용을 조금 더 부연하여 정리하면,

1. 우리 사회의 원초적인 미의식의 근원이 '공동의 영탄'에 있으며, 풍경이라는 '눈앞의 정취'는 그러한 공동의 경험을 기초로 한 '목소리'의 문예로서 받아들여졌다는 것이다. 여기서 연상되는 목소리란 이를테면 콩의 잎을 노래한 백중날의 노래와 같은 문예일 터이다.
2. 이들 서술=기술은 풍광을 보지 않은 사람들, 즉 '공동'에 참여하지 않고 '무리'로 모이지 않았던 이들에게 전하는 문자

˙ 로에이(朗詠)는 헤이안 시대의 가인(歌人)인 후지와라 긴토(藤原公任)가 1018년 한시, 한문, 와카를 모아 편 시문집 「와칸로에이슈(和漢朗詠集)」를 의미하며, 고킨(古今)은 905년 헤이안 시대 4인의 가인이 일본 고유시 형식인 와카를 왕의 명에 따라 선별하여 묶은 전체 열두 권의 「고긴와카슈(古今和歌集)」를 의미한다.

화된 문학과는 달랐다는 것. 역으로 말하면, 명소와 관련한 언설은 경험을 공유하지 않은 사람들에게 전하기 위해 목소리로부터 자립한 '이야기'로서 발달했다.

3. 이처럼 광범위하게 유포되는 '이야기'는 '소수의 재능 있는 자들'이 문학을 만드는 언설 생산의 양식과 깊이 관련되면서 형성되었다. 또한 그 소수의 재능 있는 자들은 '이국 문인의 유행'에 강한 영향을 받으며 언설을 형성했다.

세 번째 논점에서 등장하는 '이국'이라는 한정은 야나기타가 가진 내셔널리즘의 문제이기에 미디어론이 이 이국이라는 것에 꼭 얽매일 이유는 없다. 다만, 보다 폭넓게 통용된 '이야기'가 몇몇 본보기들에 이끌리면서 정형화되었고, 이 정형화가 명소의 형성에 간과할 수 없는 규범화 요소였다는 점은 내셔널리즘이라는 틀을 벗긴다 하더라도 남는 중요한 논점이다.

위 인용에서 우리가 알 수 있는 것은 명소라는 형태를 가진 풍경이 규범화될 때 정보를 경험하는 공간이 확대된다는 점이다. 즉, '이야기'의 유포로 인해 '소리'의 범위 내에 있던 언어가 아직 풍경을 보지 않은 이들에게 영향을 주는 언어로 이행하는 것이다. 또한 그런 정보 경험의 공간에서 처음으로 풍경의 소비자라고 할 수 있는 주체가 등장하게 된다. 즉, 어디서 시작되었는지 그 기원도 알 수 없는 이야기를 열심히 더듬어 찾아가 확인하는 여행자들이 생겨난 것이다.

산수가 유행의 노예가 되다

두 번째로 생각해보고 싶은 것은 명소·명승이라는 풍경의 규범화로 인해 대규모의 선별이 만들어졌다는 점이다. 즉, 선택된 풍경과 잊힌 풍경을 극단적으로 차별하게 되는 것이다. 그림엽서나 안내 책자에는 이미 이름난 풍경만을 인용하고, 그것이 거듭 문자화되고 언어화되면 '이유도 알 수 없는 풍경의 유행'이 생겨나고, 또 이로 인해 '풍경의 선호' 차이도 커지게 된다.

앞선 인용에서 암시되어 있듯이, 선택된 명승의 상당수는 현실의 여행으로는 겪어보지 못한 채 문자라는 상상 안에서 만들어진 것이었다. 그렇지만 이러한 재생산이 결코 '소수의 재능 있는 자'에 의해서만 이루어진 것은 아니라는 점은 강조해두어야 한다. 도시에서는 와카和歌*가 크게 유행하면서 명소와 관련한 지식이 교양으로서 시 안에서 인용되었다. 명소가 적으면 시를 읊기 어려워지기에, 명승고적을 스미다강의 한 구획에 모아둔 것도** 말하자면 이 와카라는 문예가 유행했기 때문이다.[4] 이어서 통속화한 '제2예술' 하이카이俳諧***는 문예가 꽃이나 새를 계절 형식으로 취하는 데 중요한 역할을 했다. 그러한 언어활동이 풍경의 규범화에 미친 영향은 오

---

* 일본 고유의 시 형식.
** "고토토이 나루터 언저리 손바닥만 한 구획에 스미다강 관계의 모든 명승고적을 집어넣은 것도 최근의 일이다. (중략) 그렇게 해서 에도에는 와카가 크게 유행했다"라고 『콩의 잎과 태양』에 야나기타 구니오는 적고 있다. 여기에서 말하는 고토토이 나루터는 오늘날 다케야(竹屋)의 나루터 부근으로, 에도 시대에 이곳은 아래로는 스미다강이 흐르고, 동쪽에는 쓰쿠바산, 서쪽으로는 후지산이 보여, 에도 제일의 명소라고 여겨졌다. 우키요에의 소재로 자주 등장했고 많은 문인들의 하이쿠 및 와카의 대상이 되었다.
*** 일본의 단시형 문예의 하나.

늘날에도 결코 무시할 수 없는 것이다.

야나기타 구니오는 "편협한 도시인의 예술관을 중심으로 삼으면 선택되지 못한 지방의 생활은 무료한 것이 되고, 우리 선조들이 국토를 사랑한 마음은 괜시리 어리석은 것이 된다"[5]고 당시의 풍경 유행을 비판했다. 또 "스스로 의외의 것을 좋아하고 진기한 것을 사랑한다고 칭하면서도, 많은 사람들이 가니 나도 가보고 싶다는 마음은 애처로운 것"[6]이라고도 기술한 바 있다. 그는 이러한 유행이야말로 문예의 전제를 보여주는 현상이자, 소수의 명소와 잊힌 다수의 풍경을 만들어내는 사건이며 제도라고 보았다.

이러한 유행은 이른바 풍경에 대한 평가, 혹은 풍경에 대한 표현이 신체 경험으로부터 괴리되는 프로세스를 만든다. 이 괴리가 당연한 것으로 느껴진 이후, 명소를 엽서 투표로 결정[7]하는 '대중사회'적 시스템도 시도되었다. 이 투표는 '전국'을 대상으로 했는데, 이러한 범주 설정에서 예상할 수 있듯이 추상화되고 균질화된 풍경들을 놓고, 결국은 비슷한 언어들을 동어반복적으로 늘어놓으며 명소의 규범을 재확인하는 것에서 크게 벗어나지 못했다. "고장 사람들은 애향심 때문에 엽서가 있으면 투표하려고 했기에 결국 우열을 가리기는 어려웠고 평판이 없는 곳은 빠질 수밖에 없"[8]는 결과만이 생산되었다.

신체의 참여

풍경은 신체가 참여하는 언어활동이고, 그 내실은 표출·표현의 스타일(문체)에 의존한다. 이러한 관점은 '풍경'을 바라보는 주체에 의해 '풍경'이 선택되고, 의미와 가치를 갖게 된다는 것을 전제로 하는 것이다. 이와 관련하여, 이 민속학 연구자는 과거의 풍경론이 계절이나 시간의 개별성을 무시하고 있다고 언급했다.

보는 자의 경험을 중시하는 이러한 관점은 오늘날 중요한 의미를 가진다. 즉, 우리는 풍경을 이야기할 때, 언제, 그리고 어디에서 본 '풍경'인가를 말하지 않으면 안 된다. 이처럼 때와 장소(시간·공간)의 고유성에 집착하는 것은 당연히 그 풍경을 느낀 자의 경험에 대한 집착을 의미한다. 동시에 이는 '보여주고' '느끼게 하는' 공간적 구조에 대한 물음을 낳는다. 언어활동으로서의 풍경에 주목하는 것은 이처럼 주체의 경험을 파악해야 한다는 지향과 공간의 구성을 분석해야 한다는 지향, 이 이중의 과제를 우리에게 부여한다.

야나기타가 중요하게 여긴 것은 말할 것도 없이 전자인 주체의 경험이며, 그 주체의 지방적, 생업적 다양성이었다. 그 논리의 연장선상에서 야나기타는 "일본인의 사고체계를 일종의 메이지 식으로 통일하려 하는 것이 잘못된 것처럼, 산과 바다의 경치를 틀 속에 끼워 넣어 치우친 감상을 강요하는 것은 좋지 않다. 자유로운 감동에 맡겨, 마음에 맞고 시대에 대응하는 새로운 아름다움을 발견하도록 하는 것이 제일이라고 생각한다"[9]며, "의미 없는 인습이나 법칙을 버리고, 숨겨져 있는 산해의 아름다움이 이제는 되살아날 수 있기를 바란다. 가능한 한 여행 절차를 간소화시키고, 젊어서 진솔한 여행자가 되어 조금이라도 자연을 읽는 법을 이해하게 되었으면 한다"[10]고 했다.

철도의 추상력—원경화하는 풍경

여행의 산업혁명

야나기타가 주체의 경험을 중요하게 여겼다고 하여 공간의 구조라는 문제를 등한시한 것은 아니다. 여행하는 신체를 떠받치는 '길'에 대한 흥미는 바로 '보다-보이다'라고 하는 관계성을 공간 안에서 파악하고자 한 것이었다.

근대 풍경이 정형화·고정화된 것은 '문예의 전제', 즉 규범적 역할을 하는 언어 레벨이 획일화되었기 때문이라고 생각했기에 야나기타 구니오는 '자유로운 감동'의 해방을 논하고, '자연을 읽는 기술技術'의 교육을 강조했다. 여기서 중요한 것은 인간의 서술-표현 능력의 변혁이라는 전략이다. "익숙해져서 더 이상 별 느낌이 없는 우리 땅의 아름다움을 사람들이 재발견하는 것은 즐거운 일이기는 하지만, 풍경에 대한 비평은 객관적이고 주민의 입장에 의거하지 않으면 안 된다"[11]고 그는 생각했다.

야나기타가 왜 여행을 자주 화제에 올리고 고갯길을 비교하면서[12] 여행이라는 경험이 가진 비교 생산의 힘을 중시했는지에 대한 해답 또한 여기에 있다. "우리의 서술 능력이 조금 더 발달한다면"

조금 다른 시선을 가진 여행자가 어딘가를 찾아올 거라 여겨질 때, 이 여행자가 갖는 독특한 풍경 감상, 서술-표현은 그야말로 관점의 변화를 가져올 수 있다. 여행은 그런 의미에서 해방을 향한 계기가 된다.

기술 변혁이 여행이라는 몸짓에 끼친 영향 또한 이 근대 풍경의 대상화와 관련 있다. 특히 철도라는 미디어는 경험의 변형과 공간의 변형을 가져왔다. 그리고 이 두 변형의 연접은 우리의 풍경론에 중요한 문제를 던지고 있다. 메이지 근대의 사람들은 비교적 철도를 긍정적으로 언급했다. 말할 것도 없이 철도는 근대적 '길'의 혁명이며, 장거리 대량 이동과 이동 시간의 단축을 대중적 규모로 실현한 미디어였다. 2~3일 여정으로 먼 곳을 구경하고 돌아오는 손쉬운 자유로움이 여행이라는 말 속에 새로이 추가된 것도 철도에 의해서이다. 대단한 채비를 하지 않고 산책하는 마음으로 가볍게 이동하는 것이 철도의 근대화로 가능해진 것이다. 사람들은 짧은 시간을 들여 다른 풍경을 경험하고 이를 비교할 수 있게 되었다. 그런 점에서 사람들은 철도 여행에서 교통수단을 얻은 것 이상으로 여행에 관한 지식을 생산하는 힘을 얻을 수 있었다.

그렇다고 해서 지식 생산력을 확대시켰거나 이동의 편리함을 가져온 측면만을 가지고 철도를 평가하는 것은 풍경론의 관점에서 볼 때 불충분하다. 풍경론의 입장에서 볼 때, 철도는 보다-보이다라는 관계가 놓인 공간의 질서를 바꾸어 보는 주체의 경험과 서술 능력을 변용시켰기 때문이다.

아주 단순화해서 말하면, 철도는 시각 우위의 풍경 개념을 경험에 녹이는 중요한 매체였다. 철길에 대한 이러한 새로운 설정은 시각에 있어 어떤 전환점을 가져왔다. 즉, 철도는 마을 전체를 내려다볼 수 있는 산줄기 근처로 사람들을 많이 데려갔고, 철교 한가운데에서 강의 위아래를 바라보는 새로운 여행 경험을 만들어냈다. 또 마치 영화에서 보듯이, 기차의 창문이라는 장치는 마을 가까이까지 기차가 다가가는 화면과 이를 조용히 내다보는 시간을 처음으로 대중들에게 선사했다. 야나기타 구니오는 철도가 제공한 시각 경험에 대해 다음과 같이 기술한 바 있다.

산길의 경치, 이 마을과 저 마을을 비교해보는 재미, 또 기차를 통해 보이는 마을들은 스스로 단장을 하고, 시대에 따라 무심결에 바뀌어가는 모습들, 이런 것을 조용히 바라보는 것은 '기차의 창'이 생기고 처음으로 가능해진 것이다. 이는 교류 없는 관계라고도 이름 붙일 수 있을 것이다. 잡고 싶은 마음도 안 생기는 작은 새, 따서 먹어야겠다는 생각조차 들지 않는 붉은 과실이 저리 아름다워도 여행객이 이를 볼 수 있는 기회는 야지弥次나 기타하치喜多八 시대*에는 그렇게 많지 않았다.[13]

* 1802년부터 1814년까지 출판된 견문록 『도카이도주히자쿠리게(東海道中膝栗毛)』에 등장하는 인물로, 야지로베에(弥次郎兵衛)와 기타하치(喜多八)를 의미한다. 둘을 합쳐 보통 야지기타(弥次喜多)라고 부른다. 에도 시대 후기의 작가 짓펜샤 이쿠(十返舍一九)가 지은 책으로, 책 제목에 나와 있는 '히자'는 일본어로 무릎, 쿠리게는 밤색 털을 가진 말로 히자쿠리게는 말 대신 걸어서 하는 도보 여행을 뜻한다. 두 주인공 야지기타가 에도 시대 도카이도를 여행하며 쓴 여행기 형식으로 큰 인기를 얻었다.

창은 풍경을 사각으로 자르고, 사람은 풍경을 한 장의 사진 보듯이 보면서 이동한다. 그런 여행 경험이 대중화된다. '교류 없는 관계'라는 말이 상징적으로 나타내듯이 철도는 대상과의 새로운 거리를 만들어냈다.

캡슐과 파노라마

철도는 신체 경험을 존립시키는 매커니즘과 연관된 방대한 사회적 장치이다. 그 매커니즘의 구성 요소로 다음 두 가지를 들어보고자 한다.

먼저, 소리에 의한 경험의 분리이다. 철도가 내는 소리는 지금까지의 역사에 없던 이상한 소리였다. 철로 인근 마을 사람들이 갖고 있는 통상적 감각에서 보면, 마치 너구리나 오소리 요괴가 나타난 듯한 상상을 불러일으키는 특이한 소리였던 것이다. 승객에게도 이 소리는 인근 주민 이상으로 긴장감을 불러일으키는 것이었을 터이다. 오늘날 비행기 탑승 중에 들을 수 있는 기계음을 떠올려보면 될 것이다. 승객들은 철도가 내는 이 거대한 소음의 벽 때문에 주위 풍경으로부터 차단되는 경험을 했음에 틀림없다. 다시 말해 기차는 스스로 내는 소리 때문에 캡슐화한 이동 수단이 되었고, 철도의 창이 만들어낸 풍경과 기차 자체가 시각 면에서 분리되게 되었다. 그래서 우리는 어딘가를 엿보는 자세로 창밖을 보게 되었다.

또 다른 하나는 속도의 추상력이다. 철도가 만들어낸 속력은 근경과 원경을 상대적으로 분리해 원경의 의미를 강조했다. 즉, 근경은 휙휙 지나가면서 바뀌어 보기 어렵고, 보다 먼 풍경만을 지그시 오래 바라볼 수 있게 되었다. 빠른 속도 때문에 응시는 어려워졌지만, 그 대신에 휙휙 흘러가더라도 감상할 수 있는 먼 풍경의 연속적 아름다움('파노라마')이 생겨났다. 그리고 이를 풍경의 표준으로 삼고자 하는 가치 의식이 만들어져갔다. 어쩌면 후지산을 비롯, 산악이 근대 풍경에서 갖는 중요한 지위는 이러한 경험의 변용과 연관해 생각해볼 수 있을지 모르겠다. 이는 그림엽서에서 있었던 경험과 마찬가지의 것이었다.

그런 점에서 철도는 시각적 평가가 우위에 있는 '풍경'을 여행의 경험 속에 존립시켰다고 하겠다.

복제 기술의 침투─부유하는 풍경

평평하고 정적인 것으로

대상화된 풍경이 예전 사람들의 신체 경험에서 분리되어갈 때 복제 기술의 역할은 커진다. 즉, 풍경이 원경화, 대상화되었으며, 시각적으로 고정된 정지 상태가 되어가는 과정에서 복제 기술은 새로운 리얼리티를 조직하기 시작하는 것이다. 다음의 문장에 주목해보자.

원래 풍경이란 음식처럼 색이나 형태, 그리고 맛만 있는 것이 아니라, 쉬이 잊히는 향이나 소리라는 성질도 가지고 있는 것이었다. 그런 풍경을 한 장의 평평하고 정적인 것으로 만드는 기예가 생겨났고, 그러자 그 평면 속에는 움직임이 활발한 것들이 이내 사라졌다. 그래도 과거 그림들이 가지고 있던 법칙에서는 반드시 사람이나 꽃, 새가 등장했지만 나중에는 이런 것들조차 쓸모없는 것으로 여겨졌다. 개개의 감각을 다른 것들과 떼어내 별도로 움직이게 하는 것은 수양이 필요한 것이었다. 세속의 사람들에게는 소리 없는 시를 상상하기 어려웠을 것이다. 그렇기에 환경에 대해 가지고 있었던 우리의 희열과 만족은 이름 모를 막연한 어떤 기분이 되었고, 그것이 요즘처럼 몇몇 결핍을 만들어내자 처음으로 그건 무엇이었을까, 하는 물음이 생겨나게 되었던 것이다.[14]

주석을 달기 어려운 부분이나 이미 지적한 부분들도 있지만 다시 자세히 살펴보자. 첫 번째로 우선 풍경이 색으로만 이루어진 형태가 아니고 '맛'과 닮은 감각이나 '향', '소리'와 같은 오감의 복합 작용을 가지고 받아들여진다는 것은 출발 지점으로서 중요하다. 여기에 덧붙여진 것은 그 오감의 복합을 따로따로 떼어내는 것, 예를 들어 시각이나 청각만을 가지고 상상하는 행위이다. 그리고 그 행위 자체가 '수양', 다시 말해 일정한 사회적 훈련을 하는 신체 기법임을 발견하고 있다.

두 번째로, 그러한 오감이 복합적으로 경험한 것을 해체하고 재구성하는 데에 있어 풍경을 '한 장의 평평하고 정적인 것으로 만드는 기예'가 중요한 역할을 하고 있다고 지적한다. 이때 기예라는 것은 우선 회화를, 그리고 사진이나 그림엽서와 같은 미디어를 가리키고 있다고 생각되는데, 이것이 근대에 생겨난 복제 기술을 뜻함은 논란의 여지가 없다. 앞서 풍경에서 동물들이 배제된 것을 논했는데, 이러한 배제가 사진 및 그림엽서에서 유포한 풍경에 의해 정착되고 상식적인 것이 되었다는 점은 중요하다.

세 번째로, 이러한 변동에 따라 '환경에 대한 희열과 만족'이라는 이전의 풍경 의식이 '이름 모를 막연한 어떤 기분'이 되었다는 점을 들 수 있다. 마음이 부유하기 시작한 것이다. 또한 '이름 모를 막연한 어떤 기분'에 내포된 공백을 메우기 위해 또 한 번 사진의 기예나 소리와 관련한 복제(재구성) 기술이 발전해가게 된다.

사진을 여행하는 사람들

복제 기술이 신체에 작용하면서 새로운 리얼리티를 조직해갔다는 점은 오늘날 풍경론을 논하는 데 중요한 지점이 된다. 예를 들어, 사진이라는 근대적 기술은 기차의 창과도 닮은 부분이 있다. 즉, 풍경을 사각으로 자름으로써 맥락에서 분리된 독자적 의미를 전해주는 것이다. 야나기타 구니오는 "사진에 포착된 것을 지면에 옮기면 너무나 평평해져서, 공연히 눈썹을 눌러놓은 듯 앞쪽에 튀어나와 있는 부분만을 추켜세우며 이것이 풍경이다라는 듯이 말하는데, 이는 다소 생각이 모자란 이야기"[15]라고 말했다. 이처럼 지면 위에 풍경이 고정되기 시작하면서 잘려진 화면만이 현실이 되어 리얼리티 인식이 새롭게 성립하게 된 것이다.

사진은 인쇄 기술 위에 성립했고, '그림엽서'라는 형태는 유포 능력을 높인 역사적인 소재였다. 언어적 규범으로서 명소에 대한 지식이 복제 기술로서의 인쇄·출판을 만나면서 폭넓게 영향력을 발휘한 것은 이와 마찬가지이다. 즉 명소가 명소로 알려지게 된 데에는 여행을 경험한 사람들이 증가한 것 이상으로 안내 책자나 히자쿠리게처럼 출판에 의한 정보 공급이 중요한 역할을 했다. 마찬가지로 시각 면에 있어 공식화된 형태를 만드는 데 '그림엽서'가 기여한 역할 또한 매우 컸다고 하겠다.

한편, 오늘날 우리가 이 문제를 다룰 때 주의를 기울여야 하는 것은 앞서 언급한대로 이러한 복제 기술을 고도로 이용하면서 리얼리티에 대한 새로운 인식이 생겨났다는 것이다.

19세기의 근대 기술인 철도로 인한 풍경의 분리는 야나기타 구니오가 말하는 '이름 모를 막연한 어떤 기분'을 만들어냈다. 이에 대해 쉬벨부쉬Wolfgang Schivelbusch는 '여행은 속도와 정확히 비례하며 단조로운 것이 된다'는 러스킨John Ruskin의 인상을 언급하면서, 다음과 같이 말했다.

여행이 그 속도와 정비례하면서 단조로워진다는 이 판단은,
산업혁명 이전 시대의 여행만을 생각하고, 새로운 여행에 적응

할 지각을 기르는 것이 불가능했던 19세기 사람들이 내린 철도 평가와 맞아 떨어진다. 이 단조로움과 지루함은 풍경과 친밀했던 전통적인 여행에 대한 인식을 그 상태 그대로 철도에 적용시키려는 시도가 과도한 부담과 피로로 인해 실패하고 난 후 생겨난 반응인 것이다.[16]

지루함이라는 인상의 인플레이션 현상이 일어났고, 이 지루한 단조로움이 생기자 열차 안에서 말뚝잠을 자는 대중적 대항 수단도 생겨났다. 또 시간을 보내기 위해 차 안에서 독서를 하는 행동 양식도 발명되었다. 이는 그야말로 철도 여행을 하는 신체가 풍경에서 떨어져 나와 차량 내부에 있기에 성립할 수 있었던, '이름 모를 막연한 어떤 기분'을 보전하는 수단이었던 것이다.

가상현실

여기에서 우리가 확장하여 생각해볼 것은 오늘날 자동차와 같이 이동하는 개인 공간과 카스테레오를 비롯한 오디오 경험의 관계이다.

유민*의 노래를 인용하면 금방 이해될 듯한데, 이 음악은 철도

---

* 마쓰토야 유미(松任谷由実)의 〈중앙 프리웨이〉라는 곡을 의미한다. 유민은 마쓰토야 유미의 애칭이다. 1976년에 발표된 곡으로, 프리웨이란 신호 없는 자유로운 도로, 즉 고속도로를 의미한다. 도쿄에서 아이치현을 이어주는 간선도로를 배경으로 한 노래이다. 가사는 다음과 같다. "중앙 프리웨이, 조후 기지를 뒤로 하고, 산을 향해 달리면, 황혼이 앞유리창을 물들이며 퍼져가네. 중앙 프리웨이, 한 손에는 핸들을, 한 손에는 어깨를 감싸고, 사랑해라고 말해도 들리지 않아. 바람이 세서. 마을의 불빛이 마침내 반짝이면 우리 둘은 유성이 된 것 같

가 만들어낸 풍경을 넘어 하이웨이(고속도로)를 이용한 이동이 일반적 경험이 된 시대의 드라이브 경험을 그리고 있다. 자동차에 탑재된 오디오 기기는 몸조차 움직이기 어려운 좁은 공간에서 생겨나는 새로운 무료함에 맞서, '막연한 기분'을 충족시키는 방향으로 발전한 복제 기술 시스템이다.

나아가 이 시스템에 독서만으로 만족하지 못하는 전철 승객들의 귀에 닿도록 휴대화된 것이 워크맨일 터이다. 사람들은 거리를 걸어가면서 워크맨을 통해 복제음을 들을 때 주변의 풍경으로부터 상대적으로 분리되어 다른 감각을 느끼게 된다. 이처럼 휴대화된 복제 기술은 풍경의 개인화라는 효과를 불러왔다.

이러한 개인화는 결코 합리적·이성적 계몽에 의해서만 이루어졌다고 볼 수 없다. 보다 주도면밀하게 조사 관찰해야 하는 것은, 비유적으로 말한다면, 개인적 공간이 분리된 모습이며, 그 개인 공간의 벽을 구성하는 자재이다. 촉각이나 시각, 청각적 커뮤니케이션을 어떤 의미에서 저해하기도 하고 소외시키기도 하며, 때로는 강조하고 확장하기도 하는 소프트한 혹은 하드한 이 벽의 소재가 분석되어야만 하는 것이다.

워크맨으로 고도화한 소리의 복제 기술 시스템은 과연 어떤 경험적 변화를 만들어내고, 어떤 풍경을 생산해내는 것일까. 원리

아, 중앙 프리웨이, 오른쪽에는 경마장, 왼쪽에는 맥주 공장, 이 길은 마치 활주로 같아, 밤하늘로 이어지는. 중앙 프리웨이, 처음 만났을 때는 매일 드라이브했는데 요즘엔 좀 식었나봐, 바래다주지도 않고."

면에서 소리는 시간과 공간의 각인을 강하게 받는 커뮤니케이션 매체이다. 그렇기 때문에 소리를 통해 우리는 신체를 감싸고 있는 공간의 구성을 해독해낼 수 있다. 야나기타 구니오의 「안민고요진安眠御用心」이라는 재미있는 글은 숙소 2층에 들려오는 소리에서 느껴지는 커뮤니케이션 풍경에 대해 기술하고 있다.

아무리 해도 잠이 오지 않는 밤에 이런 쓸데없는 것을 생각했다. 숙소의 2층은 운치가 좋은 곳이지만 벼룩이 많아 밤에는 참기 힘들다. 특히 도호쿠에서는 덧문을 닫지 않기 때문에 한밤의 마을 소음이 모조리 머리맡에 울려 퍼진다. 우선 부엌 접시들이 새된 소리를 내고 그 다음에는 하녀들이 야단을 맞고 그렇지 않으면 갓난아이가 운다. 대문을 닫기 전에 한차례 바람도 쐴 겸 건너편 집과 이야기를 나눈다. 젊은이들이 호각을 불며 지나간다. 어디선가 서서 이야기하는 소리가 어수선하게 들려온다. 새벽 일찍 일어나는 집의 기상 시간과 밤늦게 잠드는 집의 취침 시간, 여름밤은 그 사이가 아주 짧은데, 그 짧은 밤 동안 개가 짖는다. 닭들 또한 알람시계처럼 정확한 시간에 우는 것은 아니다. 전등 불빛 때문인지 도쿄에서는 11시 정도에도 우는 닭들이 있다. 이 마을에서도 가장 빨리 우는 놈은 1시 전에 운다. 무지막지하게 날개를 퍼덕거리며 울고서는 금방 잠들어버리는 모양이다. 정말 짜증나는 놈이다.[17]

이 문장 자체의 맥락 속에서 벼룩이나 모기는 잠을 설치게 하는 존재지만, 깊게 잠들어서는 안 되는 이들에게 벼룩과 모기는 사실 필요한 경계 제도였다. 그렇기 때문에 평범한 사람들에게 이러한 촉각, 청각의 자극은 한낮 풍경 속 꽃이나 나비와 마찬가지로 밤 풍경을 구성한다. 따라서 이들의 존재는 "오히려 단조로운 생활이라는 잔디에 놓인 디딤돌 같은 것"[18]이었음을 보여주고 있다.

그러나 주목할 것은 이러한 소리의 인식이 공간의 해석에 그대로 연결된다는 점이다. 장사꾼들이 물건을 팔기 위해 외치는 소리가 근세 사회에서 '시계'의 역할을 할 수 있었던 것도 지역 공간에 축적되어 있는 지식에 비추어 보아야 알 수 있는 것이다. 소리의 원류, 즉 음원이라는 개념을 이용한다면, 음원을 향한 원심력과 자신의 귀를 통해 인식하고자 하는 구심력이 공간을 펼쳐 보이는 구체적인 서술 위에 조직된다 하겠다. 우리는 이 서술 위에서 일정한 공간을 대리 체험할 수 있다.

이 체험에는 눈에 보이지 않는 것을 위치시키고 느끼게 하는 일상의 상상력이 작동한다.

복제 기술의 전개, 즉 스피커나 테이프레코더, 혹은 라디오나 텔레비전에 의해 음원이라는 개념이 역사적으로 확대되면서, 이러한 공간을 재현하는 지식 질서가 동요하게 되었다. 공간은 추상화되고, 풍경은 환경에 대한 지식 기반으로부터 떨어져 나와 떠돌기 시작했다.

풍경의 해방

구전의 길을 향해

근대적 변용이 왜소화시킨 '풍경'의 해방을 논하고 환경에 대해 주체적으로 대응할 수 있는 새로운 풍경론을 소생시키기 위해 지금까지의 고찰을 전제로 하여 총괄해보고자 한다.

우선 환경에 대한 원심력과 신체에 대한 구심력이라는 두 가지를 내재한 지식을 재건하는 것이 필요할 것이다. 이 지식은 일상적 실천 속에서 그 맹아가 언어화되고 경험화되어야 할 것이다. 이 지식은 이미 규범화 및 사실화된 것을 축소 재생산하는 것이 아니라, 아직 인식하지 못했던 것을 상상에 의해 그려내는 적극적인 서술을 실천적인 과제로 요청한다.

시대에 속박되어 있었던 야나기타 구니오의 풍경론 안에도 이러한 지식이 가능성으로서 내재되어 있다. 그렇기에 야나기타의 문장은 풍경론으로서 기행문이나 여행 수필 이상의 것이 될 수 있었던 것이다.

과거의 철도는 오늘날의 신칸센처럼 완전히 캡슐화한 경험은 아니었다. 시골 마을의 냄새가 아직 객차 안에 떠돌고 있을 정도로 바깥 공간과 연결되어 있던 '이동 공간'이었다. 그 시대에는 오늘날의 기술 환경으로부터 본다면 꽤 낙천적으로 보이는 풍경도 꿈꿀 수 있었다. 예를 들어 야나기타 구니오는 기차와 비교했을 때 비행기 여행은 훨씬 더 높은 곳에서 풍경을 내려다볼 수 있는 기회를 제공할 것이라는 낙관적 기대를 가졌다. 물론 이 시대의 비행기 여행에 대한 상상은 철도 여행에서 비롯된 추측이었을 것이다. 그러나 철도는 얼마 안 있어 창문조차 열 수 없게 되었는데, 이 경향은 이미 철도라는 미디어가 갖는 고속화의 구조 속에 내재되어 있는 것이었다. 비행기 또한 전혀 다른 스케일로 상공을 비행했기에 지도책을 펼쳐놓은 것과 별반 다를 바 없는 시각적 풍경만을 제공했다. 그러나 야나기타의 예측이 빗나갔다고 해서 그의 풍경론이 제기한 문제가 시대에 뒤처진다고 평가하고 끝내서는 안 된다. 무엇보다 자연을 지나치게 중요시한 나머지, 기차와 같은 미디어가 만들어내는 인간의 새로운 능력이나 경험을 완전히 부정하고 풍경론의 과제로부터 이를 배제해버리는 것은 정당하지 않다.

변혁의 집약점이 되는 것은 역시 현대사회를 살고 있는 신체이며, 그곳에 거처하는 경험이나 능력이 만들어내는 공통 감각(상식)밖에 없다. 그렇기에 "감각이 희박한 자들 수천만 명을 불러들인들"[19] 그 풍경이 결코 일본 제일이 될 수 없다는 야나기타의 관광 비판은 적극적으로 읽고 발전시켜야 할 언설이다.

풍경은 우리가 깨닫든 그렇지 않든 끊임없이 조금씩 변화해 가려 한다. 인간의 힘으로 만들어진 것 중에 이 정도로 정해진 형태를 유지해가기 어려운 것은 거의 없을 것이다. 더욱이 무상한 것은 이 풍경의 변화를 역사처럼 구전해나갈 방법이 아직

없다는 것이다.[20]

풍경의 구전을 제언한 야나기타의 이야기를 '전승'과 같은 모호한 형식으로 설명해서는 안 된다. 그보다는 풍경에 대한 다양한 인식의 표출이 우리 사회에서 어떻게 되살아나고 있는가, 또 타자들에게는 어떻게 전해지고 있는가를 설명해야 한다. 야나기타는 이처럼 '조사 연구'로 조직되어야 하는 대상 영역을 우리에게 제시하고 있다고 이해해야 한다. 그러한 이해를 통해 새로운 풍경에 대한 자각적 조직화가 이루어지기 때문이다.

미주

제1장

1. 기타가와 지카시(喜多川周之), 「그림엽서 근대사·메이지 43년 도쿄 대수해 역사 해설서(絵はがき近代史·明治43年東京大水害)」, 《역사독본(歷史読本)》, 1974년 8월호, 160~163쪽. 침수 가옥과 사망자 외에 유실 가옥 70채, 제방 붕괴 162곳, 하천 둔덕 붕괴 93건, 도로 유실 135곳, 교량 유실 35곳에 달했다.

2. 그림엽서는 보통 8매 세트, 16매 세트처럼 8의 배수로 구성되는 경우가 많다. 이는 오우미하케이(近江八景) 등 8이 가진 상징적 전통과 관련해 생각할 수도 있지만, 직접적인 이유는 인쇄 양식과 관련되어 있다. 보통 그림엽서는 한 장씩 인쇄하는 것이 아니고, 명함처럼 한 종이에 여덟 장을 펼쳐서 인쇄한 후 재단한다(이시이 겐도(石井研堂), 「그림엽서점(絵葉書店)」, 『독립 자영업자 개시 안내(独立自営業開始案内)』, 제2편, 하쿠분칸(博文館), 1913, 171쪽).

3. 기타가와 지카시, 위의 글, 162쪽. "메이지 21년 7월 15일 반다이산 파열 당시의 참상(나가세 강으로의 용암 유출로 횡사한 사람)"이라는 표제가 붙은 사진엽서는 반에쓰사이선 오키나지마역 앞의 요시노 상점이 메이지 말기에 발행했다. 지세 마유코(千世まゆ子)의 책 『백 년 전의 보도 카메라맨(百年前の報道カメラメン)』(고단샤, 1989)에

의하면, 재해 당시 이 몇 장의 사진을 찍은 인물은 이와타 젠페이(岩田善平)라는 사진관 주인이었다. 또, 500명에 달하는 사망자를 낸 반다이산 폭발은 목판에 의한 시각적 보도가 이루어진 최초의 사건으로 알려져 있다. 파견된 화가가 호분을 바른 회양목의 판목을 가지고 현지로 급히 가서 현장을 스케치했고, 이를 고다 교시(合田清)가 가로 21.2센티미터, 세로 32.2센티미터의 대화면의 판화로 조각, 그 광경을 8월 1일자 아사히신문 부록으로 발행했다(혼마 이치로(本間一郎), 『사진제판 공업사(写真製版工業史)』, 도쿄사진제판공업조합(東京写真製版工業組合), 1967, 46~47쪽).

4. 이토 긴게쓰, 「그림엽서에 대해」, 일본엽서교환회 편, 『시적 착상 그림엽서 사용법(詩的新案 絵はがき使用法)』, 문학동지회(文学同志会), 1905, 1~7쪽.

5. 구보타 시게이치(窪田重弌), 「그림엽서론(絵葉書論)」, 일본엽서회편집국(日本葉書会編輯局) 편, 『그림엽서취미(絵葉書趣味)』, 일본엽서회(日本葉書会), 1906, 64쪽.

6. 1906년, 아오야마 연병장에서 이루어진 육군 열병식에 즈음하여 메이지 일왕이 열병하는 모습을 오전 11시경 찍어 밤새 그림엽서로 제판 인쇄한 후, 다음 날 신주쿠 교엔에서 개선 장교들에게 배포했다는 보고가 있다(히바타 세코(樋畑雪湖), 『일본 그림엽서 사조(日本絵葉書史潮)』, 일본우표클럽(日本郵券倶楽部), 1936).

7. 오노 히데오(小野秀雄), 『신문 니시키에(新聞錦絵)』, 마이니치신문사(毎日新聞社), 1972.

8. 기타가와 씨의 어조는 매우 정중했지만, 라쿠고 말투처럼 독특한 리듬이 있었다. 히라이 소타(平井蒼太)라는 실제 인물을 모델로 한

도미오카 다에코(富岡多恵子)의 소설 『고추안이분(壺中庵異聞)』(슈에이샤 문고(集英社文庫), 1978)에서 '제본집 주인장'으로 나오는 인물이 기타가와 씨로, 도미오카가 넋을 놓고 들었던 "대단히 예스러운 에도 사투리"라는 묘사(118~119쪽)는 나의 녹음테이프에 남아 있는 그의 어투와 겹친다.

9. 사토 겐지(佐藤健二), 「메이지의 FOCUS―그림엽서론 노트(明治の FOCUS―絵はがき論ノ―ト)」,《호세이(法政)》, 1989년 7월호, 호세이대학, 14~19쪽, 본 장은 이 단문을 기초로 하여 다시 작성되었다.

10. 일본엽서회편집국, 위의 책.《하가키분가쿠》는 1904년 10월 창간되었다. '엽서의 도안 및 단문 문학을 퇴고하는' 일본엽서회가 잡지 모체로, 일본엽서회는 그림엽서도 발행했다. 이 외에 그림엽서 중심의 잡지로는 1905년 3월 창간된《하가키신시(はがき新誌)》나 1909년 4월 창간된《그림엽서 월보(絵葉書月報)》등이 있었다.

11. 히바타 세코에 따르면 '그 이와야 사자나미 아저씨'는 독일에서 그림엽서 통신이 들어 있는 소년·유년 잡지를 자주 보내서 일본의 소년소녀들을 기쁘게 했다. 사자나미가 오자키 고요(尾崎紅葉)에게 보낸 그림엽서는 요미우리신문의 삽화로 실려 "그림엽서 예찬의 기반을 만든 것으로 기억되고 있다(『일본 그림엽서 사조』, 앞의 책, 3~4쪽)." 이와야 사자나미(巖谷小波) 또한 스스로 "그림엽서 취미를 세상 사람들에게 퍼뜨린" 공로가 있는 원로라고 칭하고 있다 (이토 게이지로(伊藤敬次郎) 편, 「그림엽서통(絵葉書通)」, 『通의 이야기(通の話)』, 게이분칸(敬文館), 1907, 31~38쪽).

12. 야나기타 구니오(柳田国男), 「탑 그림엽서(塔の絵はがき)」, 『정본 야나기타 구니오 전집(定本柳田国男集)』, 신판 제31권, 지쿠마쇼보(筑摩書

房), 1970. 메이지 말기의 야나기타의 수집 취미는 비슷한 시기 《취미》라는 잡지에 쓴 「성냥 상표의 채집(マッチ商標の採集)」에서 볼 수 있다. 또한 쇼와 첫 해에 지방의 연구자 등과 연락을 취하는 데에 그림엽서를 빈번하게 사용했는데, 이 엽서는 자신의 초상화가 그려져 있는 것으로 야나기타의 자의식과 조직론을 생각해보면 무시할 수 없는 것이다. 이에 대해서는 다음 기회를 빌려 논해보고 싶다.

13. 오다케 주자부로, 『일본 전국 명소 엽서 목록』(비매품), 1911. 책 뒷면의 주소를 보면, 이 오다케라는 인물은 나가오카 사람인 듯하다. 1903년부터 그림엽서의 수집에 착수, 품질 불량, 종류의 여하에 관계없이 약 6만 매를 수집했다. 그중 명소 그림엽서만 정리해 자신의 앨범 기호를 붙여 목록화한 것이 이 책이다. 발행연월을 어떻게 확인했는지 등 몇몇 알 수 없는 점도 있지만 몸소 실천한 '연구주의'는 어느 정도 증언력을 갖는다. 에치고(越後, 현재의 니가타) 출신의 이치시마 순조(市島春城)가 "나의 고향에 온갖 종류의 그림엽서를 수집한 사람도 있지만"(「그림엽서 예찬(絵はがき礼贊)」, 『순조 필어(春城筆語)』, 와세다대학 출판부, 1929)이라고 쓴 적 있는데 혹시 그 사람이 오다케가 아니었을까, 하는 생각이 든다.

14. 이 책은 히바타가 자신의 회수를 기념하기 위해 쓴 책으로, 히바타는 사제 그림엽서 제도의 초창기부터 관동대지진 무렵까지 '그림엽서 도안 주임'으로 체신성에서 근무했다. 교통사 연구가이기도 했으며, 시가 시게타카의 『일본 풍경론』의 삽화를 담당했다는 점도 재미있다. 그의 업적을 기린 연구로 요코야마 가나메(横山要)의 『히바타 세코 연보(樋畑雪湖年譜)』(비매품, 1982)가 있다.

15. 아쉽게도 기타가와 지카시의 그림엽서 컬렉션이나 논고를 한 권으로 모은 책은 없다. 도판 소개에 초점을 맞춘 것으로 전체 60회에 걸쳐 연재한 「그림엽서 근대사(絵はがき近代史)」(《역사독본(歷史読本)》, 1972년 1월호부터 1977년 3월호까지, 신인물왕래사(新人物往来社))가 있으며, 「좋았던 시절의 도쿄―그림엽서는 말한다(古き良き東京―絵はがきは語る)」(《타이요(太陽)》, 1978년 8월호, 헤이본샤(平凡社), 103~109쪽) 등이 있다. 기타가와가 사진 감수를 한 『도쿄 옛날과 지금(東京 昔と今)』(주식회사 베스토세라즈(株式会社ベストセラーズ), 1971)에서도 사진 그림엽서 이미지가 사용되었을 수 있다. 논고를 중심에 둔 것으로는 취미 잡지에 14회에 걸쳐 연재한 「그림엽서 컬렉션 이야기(絵葉書コレクションの話)」(《월간 보난자(ボナンザ)》, 1971년 1월호~1972년 12월호), 그리고 「일본의 명소와 그림엽서(日本の名所と絵葉書)」(『일본 백경과 특산품: 에도 메이지 IV 명소 구경(日本百景と土産品 江戶明治IV 名所見物)』, 다이요(太陽) 컬렉션 16, 헤이본샤, 1980, 119~122쪽)가 있다.

16. 고모리 다카유키, 『그림엽서 메이지·다이쇼·쇼와(絵葉書 明治·大正·昭和)』, 국서간행회(国書刊行会), 1978. 로카쿠 히로시, 『그림엽서가 말하는 메이지·다이쇼·쇼와사(絵はがきが語る明治·大正·昭和史)』 상하권, 빅구샤(ビッグ社), 1981. 무라마쓰 데이지로(村松貞次郎) 감수, 『거리 메이지·다이쇼·쇼와―그림엽서로 보는 일본 근대 도시의 발자취 1902~41[2] 관동(街 明治·大正·昭和―絵葉書にみる日本近代都市の歩み1902→1941[2] 関東)』, 도시연구회(오가타 미쓰히코(尾形光彦)), 1980. 아키야마 고도 편저, 『그림엽서 이야기(絵はがき物語)』, 후지단기대학(富士短期大学), 1988. 기무라 마쓰오(木村松夫)·이시이

도시오 편, 『그림엽서가 이야기하는 관동대지진 [이시이 도시오 컬렉션](絵はがきが語る関東大震災[石井敏雄コレクション])』, 쓰게쇼보(柘植書房), 1990. 나카가와 고이치, 『그림엽서의 여행, 역사의 여행(絵はがきの旅・歴史の旅)』, 하라쇼보(原書房), 1990.

17. 닐 페들러(ニ−ル・ペドラ−) 편, 『페들러 컬렉션 요코하마 그림엽서(ペドラ−・コレクション 横浜絵葉書)』, 유린도(有隣堂), 1980. 한자와 마사토키(半澤正時) 편, 『요코하마 그림엽서(横浜絵葉書)』, 유린도(有隣堂), 1989.

18. 소고 미술관(そうご美術館) 편, 『필립 바로스의 컬렉션: 그림엽서 예술의 재미展 ―잊힌 작은 그림(フィリップ・バロス コレクション 絵はがき芸術の楽しみ展―忘れられていた小さな絵)』, 아사히신문사(朝日新聞社), 1992. 필립 바로스의 컬렉션은 판화로 된 그림엽서가 중심을 이루고 있는데, 본 장에서 그다지 다루고 있지 않는 미술사적 가치로 볼 때 의미 있는 수집이라 할 수 있다. 본고의 탈고 단계에서 전시회 정보를 알게 되었고 카탈로그를 입수했기 때문에 내용적 고찰은 거의 하지 못했다. 각주에서 언급하는 정도로밖에 본문에 담지 못했지만, 주목할 가치가 있는 연구임에는 틀림없다.

19. 다키 고지, 「19세기 사진사 노트 2(19世紀写真史ノ−ト2)」, 《사진장치(写真装置)》, 8호, 사진장치사(写真装置舎), 1983, 155~168쪽. 가시와기 히로시(柏木博), 「제도화된 시선―초기의 그림엽서(制度化されたまなざし―初期の絵葉書)」, 『초상 속 권력―근대 일본의 그래피즘을 읽다(肖像のなかの権力―近代日本のグラフィズムを読む)』, 헤이본샤(平凡社), 1989, 67~92쪽. 또는 「그림엽서・화보―소유하고자 하는 욕망에 관해(絵葉書・画報―所有への欲望をめぐって)」, 《유리이카(ユリイカ)》,

1988년 3월호, 세이도샤(靑土社), 156~167쪽.

20. 가야노 야쓰카(栖野八束), 「근대 일본 디자인 문화사 12 그림엽
서 디자인(近代日本デザイン文化史12 絵はがきのデザイン)」, 《디자인
의 현장(デザインの現場)》, 1987년 6월호, 미술출판사(美術出版社),
122~127쪽. 이후『근대 일본의 디자인 문화사 1868~1926(近代日
本のデザイン文化史 1868~1926)』(필름아트사(フィルムアート社), 1992)에
수록되었으나 상당 부분 다시 쓰였다.

21. 기무라 마쓰오, 「재해 그림엽서 이야기 ─또 하나의 사진 저널리
즘 역사(震災絵はがき物語─もうひとつの写真ジャーナリズム史)」, 기무라
(木村)·이시이(石井) 편, 『그림엽서가 이야기하는 관동대지진』, 앞의
책, 135~166쪽.

22. 마쓰다 데쓰오, 「가이고쓰『그림엽서 집성』의 매력[1][2](外骨『絵葉
書集成』の魅力[1][2])」, 《미야다케 가이고쓰 해부(宮武外骨解剖)》, 14호,
론쇼보(崙書房), 1986, 1~8쪽/15호, 1987, 2~7쪽. 가이고쓰의 컬렉
션은 약 30만 장에 이른다.

23. 이토 지쿠스이(伊藤竹酔), 「그림엽서 열광시대(絵葉書熱狂時代)」, 《수집
시대(蒐集時代)》, 제1집, 스이코도(粋古堂), 1936, 21~22쪽.

24. 기타가와 지카시, 「그림엽서 근대사·수공 그림엽서(絵はがき近代史·
細工絵はがき)」, 《歷史読本》, 1973년 9월호, 신인물왕래사(新人物往来
社), 161쪽.

25. ⑰~⑲까지는 기타가와 지카시의 「그림엽서 근대사·수공 그림엽
서」(160쪽)에서 인용, ⑳ ㉑은 아키야마 고도 편저『그림엽서 이야
기』(앞의 책, 76~83쪽)에서 인용.

26. 기타가와 지카시, 「취향을 다투는 수공 그림엽서─그림엽서 컬렉

션 이야기⑫(趣向を競る細工絵葉書—絵はがきコレクションの話⑫)」, 《월간 보난자(月刊ボナンザ)》, 1972년 10월 호, 54쪽.

27. 기타가와 지카시, 위의 글, 55쪽.

28. 기타가와 지카시, 「일본의 명소와 그림엽서」, 앞의 책, 120쪽.

29. 기타가와 지카시, 「공들인 스카시 그림엽서—그림엽서 컬렉션 이야기⑦(凝ったすかし絵葉書—絵はがきコレクションの話⑦)」, 《월간 보난자》, 1972년 5월호, 52쪽.

30. 다만, 히바타 세코는 사전 해설에 유럽에서는 '스카시 그림에 외설적 사진을 삽입하는'(히바타 세코, 「그림엽서(絵はがき)」, 『일본백과대사전(日本百科大辞典)』, 제10권, 1919, 일본백과대사전 완성회(日本百科大辞典完成会), 552쪽) 아이디어도 있었다고 적은 바 있기 때문에 전혀 없었다고 단언할 수는 없다.

31. 나가이 가후(永井荷風), 『가후 소설 三(荷風小説 三)』, 이와나미쇼텐(岩波書店), 1986, 253~254쪽. 덧붙여 이 검은 안경의 사내가 팔고 있었던 그림엽서는 아마 도쿄 간다구 야나기와라가시에 있었던 나가이산세이도(永井三星堂) 제품이라고 생각한다. 1911년 8월에 발행된 『그림엽서 견본 목록(絵葉書見本目録)』(후쿠야마시(福山市) 시마다(島田) 그림엽서점)에 아동용의 '교육화 스카시 그림엽서'라는 것이 있는데, 역사를 소재로 한 것이 4집에 실려 있다. 내용은 알 수 없으나, 설명에 "스카시 그림엽서는 나가이산세이도가 그림엽서계의 장래를 생각하여 오늘날 아동에게 그림엽서 사상을 주입해야 한다는 필요에 의해 교육적 화제를 골라 발행한 것. 석판 채색으로 화려하게 하여 가격을 아주 싸게 했다"라고 되어 있다. 다른 〈스카시 그림 일본입지전〉, 〈스카시 그림 세계 영웅전〉과 같은 시

리즈도 나가이산세이도의 아동용 발매품이라고 기재되어 있다. 재미있는 것은, 이 교육화 스카시 그림엽서가 목록에는 20매 세트에 6전이라고 되어 있다는 것이다. 그러므로 가후 소설 속의 이 검은 안경의 사내는 조금이지만 이윤을 챙기고 있다. 덧붙이면, 그림엽서의 경우 정가의 다섯 배를 받는 것이 통상의 도매가였다고 한다(이시이 겐도, 앞의 책, 167쪽).

32. 다테반코에 대해서는 히다 고조(肥田浩三)의 「다테반코 고찰(立版古考)」(《우키요에 예술(浮世絵芸術)》, 12호, 일본우키요에협회(日本浮世絵協会), 1966)과 같은 선구적 연구를 필두로 야마모토 슌지로(山本駿次郎)의 『다테반코(立版古)』(세이분토신코샤(誠文堂新光社), 1976), 『다테반코 에도·나니와 투시입체지 풍경(立版古 江戸·浪速 透視立体紙景色)』(INAX, 1993) 등이 있다.

33. 하야시 요시카즈(林美一), 『에도 입체북 고찰(江戸仕掛本考)』 보급판, 아리미쓰쇼보(有光書房), 1972.

34. Martin Wiloughby, *A History of Postcard*, Studio Editions, 1992, p. 22.

35. 히바타 세코가 인용한 1909년의 사제엽서 제작 규격에 따르면 "세로 4치 5분(역주: 寸(치)는 길이를 세는 단위로 1치가 30.303밀리미터이며, 分(분)은 1치의 10분의 1이다) 이상, 4치 7분 이내, 가로 2치 8분 이상 3치 이내", 중량은 "1장에 8분"(역주: 이때의 分(분)은 질량을 세는 단위인 匁(몬메)의 10분의 1이다. 1몬메는 3.75그램이므로, 8분은 3그램이다)을 표준으로 삼았다("그림엽서(絵はがき)」, 『일본백과대사전(日本百科大辞典)』, 앞의 책, 551쪽). 이 기준에 따르면, 세로 13.6센티미터에서 14.2센티미터 사이, 가로 8.5센티미터에서 9.1센티미터 사

이가 표준으로 인정되었다. 언제 규칙이 개정되었는지는 알아보지 않았지만 현재의 엽서 크기는 14.8센티미터×10센티미터로 이 시기보다 조금 더 크다.

36. 히바타 세코는 「그림엽서(絵はがき)」(『일본백과대사전(日本百科大辞典)』)에서 1870년 프로이센·프랑스전쟁으로 인해 동원령이 내려진 가을, 병사들이 군대 운송에 문제가 생겨 마그데부르크에 도착하게 되자, 슈바르츠 노부부가 그 병사들의 노고를 위로하기 위해 그 지역 인쇄소에 있었던 포병대 그림을 엽서로 인쇄하여 그들에게 보낸 것이 '회화를 엽서에 응용한 것의 기원'이라고 적고 있다. 한편, 하루야마 유키오(春山行夫)의 「그림엽서(絵はがき)」(『세계대백과사전(世界大百科事典)』)에는 프로이센·프랑스전쟁 시 북서 독일의 외덴부르크에서 출판업을 하던 슈바르츠의 장인 장모가 마그데부르크에 도착한 채로 오도 가도 못하게 되자, 슈바르츠가 그 사정을 알려주기 위해 인쇄소에 있었던 포병대 그림을 엽서에 인쇄해서 보낸 것이 관제엽서를 그림엽서로 응용한 첫 사례라고 기록하고 있다. 그 외에도 고모리 다카유키는 프러시아의 궁정 납품 인쇄업자인 슈바르츠가 전쟁의 모습을 외덴부르크에서 엽서로 인쇄해서 양친에게 보낸 게 최초라는 설과, 외덴부르크에 사는 슈바르츠라는 농부가 병참 운송 병사들의 노고를 보고 마그데부르크에서 엽서로 인쇄해서 고향에 보낸 것이 처음이라는 두 가지 설을 함께 소개하고 있다(『그림엽서 메이지·다이쇼·쇼와(絵葉書 明治·大正·昭和)』, 앞의 책, 179쪽). 이처럼 여러 가지 설들을 참고하면 결국 슈바르츠라는 남성의 직업도, 그림엽서의 기원과 관련된 상황이나 동기도 불명확해진다. 그 외에 야마다 가즈코(山田和子)의 사전 해

설(『대백과사전(大百科事典)』, 헤이본샤(平凡社), 1984)이나 한자와 마사토키(半澤正時) 편집 『요코하마그림엽서(横浜絵葉書)』(앞의 책) 등에서도 마찬가지로 슈바르츠가 언급되고 있다.

37. 기타가와 지카시, 「그림엽서(絵葉書)」, 『헤이본샤 국민대백과사전(平凡社国民百科辞典)』, 헤이본샤(平凡社), 1976, 277쪽.

38. 이시이 겐도, 「일본 최초의 그림엽서(本邦に於けるる最初の絵葉書)」, 《하가키신시(はがき新誌)》, 제1권 제1호, 벤리도(便利堂), 1905, 16~17쪽. 유사한 취지의 글을 「사제 그림엽서의 시작(私製絵葉書の始)」(『메이지 사물 기원(明治事物起源)』, 제1판)에도 쓴 바 있다. 이 글에 나와 있는 《곤세쇼넨(今世少年)》 제1권 제9호를 조사해보니, 확실히 발행 서지정보는 '1900년 10월 5일' 순요도 발행으로 되어 있다. 그러나 이 시기 많은 잡지들이 그러하듯, 권두 그림은 사라지고 없고 권두에 끼워져 있었을 고지마 주슈(小島沖舟)의 그림엽서는 흔적도 남아 있지 않았다. 목차에 이 그림엽서를 가리키는 제목이 없어서 그림엽서의 존재를 증명할 길이 없다고 생각했으나, 잡지 내에 '내외 휘보(内外彙報)'라는 잡보란에 분명 「그림엽서 증정」이라는 기사가 있었다. "이번에 공포된 새 법령은 사회의 편리를 도모하기 위해 일반인들이 스스로 엽서를 만드는 것을 허가했다. 이에 따라 본지는 새 법령을 축하하기 위해 솔선해서 미려하게 채색된 그림엽서를 발행하여 이를 본 호에 끼워서 애독자 여러분께 배포한다. 만약 1전 5리짜리 우표를 붙인다면, 이 미술적 엽서는 여러분의 소식을 천 리 밖의 친우에게 알릴 수도 있을 것이다(58쪽)." 이 기사는 그림엽서의 존재를 어느 정도 증명하고 있다. 이시이 겐도에 따르면, 그림엽서는 종이 질이나 무게에 따라 견본을 제출하

여 허가를 얻는 방식이어서, 이 부록 그림엽서가 오사카에서 사용되었을 때 중량 불합격을 얻어 수신자가 부족분을 세금으로 내었다는 원망 어린 서신이 접수되기도 했다(이시이 겐도, 「일본 최초의 그림엽서(本邦に於ける最初の絵葉書)」, 앞의 책, 16쪽)고 한다.

39. 히바타 세코, 『일본그림엽서사조(日本絵葉書史潮)』, 앞의 책, 4쪽.

40. 이와야 사자나미, 「그림엽서 사관(絵葉書私観)」, 『그림엽서 취미(絵葉書趣味)』, 앞의 책, 10~11쪽.

41. 야마모토 쇼게쓰(山本笑月)(1936), 『메이지 세태 백 가지 이야기(明治世相百話)』, 주코분코(中公文庫), 1983, 38쪽.

42. 이토 지쿠스이(伊藤竹酔), 「그림엽서 열광시대(絵葉書熱狂時代)」, 앞의 책, 22쪽.

43. 우부카타 도시로(生方敏郎)(1926), 『메이지 다이쇼 견문사(明治大正見聞史)』, 주코분코(中公文庫), 1978, 169~170쪽.

44. 이시이 겐도의 『메이지 사물 기원(明治事物起原)』 제1판 「기념 그림엽서의 시작」에 따르면, "십수 엔에 거래되기까지 이르렀다"고 하니 75배까지 치솟은 셈이다. 오다케 주자부로에 따르면, "기념 그림엽서는 시장에서 7, 80전부터 12엔이라는 비싼 값으로 거래된 경우가 많았다(오다케 주자부로, 앞의 책)."

45. 마에다 아이(前田愛), 『환영의 메이지(幻景の明治)』, 아사히신문사(朝日新聞社), 1978, 232쪽.

46. 하시카와 분소(橋川文三) 외, 『일본의 백년 7: 메이지의 영광(日本の百年7 明治の栄光)』, 지쿠마쇼보(筑摩書房), 1962, 169쪽.

47. 야마모토 후미오(山本文雄) 편, 『호외 대사건 집성(号外大事件集成)』, 현대저널사(現代ジャ-ナル社), 1967, 29쪽.

48. 『메이지 사물 기원(明治事物起原)』 제3판에 기념 소인에 대한 설명이 있는데, 이에 따르면 러일전쟁 후에 "민중들은 단지 통신을 위해 소인을 찍는 것이 무언가 부족하다고 생각하여 사제엽서, 수첩 등에 우표를 첨부하여 우체국 창구에서 소인을 받는 것이 대유행"했다고 한다. 사람들은 우체국 앞에 앞 다투어 줄을 섰고 소인이 찍힌 우표에는 프리미엄이 붙기도 했다. 제5회 기념 우편과 관련하여 이토 지쿠스이나 우부카타 도시로가 회고한 대소동과 같은 시기인 1906년 5월 15일, "대 열병식 기념 스탬프 날인 최종일"에 도쿄 우편국 앞에 모여든 민중의 수는 실로 놀라울 정도였으며 그중에는 일본 전통 악기인 샤미센에다 우표를 붙여 온 이도 있었다고 한다.

49. 히바타 세코, 『일본그림엽서사조』, 앞의 책, 11쪽, 35쪽.

50. 풍속화보 편집부(画報生), 「그림엽서 유행(絵葉書の流行)」, 《풍속화보(風俗画報)》, 318호, 도요도쇼텐(東陽堂書店), 1905(복각판, 메이지분켄(明治文献)), 26쪽.

51. 오에 소텐(大江素天), 『사진태평기(写真太平記)』, 아사히신문사(朝日新聞社), 1939, 317쪽.

52. 히바타 세코, 『일본그림엽서사조』, 같은 책, 27쪽.

53. 가토 히데토시(加藤秀俊)·마에다 아이, 『메이지미디어 고찰(明治メディア考)』, 주오고론샤(中央公論社), 1980, 182쪽.

54. 일본엽서교환회(日本葉書交換会) 편, 『그림엽서 사용법(絵はがき使用法)』, 앞의 책, 12쪽.

55. 이치카와 류에이(市川柳影), 「일본 그림엽서 발달사 고찰(本邦絵葉書発達史考)」, 《일본회화출판업조합 월보(日本絵画出版業組合月報)》(조합

창립 20주년 기념호), 제23권 제11월호, 1931, 85~92쪽.

56. 요코타(橫田生), 「브로마이드의 과거와 현재(ブロマイドの今昔)」, 《일본 회화출판업조합 월보(日本繪畵出版業組合月報)》, 같은 책, 103~105쪽.

57. 풍속화보 편집부, 「그림엽서 유행(繪葉書の流行)」, 같은 책, 26~27쪽.

58. 오다케 주자부로, 앞의 책, 14쪽.

59. 오노 다다시게(小野忠重), 『판화―근대 일본의 자화상(版畵―近代日本の自畵像)』, 이와나미신쇼(岩波新書), 1961, 86쪽.

60. 오자와 다케시(小沢健志) 편, 『写真の幕明け』, '일본사진전집1(日本写真全集1)', 쇼가쿠칸(小学館), 1985, 112~115쪽.

61. '카르트 드 비지트'는 초상 사진을 넣은 카드로, 유럽 사교계에서 문자 중심의 명함을 대체하면서 등장했다. 사이즈가 작다는 점, 그리고 촬영 비용이 저렴해진 것이 유행의 원인으로 작용했다(가시와기 히로시, 「제도화된 시선(制度化されたまなざし)」, 앞의 책, 75~78쪽).

62. 이러한 유통이 만들어낸 것의 하나로 가시와기 히로시는 미인 그림엽서의 도상은 메이지기 미인의 전형적 이미지를 만드는 하나의 미디어였다고 주장했다(가시와기 히로시, 「제도화된 시선(制度化された まなざし)」, 같은 책, 75~78쪽).

63. 가시와기 히로시, 같은 책, 76쪽.

64. 다카하시 젠시치(高橋善七), 『통신(通信)』, '일본사 소백과(日本史小百科) 23', 곤도출판사(近藤出版社), 1986, 66쪽.

65. 이 논점을 실질적으로 전개하려면 미인 엽서가 실제 우편엽서로 사용되었는지, 아니면 실사용보다는 컬렉션의 대상으로 팔리기만 했는지를 검증해야 할 것이다. 이는 러일전쟁기에 미인 그림엽서가 활발히 보내졌다는 점에 있어서도 마찬가지인데, 이 시기 미인 그

림엽서가 위문품 안에 들어 있었던 것인지 아니면 엽서 하나만 보내진 것인지 확실히 하지 않으면 안 될 것이다.

66. 오다케 주자부로, 앞의 책. 이 '도미타야 하치요(富田屋八千代)'라는 미인 그림엽서의 주인공은 오사카의 기녀로 본 장에서도 인용되고 있는 『미쓰무라 도시모 이야기(光村利藻伝)』의 미쓰무라가 "러일전쟁 전후, 인화지의 시가에 차질이 생길 정도로 닥치는 대로 찍어낸"(오에 소텐, 같은 책, 137쪽) 명기이다. 이러한 수집 열기도 재미있는 회고이지만, 기녀가 스타화되는 것에 주목한 다음 인용은 더 흥미를 끈다. 하치요가 "세간으로부터 이 정도까지 요란스레 '명기'로서 인기를 얻을 줄은 몰랐을 것이다. 나이도 이제 열일곱, 열여덟밖에 안 되어서 세상 물정도 잘 모를 것이다"(138쪽)는 진술은 바로 그림엽서가 '명기'를 만들어냈음을 말해준다. 오에의 글에 따르면, 이 명기는 30세에 은퇴했다.

67. 이치카와 류에이, 같은 책, 90쪽.

68. 이노우에 쇼이치(井上章一), 『미인 콘테스트 백년사—예기의 시대에서 미소년까지(美人コンテスト百年史—芸妓の時代から美少年まで)』, 신조사(新潮社), 1992, 40~47쪽.

69. 분장은 바라보는 이를 의식하는 현대적인 미타테의 감각도 키울 수 있었을 것이다. 전형적 이미지들을 모아서 하나의 도상을 만들어내는 것이다. 이러한 감각이 이후 영화에서 '배역'이라는 또 다른 형태를 부여받는 여배우의 모습으로 이어졌다고 볼 수도 있다.

70. 쓰보이 쇼고로(坪井正五郎), 「엽서에 대한 엽서 소식(葉書についての葉書だより)」, 『그림엽서 취미(絵葉書趣味)』, 앞의 책, 172쪽.

71. 이이자와 고타로(飯沢耕太郎), 『일본의 사진 역사를 걷다(日本写真史

を歩く)』, 신조샤(新潮社), 1992, 91~102쪽.

72. 그림엽서가 백과사전의 통속화 혹은 교양주의의 파편으로서 존재한 것은 그림엽서의 형식이 전람회나 박람회와 같은 이벤트와 연결되어 오늘날 미술관 내지 박물관의 기념품으로 정착한 것을 생각해보면 납득할 만하다.

73. 오다케 주자부로, 같은 책, 12쪽.

74. 업계에서 이 시사적 요소를 가진 그림엽서를 부르는 호칭도 '유행품'이었다. 업계에서는 이들 그림엽서를 어떻게 분류했던 것일까. 이를 분명하게 하기 위해서 조합 잡지의 소개란에 그림엽서 업자가 쓴 호칭들을 정리해보았다(299쪽 부록3 참조). 참고로 사용한 자료는 《일본회화출판업조합 월보(日本絵画出版業組合月報)》(조합 창립 20주년 기념호)(앞의 책)의 '조합원 약력'(41~76쪽)으로, 거기에는 67곳의 그림엽서점이 실려 있다. 한 곳에서만 사용하는 용어는 업계에서 사용되는 보편적 분류가 아니라고 생각했다. 그렇게 생각하면, '명소 그림엽서' '신년 그림엽서' '기념 그림엽서' '유행 그림엽서' '미인 그림엽서' '여름 문안 그림엽서' 등이 일반명사라 할 수 있다. 이 중 '신년 그림엽서' '여름 문안 그림엽서'는 우리의 우편엽서 문화에서 연중행사로 자리 잡았다. 그리고 시사적 요소를 가지고 있는 엽서들은 '유행 그림엽서'보다는 단지 '유행품'이라고 적혀 있는 경우가 많았다.

75. 『쇼비도 80년·다나카 데이조 회고록(尚美堂80年·田中貞三聞き書)』, 쇼비도(尚美堂), 1977, 36쪽.

76. 이이자와 고타로, 『'예술사진'과 그 시대(「芸術写真」とその時代)』(지쿠마쇼보(筑摩書房), 1986)에는 오자키 고요(尾崎紅葉)의 「곤지키야샤

(金色夜叉)」(역주: 일본의 메이지 시대를 대표하는 소설로 이후 연극, 영화 등으로 수차례 제작되었다. 국내에서는 1913년 조중환에 의해 이수일과 심순애의 이야기로 유명한 「장한몽」으로 번안되었다)에서 '사진의 대부'라고 불리는 인물의 인용이 등장한다. 이 인용에는 "요즘에는 사진에 찍히고 싶은 사람보다 사진을 찍고 싶어하는 사람이 많으니까요"라는 흥미로운 대사가 나오는데, 메이지 30년대 전반 (1897~1906) 무렵에 사진을 손쉽고 세련된 취미로 여기는 아마추어 사진가들의 시대가 시작되었다고 할 수 있다.

77. 마스오 노부유키(増尾信之) 편, 『미쓰무라 도시모 이야기(光村利藻伝)』(미쓰무라 도시유키(光村利之), 1964)에 따르면 "이시가와 상점도 쇼비도도 세이카이도도 그림엽서나 회화를 복제하는 것이 본업이기에 재해 현장의 여기저기를 다니며 사진을 찍었다. 이를 그림엽서로 만들어 팔 계획으로 도시모와 상담했다. (중략) 미쓰무라 인쇄소에서는 10일 무렵부터 작업을 개시했다. 그리고 재해 그림엽서가 발매되었다. 발매처는 이시가와 상점, 쇼비도, 세이카이도였는데, 세 곳 모두 가게가 없었기 때문에 공장의 일부를 빌려서 그림엽서 발매처로 삼았다. 재해로 집과 직장을 잃은 사람들이 이 엽서들을 구입하여 노점에서 판매했고, 순식간에 전부 팔렸다. 이 소식을 들은 사람들이 지진 그림엽서를 사들이기 위해 연일 쇄도하여, 2, 300미터의 장사진을 이룰 정도로 성황이었다. 모두 현금 판매로 이루어졌다. (중략) 평판인쇄를 주로 하던 곳 중 재해에서 살아남은 곳은 오에 인쇄소와 미쓰무라 인쇄소밖에 없었기에, 미쓰무라 인쇄소에는 원래의 거래처는 물론이고, 전혀 거래가 없는 출판사들까지 여러 가지 연줄을 대어서 주문하는 상황이 펼쳐졌

다(348~349쪽)."

『쇼비도 80년·다나카 데이조 회고록』(같은 책)에 나온 다나카 데이조의 회고에 의하면, "다음 날 새벽, 거래처인 미쓰무라 인쇄소의 도움으로 아자부(麻布), 히로오(広尾)에 임시 판매처를 정하고 영업을 재개했다. 영업 재개라고 해도 물건은 전부 소실된 상태였다. 다행히도 데이조가 소지하고 있었던 이스트먼 코닥 사진기와 필름을 활용할 수 있었다. 데이조는 매일 카메라를 둘러메고 시내를 돌아다니며 지진 후의 생생한 광경을 찍었다. 니주바시마에, 히비야, 마루노우치, 긴자, 그리고 아사쿠사에도 나갔다. 가장 비참한 상황에 처해 있었던 피복창에도 들러 찰칵찰칵 사진을 찍었다. 또 덴쓰로부터도 사진을 빌려서 데이조가 촬영한 것에 덧붙여 동판 단색인쇄 그림엽서를 만들었다. 인쇄는 당연히 미쓰무라 인쇄소에서 했다. 인쇄한 것을 잘라주는 재단업체가 없었기 때문에 여덟 면 통을 한 장으로 하여 소매가 10전, 도매 6전에 판매했다. 신문사 사진이나 뉴스 같은 것이 나오는 데 시간이 걸렸기 때문에, 약 20일 간 말 그대로 날개가 돋친 듯 팔려나가, 제작에 뒤쫓기는 상태가 되었다. 나중에는 구매객들로 인해 인근 가옥들이 손상되는 것을 막기 위해 대나무 울타리를 쳐서 구매객들을 관리했다는 거짓말 같은 이야기도 있었다. 히로오 부근의 사람들이 이처럼 장사가 번창하는 것을 시기하여 미쓰무라 인쇄소를 방화하는 사건이 일어날 정도였다(38~39쪽)."

78. 이케다 분치안(池田文痴庵), 「지진 후 한 달(震災の一ヵ月間)(이케다 분치안 조사(池田文痴庵調査)」, 《메이후쿠(冥福)》, 15호, 1928년 7월, 이케다 신이치(池田信一), 8쪽. 25일 항목에는 "피복창 흔적 외 참사

사진, 성적 사진이 폭등하여 밀매업자가 많았다"라고 적혀 있다.

79. 미야케 고키(三宅克己), 「천재 발발(天災勃発)」, 《카메라(カメラ)》(대재해 사진호), 1923, 아루스(アルス), 508쪽.

80. 기무라 마쓰오, 「재해 그림엽서 이야기」, 앞의 책, 154쪽.

81. 같은 책, 138~139쪽.

82. 미야케 고키, 같은 책, 514~515쪽.

83. 같은 책, 514쪽. 또는 우자와 시테이(鵜澤四丁), 「새로운 장르(新しい ジャンル)」, 《카메라(カメラ)》(대재해 사진호), 같은 책, 518~520쪽.

84. 이에 대한 선구적 연구로 마스지마 도쿠오(増島得男), 『신문 사진 연구(新聞写真の研究)』, 아사히신문 조사연구실 보고[사내용 34], 1952.

85. Cynthia Elyce Rubin and Morgan Williams, *Larger Than Life: The American Tall-Tale Postcard 1905~1915*, Abbeville Press, 1990.

86. "그림엽서만큼 문화, 정치, 역사 등을 모조리 사진화한 것은 지금까지 없었다(다키 고지, 「19세기 사진사 노트 2(19世紀写真史ノート2)」, 앞의 책, 163쪽)."

87. 가야노 야쓰카, 『근대 일본 디자인 문화사 1868~1926(近代日本の デザイン文化史 1868~1926)』, 앞의 책, 216~217쪽. 기타가와 지카시, 「그림엽서 근대사·철도개통 100년(絵はがき近代史·鉄道開通一〇 〇年)」, 《역사독본(歴史読本)》, 1972년 11월호, 신인물왕래사(新人物 往来社), 24~29쪽. 독일에서도 그림엽서는 철도나 증기선의 발달로 여행이 대중화된 시대에 크게 유행했다. 이 시기의 독일제 그림엽 서는 '○○지역 통신 카드'라고 불렸는데, 여행자가 방문하는 지역

을 소묘로 그려 3색 내지 4색으로 예쁘게 인쇄한 것이었다(닐 페들러(ニ―ル・ペドラ―) 편, 「그림엽서에 대해(絵はがきをめぐって)」,『페들러 컬렉션 요코하마 그림엽서(ペドラ―・コレクション 横浜絵葉書)』, 앞의 책, 15쪽).

88. 오다케 주자부로, 앞의 책, 23~24쪽.

89. 이시이 겐도, 「그림엽서점(絵葉書店)」, 앞의 책, 163쪽.

90. 같은 책, 170쪽.

91. 오다케 주자부로, 같은 책, 27쪽.

92. 사이토 쇼조・야나기타 이즈미(斎藤昌三・柳田泉) 편,『로안 수필 독서 방랑(魯庵随筆 読書放浪)』, 쇼모쓰덴보샤(書物展望社), 1933, 213~228쪽. 또한, 당초 엽서 표면에 통신문을 기재하는 것은 허용되지 않았다. 이 제도로 인해 기입용 여백을 남겨두는 그림엽서 디자인이 만들어졌다. 초기 그림엽서의 산만한 공백은 이러한 실용적인 이유로 고안된 여백이었을 가능성이 높다. 1907년 4월에 주소를 쓰는 곳의 3분의 1에 통신문을 적어 넣는 것이 가능해졌고, 1918년에 2분의 1로 지면이 확대되었다.

93. 가네다 하레마사(金田晴正)・후지이 에이지로(藤井榮次郎) 편,『기념 그림엽서취록(記念絵葉書聚録)』, 제1집(개인소장판), 1926, 범례.

94. 인쇄 기술을 중심으로 하여 기술 데이터를 조사하는 것은 그림엽서의 기초 자료 면에서 도움이 될 수 있겠지만, 사실 인쇄 현장을 모르는 비전문가들이 인쇄 기술을 제대로 이해하기는 어렵다. 그러나 인쇄의 생산력이나 색채 표현 능력 등 복제 기술과 관련된 부분을 이해하는 것만으로도 이 인쇄 기술의 데이터화는 중요하다. 목판/석판/콜로타이프/사진동판/삼색판, 그리고 이것들의 복합 기

술이나 목판이나 석판에서의 덧인쇄의 숫자 등 어느 것도 그림엽
서 측면에서는 명시되어 있지 않기 때문에 제대로 알기 어렵다.

가령, 최초의 관제 기념 그림엽서인 만국우편연합 가입 25주년 기
념엽서 6매 세트에 대해, 석판인쇄라는 기술과 활판의 사진동판
인쇄라는 기술이 그림엽서 관련 문헌에 혼재하고 있다. 야마모토
쇼게쓰는 '간단한 석판 다색인쇄'(『메이지 세태 백 가지 이야기(明治
世相百話)』, 앞의 책, 38쪽)라고 기록했고, 고모리 다카유키(『그림엽서
메이지·다이쇼·쇼와(絵葉書 明治·大正·昭和)』, 앞의 책, 175쪽)와 아
키야마 고도(『그림엽서 이야기(絵はがき物語)』, 앞의 책, 23쪽)는 석판
2색 인쇄라고 적고 있다. 반면, 석판화공이었던 기타가와 지카시는
단색의 사진동판 그림에 이름을 활판으로 추가한 것(「일본의 명소
와 그림엽서(日本の名所と絵葉書)」, 앞의 책, 119쪽)이라고 보았다. 이처
럼 의견이 크게 나뉠 정도로 인쇄면만으로는 정확히 판단하기 어
렵다. 직접 디자인을 담당하기도 했던 히바타 세코는 '스크린을 통
한 사진동판'(『일본 그림엽서 사조(日本絵葉書史潮)』, 앞의 책, 11쪽)이
라고 쓰고 있는데, 40만 장에 달하는 발행 매수를 생각하면 확실
히 석판인쇄는 힘든 작업이 아니었을까 생각된다. 다만, 축전의 내
빈용으로 배포된 세트는 석판인쇄였다고(가네다 하레마사(金田晴
正)·후지이 에이지로(藤井榮次郎) 편, 앞의 책, 1쪽) 할 수 있다.

95. 야나기타 구니오, 『메이지 다이쇼사 생활문화편(明治大正史世相篇)』,
아사히신문사(朝日新聞社), 1931[야나기타 구니오, 『일본 명치·대정 시
대의 생활문화사』, 김정례·김용의 옮김, 소명, 2006].

96. 마스오 노부유키(増尾信之) 편, 『인쇄 잉크의 흐름—도요잉크 60년
사(印刷インキの歩み—東洋インキ六十年史)』, 도요잉크제조주식회사(東

洋インキ製造株式会社), 1967. 일찍이 이 논점을 지적한 이는 히바타 세코였다. 그는 "아무도 그림엽서가 제판 기술의 진보에 지대한 공헌을 하고 있다는 것을 모르니 여기서 그 얘기는 하고 가야할 듯하다"며, 1920년대 말의 인쇄기술에서는 별 것도 아닌 다색인쇄나 금박인쇄가 그림엽서 시대에서는 기술의 탐험이었다고 지적했다. 또한 독일의 경우에도 색판 인쇄의 발달은 그림엽서의 수요에 빚진 바가 크다고 보았다(「교통풍속 부기(交通風俗 附記)」, 『일본풍속사강좌(日本風俗史講座)』, 제14호, 유잔가쿠(雄山閣), 1928, 183쪽).

97. 사적인 시각이라는 점과 관련하여 에로틱한 그림엽서의 수용에 대해 논할 필요가 있겠으나, 이를 검토하기에는 역부족이다. 일본의 컬렉션에는 없지만, 그 이미지와 해설에 관해서는 Barbara Jones, William Ouelette, *Erotic Postcards*, MacDonald and Jane's Publishers, 1977에서 어느 정도 확인할 수 있다.

일본에서는 1919년 히바타의 사전 해설에서, 유럽과 비교하면 그렇게 많은 것은 아니지만 "성욕 묘사로 흐르는 제품이 없는 것은 아님"(『일본백과대사전(日本百科大辞典)』, 앞의 책, 552쪽)이라는 글을 볼 수 있다. 쇼와 첫 해(1926)에 법률가와 성 연구자가 함께 정리하여 펴낸 저서에는 다음과 같이 적혀 있다. "그림엽서에도 괴란한 것이 대단히 많다. 시험 삼아 그림엽서 가게 앞에 서서 진열된 그림엽서를 일별해본다. 짐작하고도 남을 것이다. 미인 그림엽서의 주인공은 대부분 게이샤 여배우로 겨울에는 농염하게 꾸미고 여름에는 수영복 복장을 하고 아름다움을 겨루니, 그림의 형상이 되어도 고객을 부르는 듯하다. 실물을 촬영한 것은 아니지만, 회화 혹은 조각상을 찍은 그림엽서 중에는 나체 미인도 많다. 이는 작

년 문부성에서 개최한 미술 전람회에서 비롯된 것인데, 당시의 수
작들이 하나하나 그림엽서가 되면서 항간에 유행하게 되었다. 물
론 이것들은 외설적인 면에서 비난받을 점이 조금도 없지만, 상
상에 의한 풍속화로 만든 다른 그림엽서에는 빈축을 살 만한 것
이 많다. 예를 들면, 악한이 한 소녀를 붙들고 농락하려고 하는 찰
나를 그린 것이나 정사하려는 이들을 그린 것 등은 아주 위태로
워 보인다. 또한, 서양물에는 사랑의 교환으로 남녀가 키스하는 모
습을 다방면에서 찍은 것 등이 많다. 심한 것은 스카시 그림 안에
춘화를 넣어놓은 것도 있다. 이런 종류의 엽서들은 원래 공공연
히 발매할 수 없는 것이지만, 교묘한 수법으로 놀라울 정도로 사
회에 널리 퍼져 있다(가와이 렌이치(河井廉一)·사와다 슌지로(沢田順
次郎),『색정범죄 성욕의 신비(色情犯罪 性欲の神秘)』, 국민서원(国民書院),
1929)."

제2장

1. 「고현학(考現学)」, 아사히신문(朝日新聞), 1929년 10월 20일자. 가와
   조에 노보루(川添登),『곤 와지로―그 고현학(今和次郎―その考現学)』,
   리브로포토(リブロポ-ト), 1987, 51~52쪽.
2. 이 전람회는 곤 와지로 탄생 100년, 그리고 곤이 만년에 주력한
   일본생활학회의 창립 15주년을 함께 기념하면서 현대의 고현학
   채집을 한자리에 모으는 기획이었다. 전람회용으로 제작된 8쪽 분
   량의 팸플릿 「고현학은 지금(考現学は今)」 및 36쪽 분량의 기념 심
   포지엄 팸플릿 「풍요로운 빈곤(豊かな貧乏)」(일본생활학회(日本生活学

会), 1989), 야마구치 마사토모(山口昌伴)가 정리한 「곤 와지로의 세계(今和次郎の世界)」(《건축지식建築知識》, 1988년 10월호, 주식회사 건축지식, 195~218쪽)에서 개요를 볼 수 있다.

3. 우메사오 다다오(梅棹忠夫), 「해설(解説)」, 가자조에 노보루 편, 『고현학(考現学)』, '곤 와지로 전집1(今和次郎集1)', 도메스출판(ドメス出版), 1971, 499~519쪽.

4. 곤 와지로(今和次郎), 『구사야네(草屋根)』, 사가미쇼보(相模書房), 1941, 290쪽. 같은 내용이 『고현학』('곤 와지로 전집1', 같은 책, 496쪽)에도 실려 있다.

5. 가와조에 노보루, 「고현학의 탄생(考現学の誕生)」, 『모데르노로지오[고현학](モデルノロヂオ[考現学])』, 가쿠요쇼보(学陽書房), 1986, 375~376쪽.

6. 이시이 겐도, 『덴포개혁기담(天保改革鬼譚)』, 슌요도(春陽堂), 1926년 7월. 미즈노 에치젠노가미(水野越前守)(미즈노 다다쿠니)의 덴포개혁 소동을 풍자한 것으로 여겨지는 우타가와 구니요시(歌川国芳)의 〈미나모토 요리미쓰 공관 쓰치구모 요괴도(源頼光公館土蜘作妖怪図)〉에 나오는 요괴들에 대한 비유를 고증한 재미있는 작품이다. 겐도의 고찰을 전제로 한층 더 천착한 것으로는 고보리 사카에(古堀栄)의 「사료로서의 니시키에6 덴포개혁(史料としての錦絵6 天保改革)」(《유키요에시(浮世絵誌)》 30호, 운소도(芸艸堂), 1931, 2~12쪽), 미나미 가즈오(南和男)의 「구니요시 작품 〈미나모토 요리미쓰 공관 쓰치구모 요괴도〉와 민중(国芳画 〈源頼光公館土蜘作妖怪図〉と民衆)」(《일본 역사(日本歷史)》302호, 일본역사학회(日本歷史学会) 1973, 119~126쪽) 등이 있다.

7. 가와조에 노보루의 고현학론으로는 앞서 언급한 『곤 와지로—그 고현학』(앞의 책)을 비롯, 가와조에 본인이 감수한 도메스 출판의 곤 와지로 전집 「후기(後記)」(『고현학』, 앞의 책, 21~24쪽), 「곤 와지로」(『하야카와 고타로·곤 와지로(早川孝太郎·今和次郎)』, '일본민속문화체계7(日本民俗文化体系)', 고단샤(講談社), 1978, 211~451쪽), 「고현학」(『생활학 제창(生活学の提唱)』)(도메스 출판(ドメス出版), 1982, 33~163쪽) 등이 있다. 그 외에 고현학 관련 논고로 우메사오 다다오의 「고현학과 생활 양상의 역사(上)—인류학적 접근을 통한 현대사 연구(考現学と世相史(上)—現代史研究への人類学的アプローチ)」, 《계간 인류학(季刊人類学)》, 2권 1호, 1971, 87~119쪽) 및 이노우에 다다시(井上忠司)의 「정점 관측의 방법—기상의 과학에서 풍속의 과학으로(定点観測の方法—気象の科学から風俗の科学へ)」(《현대풍속(現代風俗)》, 창간호, 현대풍속연구회, 1977, 29~57쪽), 히키타 마사히로(疋田正博)의 「곤 와지로·요시다 겐키치의 『모데르노로지오』(今和次郎·吉田謙吉の『モデルノロヂオ』)」(《현대풍속(現代風俗)》, 제10호, 1986, 7~24쪽) 등이 있다.

8. 표지 디자인이나 지면 종이의 선택, 페이지 수를 포함한 지면 구성 등 서적 형식 그 자체가 고현학의 핵심인 디자인 사상을 표명하고 있다. 현대풍속연구회의 주요 멤버인 하리가이 요리코(針谷順子) 씨가 이러한 나의 주장에 공감해 철 제본 및 디자인 조합 등 책 제본과 관련한 번거로운 잡무를 떠맡아주었다. 하리가이 씨는 편집자로 일하고 있던 가쿠요쇼보(学陽書房)에서 『모데르노로지오』『고현학 채집』 두 권을 복각하기 위해 가와조에 노보루 씨와 함께 고가쿠인대학에서 곤 와지로 자료 박스를 찾아냈고, 여기에

서 일기를 비롯한 여러 가지 채집 단편을 발굴했다. 이 글에서 언급하고 있는 노트 기록이나 모데르노로지오 표지 커버 등도 이때에 발견된 것이다. 고가쿠인대학은 곤 와지로의 서재에 있었던 유품을 기증서와 함께 보관 중이었던 것이다. 대학에서는 하기하라 마사미(萩原正三) 씨를 중심으로 『고가쿠인대학 소장 곤 와지로 문고 목록(工学院大学所蔵今和次郎文庫目録)』(고가쿠인대학 도서관, 1991)을 편찬했는데 약 6000부에 가까운 기증 자료가 있었음이 확인되었다.

9. 이 노트는 아마 『모데르노로지오』의 25페이지에 언급되어 있는 '기입대장'일 것이다. 현재 노트는 불완전한 상태로 남아 있다. 잘려져 나간 것으로 보이는 페이지도 많고 표제만 있고 채집 내용이 기재되어 있지 않은 페이지도 있다. 표제만 남아 있는 페이지의 경우, 다른 종이에 도판과 해설을 따로 깨끗이 정리해서 끼워둔 것이 아닌가 추정된다. 고가쿠인대학의 곤 와지로 자료 중에 등사지 같은 것에 필경한 고현학 채집의 부분들이 존재하고 있는 것도 그 방증일 것이다.

기재 시기 및 기재 순서 등도 검토해야 하는데, 최초로 수록되어 있는 채집은 1926년 10월 31일을 채집 날짜로 두고 있는 '와세다대학 건축전 입장자(早大建築展の入場者)' 기록으로, 기입자는 오카다 다쓰야(岡田達弥)이다. 이 채집보다 더 시기가 빨랐던 조사도 몇 개 있었다는 사실이 기록되어 있음을 생각해볼 때 이 노트 기입이 적어도 시간순으로 이루어진 것은 아니라는 것을 알 수 있다. 어느 정도 채집 활동이 축적된 이후에 정리하면서 기록한 것이 아닌가 생각된다. 또한, 곤 와지로 자료 중에는 완전히 똑같은 모습을 띤 노트에 '민가' 채집의 기록이 수록되어 있는데, 이 노트들의 관계성은 아직 검토되지 않았다.

10. "재해 이전, 화려해져가는 도쿄 사람들의 풍속을 기록해두고 싶다고 종종 생각했다. 어떻게 기록할 것인가 하는 조사 방법을 여러 가지 궁리해서 실행해보려고 생각하고 있었다"(곤 와지로·요시다 겐키치 편, 『모데르노로지오』 복각판, 같은 책, 1쪽)는 기록이나 「유니폼 이전 모습(ユニホーム以前のこと)」(『고현학』, '곤 와지로 전집1', 앞의 책)이라는 장에서, 고현학이 다이쇼 15년(1926년), 우에노 산야에 있는 '야마모토'라는 카페에서의 잡담에서 시작되었다고 기록한 점 등에 맞춰보면 이전부터 문제의식은 있었지만, 지진 이후 파괴된 도시의 복원과 거기에서 새롭게 생겨난 풍속 풍경이 고현학 실험에 중대한 계기가 되지 않았을까 생각된다.

11. 가와조에 노보루 씨가 와세다대학 등의 졸업 명부를 조사하여 발견했다.

12. 히라데 고지로(平出鏗二郎), 「도쿄 풍속지(東京風俗志)」, 『메이지 문화 자료 총서 생활문화편(明治文化史料叢書 世相篇)』, 가자마쇼보(風間書房), 1960, 21쪽.

13. 이 고현학 그룹의 주요 저서인 『모데르노로지오』와 『고현학 채집』 두 권은 논증 속에서 빈번히 인용되기 때문에 각주의 번잡스러움을 피하기 위해 (모: 쪽 번호) 및 (채: 쪽 번호) 같은 형태로 본문에 간단히 인용을 표기하도록 한다.

14. 긴자 거리 조사에 대해 곤 와지로는 다음과 같이 해설을 적고 있다 "덧붙여 주의해둘 것은 시간대에 따라 걸어 다니는 사람들의 보행 속도에 차이가 있다는 것입니다. 5시경의 속도와 6시경의 속

도는 아주 다른데, 5시경은 회사가 파하는 시각이므로 가장 빠르고, 6시 이후가 되면 현저히 느려집니다. 밤의 노점에 사람들이 모여드는 시간이 되면, 보행 속도는 훨씬 느려져 교바시에서 신바시까지 30분 이상씩 걸리기도 합니다. 평상시 걸음걸이로는 아주 걸음이 빠른 자는 10분 정도면 지나가고, 보통은 대개 15분에서 20분 정도 걸린다고 보면 됩니다(모: 8)."

15. 복각판 해설에는 『일본 지리 체계 제3권 대도쿄 편(日本地理体系第三巻 大東京篇)』(가이조샤(改造社), 1930)에 산책이라는 제명으로 실려 있었던 긴자 거리 사진을 실었으나, 『마쓰야 백년사』에 있는 사진이 일시에 있어 조사 시점과 더욱 근접했기 때문에 자료를 교체했다. 그러나 이 이상으로 날짜를 추정할 수 있는 긴자 거리 사진을 어느 정도 비교해볼 필요가 있을 것이다. 예를 들어 소재 면에서는 『일본 지리 풍속 대계 2 대도쿄편(日本地理風俗大系2 大東京篇)』(신코샤(新光社), 1931)의 사진도 간행 시기에 있어 유사한 풍경이라고 생각된다. 또 이후의 고증으로부터 집성한 것이기는 하지만 곤 와지로가 감수한 『건축 백년사(建築百年史)』(건축 백년사 간행회(建築百年史刊行会), 1957) 158페이지에는 1928년의 긴자 4초메 사진이, 마쓰시마 에이이치(松島栄一)·가게야마 고요(影山光洋)·기타가와 지카시 편집 『추억의 사진집 도쿄·과거와 현재(思い出の写真集 東京·昔と今)』(주식회사 베스토세라즈(ベストセラーズ), 1971)에도 메이지 말기 이후의 긴자 거리 풍경이 실려 있다.

16. 'T씨'가 '교이치'라는 것은 긴자 거리 조사를 해설한 곤 와지로의 본문과 그림 71의 서명을 대조해보면 분명히 알 수 있다. 본문에 "T씨가 실시한 차도 보행인 조사"(모: 37)가 나오는데, 그림 71의 차

도를 걷는 사람 통계표의 서명이 교이치로 되어 있기 때문이다.

17. 이때에 비가 내렸다는 것은, 기상대에 조회한 날씨의 실제 기록에 "오후 4시 20분부터 오후 8시 반까지 부슬비가 오다 말다 했다"(모: 7)는 것에 따른 서술이다.

18. 다만 고현학에 있어 문제가 된 것은 통계의 '객관성'만은 아니다.

19. 곤 와지로, 「유니폼 이전 모습」, 『고현학』, '곤 와지로 전집 1', 앞의 책, 481쪽.

20. 안도 마사테루는 『긴자 사이켄(銀座細見)』(슌요도(春陽堂), 1931)을 지은 안도 고세이(安藤更正)의 본명이다. 그는 당시 아메리카야(あめ りか屋)가 발행한 잡지 《주택》의 편집장으로 일했던 미술 연구자로, 이후에 미라 등도 연구했다. 연보에 따르면, 1924년에 와세다대학 을 중퇴했으며, 이 조사에 참가할 때는 26세였다(연보작성위원회 편, 『안도 고세이 연보 저작 목록(安藤更正年譜著作目録)』, 안도키요安藤 きよ, 1972). 『긴자 사이켄』에서 바로 이 조사가 이루어진 1925년 11월 채집 당시의 긴자 거리 풍경, 상점의 진열 등에 대해 훑고 있 다. 아마 복장 채집을 하는 틈틈이 작성한 것일 터이다. 이를 통해 동측에 어떤 상점이 있었는지, 서측에 어떤 상점이 있었는지를 알 수 있다. 메이지 유신사 연구로 유명한 독특한 역사가 핫토리 시소 (服部之総)가 곤 와지로와 갖는 접점은 도쿄제국대학의 세틀먼트 활동이다. 곤의 회상에 따르면, "도쿄대학의 신진카이[역주: 新人会. 도쿄제국대학을 중심으로 한 운동 단체. 1918년에 결성되어 1929년 에 해산했다]에 들어온 사람들 사이에 당시 도쿄의 대표적인 빈민 가였던 고토카메이도(江東亀戸)의 화재터에 주거지를 세워 연구기 지로 삼자고 하는 의견이 있어" 곤 일행이 결성한 '바라쿠 소쇼쿠

샤(バラック装飾社)'에 설계를 의뢰하러 왔다. 그때 대표 자격으로 온 사람이 핫토리였다(「유니폼 이전 모습」, 같은 책, 483~484쪽).

21. 기재된 직함은 모두 조사 당시의 것이다. 요시무라 지로는 『모데르 노로지오』에 모더니즘색 짙은 만화풍 스케치를 그린 자로, 가와조에 노보루 씨에 따르면, 그는 곤 와지로의 도쿄미술학교 디자인과 후배이면서 곤의 제자 및 학생들이 중심이 되어 만든 디자인 단체 센토샤(尖塔社)의 동인이었다. 당시 신진 삽화가였다고 한다. 또, 기타노 세이이치는 농촌 사회조사 영역에서 많은 업적을 남긴 사회학자로 이 긴자 거리 조사에 참가한 것은 매우 의외라는 인상을 준다. 아마 곤 와지로·야나기타 구니오에 대한 학문적 관심과 와세다대학이라는 곳이 접점이 된 것이 아닌가 한다.

22. 곤 와지로의 이러한 시점에는 지진 전에 아사쿠사를 대상으로 '민중 오락'을 연구한 곤다 야스노스케(権田保之助)가 거리 민중을 포착하는 방식과 유사한 면이 있음에 주의를 기울이고 싶다. 곤다에 대해서는 데라데 고지(寺出浩司)의 「노동자 문화론의 어려움(労働者文化論の困難性)」(《노동사 연구(労働史研究)》, 제2호, 론소샤(論創社), 1985, 41~50쪽)이나 일본인과 오락연구회(日本人と娯楽研究会) 편·발행의 「곤다 야스노스케 연구(権田保之助研究)」(1~4호, 1982년 11월 ~1986년 2월) 등을 참조.

23. 예를 들어 '자살 장소 실측(모: 251~253)' 및 '이노카시라 공원 자살 장소 분포도(모: 281~285)' 등이 있다.

24. 산책이라는 테마에서 조금 벗어나 있기는 하지만 이동 행동의 축적을 선(線)으로 파악하려 한 '주택 내의 동선(住家内の交通)'(채: 83~85)' 조사가 성과를 보였다. 이러한 성과는 전후에 가정학에서

생활 개조를 테마로 한 동선 연구 등으로 이어졌다고 볼 수 있다.

25. 고현학의 탄생에 있어 가장 중요한 이벤트라 할 수 있는 이 전람회는 과연 어떠한 반향을 불렀을까. "이 전람회는 대단히 시류에 잘 맞는 것이어서 젊은 남녀, 그리고 나이든 이들까지 몰려들어 연일 대만원이었다(곤 와지로 「시라베모노 전시의 목록(しらべもの展の目録)」, 『고현학』, 앞의 책, 495쪽)"고 곤은 기록했다. 기노쿠니야 서점의 점주 다나베 모이치(田辺茂一) 또한, "새로운 관찰 자료 전시로, 꽤 많은 사람들로 북적였다(다나베 모이치, 「40년 전(四十年前)」, '곤 와지로 전집 월보1', 앞의 책, 2쪽)"고 했으며, 요시다 겐키치 역시 "관람객들은 예상 외로 붐볐다. 서점 계단을 전시회장으로 하여 둘러보도록 한 덕분인지, 갑자기 잡지 《후진고론》이 특집 수준으로 페이지를 할애해 기사를 내주었다. 여기에서 우리 『고현학』은 순조롭게 탄생했다(요시다 겐키치, 「『고현학』이 세상에 나올 무렵(『考現学』が世に出たころ)」, 앞의 글, 8쪽)"라고 적었다.

26. 이 차이 및 차이의 조합이 나타내는 것 그 자체를 현대에 드러나 있는 '역사'로 바라보는 시각이 곤 와지로의 「고현학 총론(考現学総論)」(채: 11~34)에 제기되어 있다. 곤 와지로의 민속학 비판, 그리고 야나기타 구니오로부터 파문당한 전설이나 하시우라 야스오(橋浦泰雄)에 의한 고현학 비판의 표준적 견해(『민속학 문답(民俗学問答)』, 신효론샤(新評論社), 1956, 104~107쪽)에도 불구하고, 이 시각 그 자체는 야나기타 구니오가 『메이지 다이쇼사 생활문화편』을 완성하고 쇼와 10년대부터 패전 후 무렵까지 생각하고 있었던 학문적 가능성과 만나는 지점이 많다.

27. 구라하라 고레히토(蔵原惟人), 「모더니즘의 계급적 기초(モダニズム

の階級的基礎)」, 미나미 히로시(南博) 편, 『일본 모더니즘(日本モダニ
ズム)』《현대에스프리(現代のエスプリ)》, 188호, 시분도(至文堂), 1983),
36~38쪽.

28. 오오야 소이치(大宅壯一), 「모던층과 모던상(モダン層とモダン相)」, 『오
오야 소이치 전집(大宅宗一全集)』, 제2권, 소요샤(蒼洋社), 1981, 5쪽.

29. 우치다 로안(内田魯庵), 「모던을 말하다(モダーンを語る)」, 사이토 쇼
조·야나기타 이즈미(斎藤昌三·柳田泉) 편, 『로안 수필 독서 방랑(魯
庵随筆 読書放浪)』(쇼모쓰덴보샤(書物展望社), 1933), 5쪽. 그러나 로안
은 이러한 모던의 양식이 '침전한 공기를 정화하는 지대'(18쪽)라
며 근대의 활기에 공감하기도 했다.

30. 이 설문은 긴자 거리의 쇼윈도를 들여다보는 사람들에 대한 해석
과 대조시켜 생각해볼 필요가 있지 않을까.

31. 곤이 진행한 '생활 개조'는 이러한 맥락에서 볼 때 정신분석의 치
유와 비견할 수 있을 것이다.

32. 요시다 젠키치, 『무대장치가의 수첩(舞台装置者の手帖)』, 시로쿠쇼인
(四六書院), 1930, 104쪽.

33. 같은 책, 1쪽.

34. 같은 책, 8쪽.

35. 아라이 이즈미의 고현학에 대한 관심이 도쿄제국대학 학생들이
펼친 혼조 야나기시마(柳島) 주거 운동 활동과 밀접히 관련되어 있
음을 간과하고 '엽기적 흥미 백 퍼센트'(채: 230)라고 할 수 있을까
하는 생각이 든다.

36. 가와조에 노보루, 『생활학 제창(生活学の提唱)』, 앞의 책, 154쪽.

37. 곤 와지로, 『민가채집(民家採集)』, '곤 와지로 전집3', 도메스출판(ドメ

ス出版), 1971, 282쪽.

38. 이 기호학적 분석과 친밀함에 대해서는 요시미 순야(吉見俊哉), 『도시의 드라마트루기(都市のドラマツルギ一)』(고분도(弘文堂), 1989) 참조.

39. 가와조에 노보루, 『곤 와지로―그 고현학』, 앞의 책, 233쪽.

40. 마쓰야마 이와오(松山巖), 『란포와 도쿄―1920 도시의 모습(乱歩と東京―1920都市の貌)』, 파르코출판(パルコ出版), 1984.

41. 「겹쳐 찍기 사진 기술을 이용한 관상술(重ね撮り写真の術を利用した観相術)」《도요가쿠게이 잡지(東洋学芸雑誌)》, 제11권 157호, 1894, 542~552쪽)을 다시 읽어보니 제목의 의도가 "다수의 물품을 한 장의 종이에 겹쳐서 찍는 재미있는 사진술을 이용하여 용모에 따라 사람의 성질을 짐작하도록 하는 방법"임을 알 수 있다. 다시 말해 투명한 포지티브 필름을 겹쳤을 때 중복되기 때문에 검게 강조되어 떠오르는 하나의 얼굴을 대표 사례로 추려내는, 도상적인 평균을 구하는 방식이다. 오늘날의 기술이라면 컴퓨터의 화상 처리를 통해 더욱 명확한 이미지를 얻을 수 있겠지만, 어쨌든 원리 면에서는 유사하다. 그 외 「겹쳐 찍기 사진 기술을 관상 외의 것에 응용하는 고안(重ね写真の術を観相其の他に応用する考案)」《세이넨카이(青年界)》 3권 13호, 긴코도(金港堂)), 「겹쳐 찍기 사진의 응용(重ね写真の応用)」《샤신카이(写真界)》, 1호, 샤신카이샤(写真界社)) 등의 논문이 있는 듯하지만 읽지 못했다.

42. 야나기타 구니오, 『민간전승론(民間伝承論)』, 교리쓰샤(共立社), 1934, 76쪽.

43. '설술(說述)'이란 곤 와지로의 독자적 용어인 듯하다. 곤에 따르면, 설술은 "채집시의 감상 혹은 이를 중심으로 하여 전후좌우를 되

돌아보고 쓴 보고서에 상당하는 것(모: 30)"이라고 한다. 즉, 비교나 실험에서 갓 탄생한 해석이라고도 할 법한 서술로, 곧 와지로의 구상에서는 채집과도, 통계와도, 분류와도, 스케치와도 다른 수준으로 비상하기 위해 불가결한 것이다.

44. 백중맞이 춤 동작을 기호화하는 시도는, 이를테면 후루야마 가즈오(古山和男)가 초심자 대상으로 해설하는 바로크 무도보(舞踏譜) 연구(「고악기 입문 강좌 제4회(古楽器入門講座 第四回)」,《계간 콘소토(季刊コンソート)》, 8호, 구사락샤(草楽社), 1988, 114~115쪽)와 겹쳐 생각해볼 만하다.

45. 가와조에 노보루, 『곤 와지로—그 고현학』, 앞의 책, 222쪽.

46. 예를 들어, 가이조샤 출판부(改造社出版部) 편, 『최신 백과 사회어 사전(最新百科社会語辞典)』(가이조샤(改造社), 1932), 기타 소이치로(喜多壯一郎) 감수, 『모던 유행어 사전』(지쓰교노니혼샤, 1933), 니이 이타루(新居格)·기무라 기(木村毅) 감수, 『국민백과 신용어사전(国民百科新語辞典)』(히본카쿠(非凡閣), 1934) 등에 고현학 항목을 볼 수 있다.

47. 무라시마 모리유키(村島帰之), 『카페 고현학(カフェー考現学)』, 히비쇼보(日日書房), 1931, 30쪽.

48. 기타가와 지카시, 「고현학 유행 통계(考現学浮世統計)」 및 이소베 시즈오(磯部鎮雄), 「고현학 거리의 필기(考現学街の筆記)」(이소베 시즈오 편, 『괴상한 취미 고현학 서적(いかもの趣味 考現学の巻)』, 등사판, 이카모노카이(いかもの会), 1935, 쪽번호 없음). 목차 및 서명에 기타가와 지카유키(喜多川周行)라고 써져 있는 것은 오기로, 기타가와 지카시가 맞음을 본인에게 직접 확인했다. 기타가와는 석판화공으로, '아사

쿠사 12층'의 연구자이면서 그림엽서를 비롯한 생활풍속 자료의 수집가이기도 했다. 메이지 이후를 중심으로 한 시대 고증에도 관여하고 있다. 1937년부터 '대도쿄 풍속자료 연구회'라는 모임을 주도했다. 정리된 형태로 발표되지는 못한 듯하지만, 곧 일행의 긴자 조사와 같은 풍속조사를 기획하여 제작한 채집 용지에 채집을 기록하기도 했다. 이소베는 등사판에 글을 쓰는 직업을 가지고 있었던 이로, 『대도쿄 관계 지지 목록(大東京関係地誌目録)』(타비노슈미카이(旅の趣味会), 1936) 등이 그의 편집·제작에 의해 만들어진 서적이다. 또, '마을 이름 풍속 연구회'라는 모임을 주도했다. 에도 풍속에 대해 강한 흥미를 가지고 있었던 듯하다. 무라사키 하나비시(紫花菱)의 「아사쿠사 평면도(浅草絵図)」(1939년 10월 1일 및 1956년 5월 1일 채집)는 모든 점포, 가로등, 쓰레기통 등을 지도에 기입하고 공갈범, 부랑자, 소매치기 등의 출몰 장소를 기호화하여 표시한 지도로, 고현학의 영향을 받은 것으로 여겨진다(아사쿠사 모임(浅草の会) 편, 『아사쿠시 소우시 아사쿠사 모임 제200호 기념 특집(浅草双紙 浅草の会第二○○回記念特集)』, 미오샤(未央社), 1983, 별지부록).

49. 미야모토 쓰네이치(宮本常一), 『오사카 옛이야기 꿈의 전조(大阪の昔話 夢のしらせ)』, '겐소신쇼1(現創新書1)', 젠다이소죠샤(現代創造社), 1981, 원본은 발견되지 않았으나, 도리이시 보통소학교(取石尋常小学校) 졸업 기념 문집으로 1939년 3월에 인쇄 배포되었다고 한다.

50. 다로우라 신(太郎良信), 『생활작문 교육사 연구—과제와 방법(生活綴り方教育史の研究—課題と方法)』, 교육사과출판회(教育史科出版会), 1990, 89~91쪽. 타로우라 신은 미네지 미쓰시게(峰地光重)가 스스로 향토교육을 '신향토교육'이라고 부르면서 '고현학적 입장에 서

서 현대의 세태나 현대의 사회의식'을 파악하는 것이 이 신향토교육이라고 말한 부분을 인용하고 있다. 다로우라는 미네지가 고현학을 알게 된 것이 『모데르노로지오』에 의한 것이라고 추측하고 있는데, 비록 둘 다 1930년에 써졌다고 해도 미네지의 글이 2월, 『모데르노로지오』의 간행이 7월이므로 그러한 추측은 무리가 있다. 그렇다면, 최초의 잡지 게재 시점, 즉 최초로 《후진고론》에 성과를 발표했던 1925년 7월의 글을 보고 영향을 받은 것이 아닐까 생각할 수도 있지만, 이 단계에서는 아직 고현학이라는 단어를 쓰지 않았기 때문에 직접적인 논거가 되지 못한다. 고현학이라는 단어가 처음 출현한 것은 가와조에의 조사에 따르면, 1926년 1월 《주타쿠(住宅)》라는 잡지에 실린 「교외 주거 공예(郊外住居工芸)」 논문에서이다. 그러나 잡지나 논문의 성격을 볼 때, 미네지의 관심에서는 꽤 멀어 보인다. 고현학이라는 용어가 다시 등장한 때는 1927년 10월의 전람회로 가정할 수 있으나, 깊게 영향을 받으려면 역시 정리된 논문을 접할 필요가 있을 것이다. 『모데르노로지오』의 이론적 부분이라 할 수 있는 중요 내용을 고현학이라는 용어를 쓰면서 정리한 것은 「현대풍속(現代風俗)」(《일본 풍속사 강좌(日本風俗史研究)》 제10호, 유잔가쿠(雄山閣), 1928년 2월/제17호, 1928년 9월)으로 아마도 이 논문이 영향을 주지 않았을까 생각된다. 「현대풍속(現代風俗)」의 일부분은 『모데르노로지오』에도 수록되었다. 중복되는 부분이 있기 때문에 도메스 출판의 저작집에도 전체가 채록된 것은 아니지만 꽤 중요한 위치를 차지하는 논문이다. 유사한 성격을 가진 미수록 논문으로 「향토 고현학(鄕土考現学)」(《향토사 연구(鄕土史研究)》 제6집, 유잔가쿠(雄山閣), 1935년 2월)이 있다. 이 논문은 『모데르노로지오』 이후의 전개이며 생활학으로의 교두보로 위치지을 수 있다.

51. 구호법의 대상이 되는 주택 구호의 피구호 세대를 조사한 『피구호자에 관한 조사(被救護者に関する調査)』(도쿄시 사회국, 1935)에 게재되어 있는 '조사 세대 주택도'를 보면, 전체 스케치 그림에 헛간 부분을 밖으로 빼내서 그린 게 보인다. 이 그림에는 이불이나 보따리가 치워진 모습이 보이는데, 여기에는 후카가와 빈민굴을 채집해 소유품 전수 조사를 실시했던 고현학 채집의 영향이 엿보인다.

52. 단행본 위주로 대략 보면, 후카사쿠 미쓰사다(深作光貞)의 『신주쿠 고현학(新宿考現学)』(가도카와 쇼텐(角川書店), 1968), 이마이 도시히로(今井俊博)의 『거리의 고현학(街の考現学)』(세이분도 신코샤(誠文堂新光社), 1970, 이 저자는 이 외에도 『온갖 물건의 고현학(万貨品の考現学)』, 『소비인류의 고현학(消費人類の考現学)』이라는 책을 냈다), 시가 노부오(志賀信夫)의 『텔레비전 인간 고현학(テレビ人間考現学)』(마이니치 신문사, 1970), 가미시마 지로(神島二郎)의 『문명의 고현학(文明の考現学)』(도쿄대학 출판회, 1971), 다이몬 이치주(大門一樹)의 『도둑질 고현학(盗みの考現学)』(현대평론사, 1973), 이시카와 히로요시(石川弘義)의 『욕망의 고현학(欲望の考現学)』(니케이 신쇼(日経新書), 1974), 이토 마사코(伊藤雅子)의 『우물가 고현학(いどばた考現学)』(미라이샤(未来社), 1978) 등이 있다. 목록을 보면, 1970년대에 책 제목에 고현학을 넣는 것이 유행한 듯도 하다. 이 책들 중 곤 일행의 실천을 의식하면서 타이틀을 쓴 것은 이시카와 히로요시 뿐이어서, 고현학이 얼마나 진기하고 신기한 용어로만 유포되었는지를 알 수 있다. 최근 다나카 야스오(田中康夫)가 펴낸 『패티쉬 고현학(ファディッシュ考現学)』

(아사히신문사, 1986)도 고현학의 방법론과는 전혀 관계없는 책이다. '방법의 학문'을 의도한 곤 와지로의 구상을 빠뜨린 채, 단순히 현재의 모습을 기술하고 비평하는 것을 가리키는 용어로서 저널리즘에서 고현학이 유행하고 있는 것이다. 우메사오 다다오 또한 이에 대해 '고현학 운운'하는 기사들이 저널리즘 지상에 오르내리지만 '그 대부분은 비속화된 아류, 세태에 대한 얼토당토않은 자의적 관찰에 지나지 않는다'(「解説」, '곤 와지로 전집1', 앞의 책, 515쪽)고 개탄했다.

53. 다만 70페이지 분량의 곤 와지로 편 「상점의 외장과 간판—도쿄 긴자 스케치집—(商店の外装と看板—東京銀座スケッチ集—)」(호우잔샤(鳳山社), 1946)을 아직 살펴보지 못했는데, 여기에 고현학의 방법론과 관련한 요소가 있을지도 모르겠다.

또, 1950년과 1951년에 곤 와지로는 「긴자 거리 부인 복장 조사(銀座街頭婦人服装調査)」라는 조사를 설계하여 실시했다. 도쿄예술대학 생활조형 연구회(다나카 마사아키(田中正明)·하세가와 에이지(長谷川栄二)·이시이 히로키(石井啓喜))가 채집자로 협력한 제2회 보고서(「REPORT No.10」, 섬유디자인창작협회(繊維意匠創作協会), 1951, 색도인쇄 등사판)에서는 1925년 조사를 의식적으로 비교하고 있다. 그러나 무늬, 색상, 스타일 등 부인 복장에만 관심을 집중시켜 그림을 제시하는 방법이 매우 단조롭다는 인상을 지울 수 없다. 고현학의 연장이라고 보기는 어렵다.

54. 요시다 겐키치 외, 「파친코 고현학(パチンコ考現学)」, 《요미우리 위크리(読売ウィークリー)》, 309호, 1952년 6월, 8~9쪽.

55. 요시다 겐키치, 『여성의 풍속(女性の風俗)』, 가와데신쇼(河出新書),

1955. 이 책에 정리한 것 이외에도 《소년 요미우리(少年読売)》(요미우리 신문사) 잡지에 「각 지역 어린이 풍속 채집」이라는 스케치 중심의 연재를 실거나 「고현학을 입힌 손잡이(考現学的きせる吊革)」(《다이헤이(太平)》, 제2권 제7호, 시사통신사, 1946, 42~43쪽) 등의 풍속 시평을 쓰기도 했다. 또, 태평양 전쟁 시기에 해군 종군 화가로서 중국을 견문한 후 그 풍토 풍물을 정리한 『난시 풍토기(南支風土記)』(다이토 출판사(大東出版社), 1940)가 있기는 하나 여기에 고현학적 요소는 거의 없다.

56. 그 외에도 노점 사상으로 시작한 모치즈키 데루히코(望月照彦)의 『거리 사상—거리의 문화학(マチオロジ— 街の文化学)』(소세이키(創世記), 1977) 등이 고현학과 호응한다.

57. 가와조에 노보루, 「생활학 제창—곤 와지로의 현대적 의의(生活学の提唱—今和次郎の現代的意義)」, 『생활학 제창(生活学の提唱)』, 앞의 책, 189~194쪽.

58. 그 일부는 마지마 슌이치(真島俊一), 「주거와 도구—사도의 생활 변천 추정(住まいと道具—佐渡の生活変遷の推定)」, 주바치 마사요시(中鉢正美) 편, 『생활학의 방법(生活学の方法)』(도메스출판(ドメス出版), 1986, 166~185쪽)에 발표되었다.

59. CDI 편 『생활재 생태학(生活財生態学)』(리브로포트(リブロポート), 1980), 동 편 『생활재 생태학Ⅲ(生活財生態学Ⅲ)』(상품과학연구소, 1983), 히키타 마사히로, 「물건에서 생활을 보다(モノから暮らしを見る)」(주바치(中鉢) 편 『생활학의 방법(生活学の方法)』, 같은 책, 151~165쪽), 구리타 야스유키(栗田靖之), 「도구의 국제비교(道具の国際比較)」(앞의 책, 136~150쪽) 등 참조.

60. 이치반가세 야스코(一番ヶ瀬康子), 「노인 요양 시설의 거주 실체와 문제점—소지품 조사를 통해(老人ホームの居住実体と問題点―持ち物調査を通じて)」, 『생활학의 방법』, 같은 책, 64~80쪽.

61. 이시게 나오미치·고야먀 슈조(石毛直道·小山修三), 「데마키즈시의 미학(手巻寿司の美学)」, 《계간 구리마(季刊くりま)》, 7호, 문예춘추사, 1981년 4월, 48~70쪽. 고야마 슈조·이시게 나오미치·에쿠안 쇼지(栄久庵祥二)·야마구치 마사토모(山口昌伴), 「로스앤젤레스의 일본 요리 연구(ロスアンジェルスにおける日本料理の研究)」, 『생활학(生活学)』, 8권, 1982, 121~209쪽.

62. 오가와 노부코(小川信子), 「아동의 주거환경과 생활(児童の住環境と生活)」, 주바치 편, 같은 책, 99~113쪽.

63. 야나기타 구니오, 「작은 문제의 등록(小さい問題の登録)」, 《민간전승》, 1호, 1935년 9월, 1쪽(《민간전승》, 복각판 제1권, 국서간행회(国書刊行会), 1972, 1쪽).

64. 쓰루미 슌스케(鶴見俊輔), 「『엽서보고』에 대해(『はがき報告』について)」, 《현대풍속》, 창간호, 177~218쪽.

65. 현대풍속연구회 편, 『현대유적·현대풍속 '91(現代遺跡·現代風俗'91)』(리브로포트(リブロポート), 1990). 이 특집에 관여한 몇몇이 중심이 되어 「현대유적 탐험대 뉴스(現代遺跡探険隊ニュース)」라는 유인물 회보를 발행하고 있다. 구마가이 마나(熊谷真菜), 『다코야키(たこやき)』, 리브로포토, 1993.

66. 오카모토 노부야((岡本信也)+오카모토 야스코(岡本靖子), 『초일상관찰기—사람류 생물의 모든 것·생태를 둘러싼 재발견의 기록(超日常観察記―ヒト科生物の全·生態をめぐる再発見の記録)』, 정보센터출판국

(情報センタ-出版局), 1993.

67. 미나미 신보(南伸坊),「고현학의 숙제—1970 ·7~8(考現学の宿題—
一九七〇・七~八)」, 아카세가와 겐페이(赤瀬川源平)·후지모리 데루노
부(藤森照信)·미나미 신보 편,『길거리 관찰학 입문(路上観察学入門)』
(지쿠마쇼보(筑摩書房), 1986), 122~134쪽, 동 편,『벽보고현학(ハリガ
ミ考現学)』(지쓰교노니혼샤(実業之日本社), 1984), 동 편,『벽보고현학
PART2(ハリガミ考現学PART2)』(지쓰교노니혼샤(実業之日本社), 1986)
등.

68. 아카세가와 겐페이,『초예술 토마슨(超芸術トマソン)』(뱌쿠야쇼보(白
夜書房), 1985), 오쓰지 가쓰히코(尾辻克彦)·아카세가와 겐페이,『도
쿄 길거리 탐험기(東京路上探検記)』(신조샤(新潮社), 1986) 등 참조.

69. 하야시 조지(林丈二),「유럽 체크리스트(ヨロッパ·チェック·リスト)」
(아카세가와·후지모리·미나미 편,『길거리 관찰학 입문』, 같은 책,
94~95쪽), 혹은 동 편「길거리에서 제대로 걷는 법(路上の正しい歩き
かた)」(같은 책, 135~168쪽) 등 참조.

70. 호리 다케요시(堀勇良),「류도초 건축 탐정단 기록 개인 원고(龍土町
建築探偵団誌私稿)」(같은 책, 252~262쪽).

71. 후지모리 데루노부,「길거리 관찰의 기치 아래(路上観察の旗の下に)」,
같은 책, 15쪽, 18쪽.

72. 사토 겐지,「도시사회학의 사회사—분석방법으로부터의 문제 제
기(都市社会学の社会史—方法分析からの問題提起)」,『구조·공간·방법(構
造·空間·方法)』, '도시사회학의 프론티어 1(都市社会学のフロンティア 1),
일본평론사(日本評論社), 1992, 151~215쪽.

73. 곤 와지로,「말의 수업(言葉の修業)」,《언어생활(言語生活)》, 1964년

9월호, 58~60쪽.

74. Honoré de Balzac, 'Pathologie de la vie Sociale', *La Comedie Humaine*, XII, Gallimard, 1981(야마다 도미코(山田登美子) 역, 『풍속의 병리학(風俗のパトロジ-)』, 신평론(新評論), 1982, 105쪽).

75. 도시 인류의 유형학이라는 논점을 제대로 전개한 이는 주디스 웩슬러였다. Judith Wechsler, *A Human Comedy: Physiognomy and Caricature in 19th Century Paris*, Thames and Hudson, 1982(다카야마 히로시(高山宏) 역, 『인간희극―19세기 파리의 관상학과 캐리커처(人間喜劇――九世紀パリの観相術とカリカチュア)』, 아리나쇼보(ありな書房), 1987). 이 글에서 발자크가 라파타의 관상학 학설에 깊이 공감했다는 것을 분명히 알 수 있다. 다만, 우리가 여기서 주목하고 싶은 것은, 메이지의 선구적인 고현학 실험자로서 언급했던 쓰보이 쇼고로와의 관계이다. 쓰보이는 《동양 학예 잡지(東洋学芸雑誌)》의 앞선 논문에서 18세기 라파타로 시작된 관상학, 그리고 생리학 문헌에 주목했다. 또한 갈톤이 인류학적으로 이 관상학을 응용한 것을 일본에 도입한 것에 대해 회상하고 있는데, 그 반응은 상당히 흥미로운 것이었다. 또한 가와조에 노보루의 증언에 따르면, 곤 와지로는 쓰보이의 선구적인 실험을 알지 못했던 것 같다. 고현학이 등장한 동시기에 그것을 메이지기의 쓰보이의 업적과 연결시킨 것은 1932년에 창간된 《도르멘(ドルメン)》의 기사였다.

76. 야나기타 구니오, 「저자의 말(著者の言葉)」, 『월요통신(月曜通信)』, '야나기타 구니오 선집3(柳田国男選集3)', 슈도샤(修道社), 1972, 4쪽.

77. 야나기타 구니오, 「민속학의 30년(民俗学の三十年)」, 같은 책,

231~232쪽.

78. 같은 책, 232쪽.

79. 야나기타 구니오, 「민간전승의 권두에(民間伝承の巻頭に)」, 같은 책, 180쪽.

80. 야나기타 구니오, 「저자의 말」, 같은 책, 4쪽.

제3장

1. 야나기타 구니오, 「솔개의 작별(鳶のわかれ)」(1926), 『들새잡기·들풀잡기(野鳥雑記·野草雑記)』, 가도가와문고(角川文庫), 1962, 211쪽.

2. 같은 책, 211쪽.

3. 이시이 겐도, 「쥐 매입의 시작(鼠買上の始)」, 『메이지 사물 기원』, 제2판, 슌요도 1926, 569쪽. 이시이 겐도의 『메이지 사물 기원』은 두 번에 걸쳐 대폭 개정되었다. 최초판은 1908년 1월에 발행된 교난도(橋南堂)판 『메이지 사물 기원』, 제2판은 1926년 10월에 발행된 슌요도판 『증보 메이지 사물 기원』이었다. 그리고 제3판이 이시이 겐도 사후인 1944년 11월·12월에 발행된 슌요도판 『증보 개정 메이지 사물 기원』 상하권이다. 니시다 다케도시(西田長寿)가 교정한 『메이지 문화 전집(明治文化全集)』의 증보판으로서 일본평론사가 낸 책은 제3판을 기본으로 한 한 권짜리 책이다. 이 책에는 선명하지 않은 삽화들을 다수 삭제했다.

이 세 가지 판본은 개정·삭제·증보가 크게 이루어져서 전체적으로 보면 각각 다른 책이라고 보아도 무방할 정도로 차이가 많다. 분량 면에서도 제2판은 제1판의 네 배 반 증보되었으며, 제3판은

2판의 두 배 분량으로 증보되어 제1판과 제3판은 거의 9배 차이가 난다. 질적으로도 항목의 배열 방식이나 목차, 색인, 삽화 자료의 선택 등에서 무시할 수 없는 차이가 있다. 어째서 이렇게 큰 차이가 있는지 그 변화들에 주목하는 것 또한 큰 의미가 있겠지만, 해제에도 그에 대한 사실은 충분히 적혀 있지 않다. 이에 대한 부분은 향후의 과제이다. 각각의 항목을 이것저것 인용할 때, 이러한 판본 차이를 의식하여 인용시 해당 서술이 처음 등장한 판본을 기재하는 것으로 했다. 서명은 『메이지 사물 기원』으로 통일하고, 제1판, 제2판, 제3판으로 표시했다.

4. 「포획쥐 매입(捕鼠買上)」, 《풍속화보(風俗画報)》, 204호(1900년 2월) 복각판, 국서간행회(国書刊行会), 1976, 12쪽.

5. 『도쿄시 예규집(東京市例規類集)』, 도쿄시청 내규과, 1917, 320쪽. 이 예규집에는 그 외에도 「페스트병 예방에 관한 특별 수당 지급 방법」(1900년 6월 시회의 결정), 「매서 대금 청구서 취급 주임 날인 방법」(1903년 7월 조회), 「매서권 소인 방법 주의」(1903년 10월 통첩), 「구청 사원이 직무상 전염병에 걸려 사립병원에 수용될 때의 보고 사항」(1910년 6월 통첩), 「매서권 취급법」(1911년 6월 통첩), 「매서권 조사 보고 방법」(1912년 4월 통달), 「매서 대금 지급 연도 구별 정리 방법」(1912년 4월 통달), 「매서 보고 방법」(1912년 5월 통달), 「매서 운반 방법」(1916년 3월 통달) 등이 실려 있다.

6. 이시이 겐도, 『메이지 사물 기원』, 제2판, 같은 책, 569쪽.

7. 신도 긴조(進藤銀蔵), 「도쿄시 쥐잡이 성적(東京市駆鼠成績)」, 《통계집지(統計集誌)》, 제285호, 1904, 623~624쪽.

8. 신도 긴조(新藤銀蔵), 「도쿄부의 쥐잡이 성적(東京府下における駆鼠成

續)」,《통계집지(統計集誌)》, 314호, 1907, 235~236쪽.

9. 「페스트 추방기(ペスト追放記)」, 아사히 방송 편, 『오사카 사화 근
   대화의 뒷이야기(大阪史話 近代化うら話)』, 소겐샤(創元社), 1965,
   87~92쪽.

10. 다쓰카와 쇼지(立川昭二), 『메이지 의료 왕래(明治医事往来)』, 신조샤
    (新潮社), 1986, 85쪽.

11. Robert Darnton, *The Great Cat Massacre and Other Episo-
    des in French Cultural History*, Basic Books, 1984(가이호 마
    사오(海保真夫) · 스미 요이치(鷲見洋一) 역, 『고양이 대학살(猫大虐殺)』,
    이와나미쇼텐, 1986, 역서 96쪽. [로버트 단턴, 『고양이 대학살』, 조한욱
    옮김, 문학과 지성사, 1996]).

12. 같은 책, 95쪽.

13. 같은 책, 123쪽.

14. 모쿠 가자(木工冠者), 「빈민굴 탐험기(貧民履探検記)」(1906), 미나미
    히로시(南博) 외 편, 『번화가 · 뒷골목(盛り場 · 裏街)』, '근대서민생활지
    2(近代庶民生活誌2)', 산이치쇼보(三一書房), 1984, 22쪽.

15. 같은 글, 24쪽.

16. 「또다시 진성 페스트(又々真性ペスト)」,《풍속화보》, 같은 글, 12쪽.

17. 「페스트 추방기」, 같은 글, 91쪽.

18. 모쿠 가자, 같은 글, 25쪽.

19. 「포획쥐 매입」,《풍속화보》, 같은 글, 12쪽.

20. 야나기타 구니오, 앞의 글, 211쪽.

21. 이시이 겐도, 『메이지 사물 기원』, 제2판, 앞의 책, 569쪽.

22. 같은 책, 같은 쪽.

23. 이시이 겐도, 『메이지 사물 기원』 제3판, 같은 책, 1173쪽.

24. 역사학이나 사회학에 관해서도 덧붙이자면, 예를 들어 아베 긴야 (阿部謹也)의 『형리의 사회사(刑吏の社会史)』(주코신쇼(中公新書), 1978) 나 필립 아리에스의 『도설 죽음의 문화사—인간은 어떻게 죽음을 살았는가(図説 死の文化史—ひとは死をどのように生きたか)』(일본 에디타 스쿠루출판부(日本エディタースクール出版部), 1990)[필립 아리에스, 『죽음 앞의 인간』, 고선일 옮김, 새물결, 2004], 로버트 머피의 『바디 사일런트—병과 장애의 인류학(ボディ·サイレント—病いと障害の人類学)』 (신주쿠쇼보(新宿書房), 1992)에서 시도한 통절한 참여관찰이나, 데 이비드 서드나우의 『병원에서 만들어지는 죽음—'죽음'과 '죽어가는 것'의 사회학(病院でつくられる死—「死」と「死につつあること」の社会学)』 (세리카쇼보(せりか書房), 1992)의 필드워크 등은 많은 중요한 문제를 제기하고 있다.

25. 이러한 시각에서 식(食) 문제를 다룬 서적 중에는 파격적인 실용 서라 할 수 있는 쓰무라 다카시(津村喬)의 『혼자 살기·요리의 기술 (ひとり暮らし·料理の技術)』(후토샤(風濤社), 1977), 『음식과 문화의 혁명(食と文化の革命)』(사회평론사, 1981) 등이 있다.

26. 야나기타 구니오, 앞의 글, 213쪽.

27. 「"검은 죽음" 페스트("黒い死"ペスト)」, 오치아이 시게노부(落合重信)· 아리이 하지메(有井基), 『고베 사회—근대화 뒷이야기(神戸史話—近代化うら話)』, 소겐샤(創元社), 1977, 24쪽.

28. 우부카타 도시로(生方敏朗)(1926), 『메이지 다이쇼 견문사(明治大正見聞史)』, 주코분코, 1978, 106쪽. 하나다 기요테루(花田清輝)가 「까마귀의 비극(カラスの悲劇)」(《정본 야나기타 구니오 전집 월보》, 11호,

지쿠마쇼보, 1962, 86~87쪽)에서 논한 것도 유사한 풍경이다.

29. 야나기타 구니오, 앞의 글, 213쪽.

30. 「포획쥐 매입」,《풍속화보》, 같은 글, 12쪽.

31. 야나기타 구니오, 앞의 글, 214쪽.

32. 같은 글, 같은 쪽.

33. 「포획쥐 매입」,《풍속화보》, 같은 글, 12쪽.

34. 맥락이 조금 다르기는 하지만, 접촉하는 '피부간 거리'의 레벨에
    서 공포와 권력 관계에 주목한 논고로 구로다 히데오(黒田日出男)
    의 「중세 민중의 피부 감각과 공포(中世民衆の皮膚感覚と恐怖)」, 『경계
    의 중세 상징의 중세(境界の中世 象徴の中世)』(도쿄대학 출판회, 1986,
    231~258쪽)가 있다.

35. 하가 노보루(芳賀登), 「수도성의 문화(首都性の文化)」, 가바야마(樺
    山)·오쿠다(奥田) 편, 『도시의 문화(都市の文化)』, 유희가쿠센쇼(有斐
    閣選書), 1984, 92쪽.

36. 이시지카 히로미치(石塚裕道)는 1880년에 여섯 종류의 전염병(콜
    레라, 이질, 장티푸스, 디프테리아, 천연두, 페스트)이 법정 전염병이
    되었으나, 당시 전염 경로나 원인은 제대로 알지 못했다고 논했다
    (『도쿄의 사회경제사(東京社会経済史)』, 기노쿠니야 서점(紀伊国屋書店),
    1977, 134쪽). 한편으로, 병에 대한 불명확성은 정치적, 경제적인 의
    도와 결합되어 '정체불명'인 채로 남겨지기도 했다. 그 정치적 의도
    의 다면적 자료로서 랜디 쉴츠의 『그렇게 에이즈는 만연했다(そして
    エイズは蔓延した)』(상하권, 소시샤(草思社), 1991)를 들 수 있다.

37. 무라카미 요이치로(村上陽一郎), 『페스트 대유행─유럽 중세의 붕괴
    (ペスト大流行─ヨ-ロッパ中世の崩壊)』, 이와나미신쇼(岩波新書), 1983,

114쪽.

38. 유사한 관점에서 '귀신들림'을 다룬 고마쓰 가즈히코(小松和彦)의 『빙의신앙론(憑靈信仰論)』(전통과 현대사, 1982)은 유용하다.

39. 나미히라 에미코(波平恵美子), 『병과 치료의 문화인류학(病気と治療の 文化人類学)』, 가이메이샤(海鳴社), 1984, 123~128쪽.

40. 쓰치다 미쓰후미(槌田満文), 「격리병원(避病院)」, 『메이지 다이쇼 풍 속어 사전(明治大正風俗語典)』, 가도가와센쇼(角川選書), 1979, 277쪽.

41. 이시지카 히로미치, 앞의 책, 134~135쪽.

42. 나미히라 에미코, 같은 책, 123~128쪽. 콜레라의 표식에 대해 이 시이 겐도 『메이지 사물 기원』 제3판에도 한 절을 마련하여 이 문 제를 정리하고 있다. 이에 따르면, 이러한 표식은 1877년부터 실시 되어 1882년에는 폐지된 듯하지만, 동시에 "메이지 말기, 어느 해 의 가을, 저자가 낚싯배에 앉아 에이타이교를 지나가고 있을 때, 노란 깃발을 단 배를 발견하고 이를 피했던 기억이 있다. 노란색 깃발에 Q자를 검게 쓴 것은 '전염병 환자 있음'의 만국 신호로, 해 항의 선박들에게 상용되는 것이었다"(1151쪽)라는 이야기가 나오 는 걸 보면, 의미를 완전히 잃었다고 하기는 어려워 보인다.

43. 다카토리 마사오(高取正男), 『신도의 성립(神道の成立)』, 헤이본샤센 쇼(平凡社選書), 1979, 184쪽.

44. 같은 책, 170~188쪽.

45. 쥐 수매는 이시이 겐도가 그 기원을 기록한 도쿄시 수매보다 이전 에 고베에서 먼저 시작되었다.

46. 이상의 페스트 유행과 감염에 대한 기술은 「"검은 죽음" 페스트」 (앞의 글) 외에 쓰치다 미쓰후미의 「쥐 매수(鼠買上げ)」(『메이지 다

이쇼 풍속어 사전』, 같은 책, 279쪽), 동 저, 「흑사병(黑死病)」(『메이지 다이쇼 새 단어·유행어(明治大正の新語·流行語)』, 가도카와센쇼, 1983, 147~148쪽), 다쓰카와 쇼지, 『메이지 의료 왕래』(앞의 책) 등으로부터 구성했다.

47. 쓰노 가이타로(津野海太郎), 『페스트와 극장(ペストと劇場)』, 쇼분샤(晶文社), 1980, 141~161쪽.

48. 신도 긴조, 「도쿄부의 쥐잡이 성적」, 앞의 책, 236쪽.

49. 쓰노 가이타로, 같은 책, 146쪽.

50. Susan Sontag, *Illness as Metaphor*, Farrar, Straus and Giroux, 1978(도미야마 다카오(富山太佳夫 역, 『은유로서의 질병(隠喩としての病い)』, 미스즈쇼보(みすず書房), 1982), [수전 손택, 『은유로서의 질병』, 이재원 옮김, 이후, 2002].

제4장

1. 마르크스, 『경제학·철학 초고』, 이와나미문고, 1954, 160쪽, [칼 마르크스, 『경제학-철학 수고』, 강유원 옮김, 이론과 실천, 2006].

2. 감각의 사회사에 대해서는 페브르의 문제 제기를 받아들이고 엘리아스의 시사를 발전시켜 모든 감각의 위계 형성을 연구했던 알랭 코르뱅, 『냄새의 역사—후각과 사회적 상상력(においの歴史—嗅覚と社会的想像力)』(신효론(新評論), 1988)을 비롯, 몇몇 시도가 이루어졌다.

3. 야나기타 구니오, 『메이지 다이쇼사 생활문화편』, 앞의 책, 143쪽.

4. 예를 들어, 『국어의 장래(国語の将来)』(소겐샤, 1939)를 비롯, 『서쪽

은 어디(西はどっち)』(고분쇼(甲文社), 1948), 『소년과 국어(少年と国語)』
(도쿄소겐샤(東京創元社), 1957) 등 많은 저작이 있다.

5. 물론 우리는 개인숭배와 그 반동의 위험성을 알고 있기 때문에, 자칫 '대사상가'를 만들고자 의식적으로 실체주의적 오독을 할 여지를 남겨두지 말아야 한다. 지금까지의 사상사 연구가 과도하게 집착해온 인생 및 인격은 우리의 문제 설정에 있어서는 소재가 집적되어 있는 틀에 불과하다. 민속학자들이 때로 신격화하고 또 때로는 반발하기도 했던 담론은 자유로운 영감과 독해를 통해 극복해가야 할 대상일 뿐이다.

6. 야나기타 구니오, 『메이지 다이쇼사 생활문화편』, 앞의 책, 145쪽.

7. 같은 책, 139쪽.

8. 야나기타 구니오, 『콩의 잎과 태양』, 소겐샤, 1941, 55쪽.

9. 야나기타 구니오, 『메이지 다이쇼사 생활문화편』, 앞의 책, 141쪽.

10. 같은 책, 143쪽.

11. 같은 책, 138~139쪽(단, 지쿠마문고 버전에는 '야외의 평범함'(146쪽)이라고 되어 있다).

12. 같은 책, 139쪽.

13. 풀이나 꽃, 조수(鳥獸)에 이르는 서술이라는 점에서 『고원수필(孤猿隨筆)』(소겐샤, 1939)이나 『들새잡기(野鳥雜記)』, 『들풀잡기(野草雜記)』(고토리쇼린(甲鳥書林), 1940) 등을 들 수 있다.

14. 야나기타 구니오, 『메이지 다이쇼사 생활문화편』, 앞의 책, 127쪽.

15. 야나기타 구니오, 『콩의 잎과 태양』, 앞의 책, 221쪽.

16. 같은 책, 22~29쪽.

17. 다이쇼 '일왕의 즉위식'이 한창일 때 산 속 소나무 숲에 '한 가닥

두 가닥 흰 연기'가 가늘게 피어오르는 것을 보고, 야나기타는 '아하, 산카가 이야기를 하고 있구나'라고 생각한다. 이 에피소드는 『산의 인생(山の人生)』(교도겐큐샤(鄕土硏究社), 1926, 9쪽)에 나온다.

18. 마르크 블로크는 과학에 있어서 의도와 서술이 초점을 맞추는 것을 '식인귀'로 비유했다. "역사의 대상은 그 성격상, 인간(l'homme)이다. 더 적절히 이야기하면 인간들(les hommes)이다. 추상에 적합한 단수보다는 상대성의 문법적 형태인 복수가 다양성의 학문에 어울린다. 눈에 들어오는 풍경의 특징, 도구, 혹은 기계의 배후에, 또 표면상으로는 냉정하기 짝이 없는 문서나 그것을 제정한 사람들과는 전혀 관계없어 보이는 제도의 배후에 인간이 있고, 역사는 이를 파악하여야 한다. 이를 할 수 없는 사람은 고작 박식한 미숙련 노동자들일 뿐이다. 좋은 역사가란 전설의 식인귀와 닮아 있다. 인간의 살을 냄새로 찾아 다녀야 얻을 게 있다는 것을 식인귀는 알고 있는 것이다"(마르크 블로크, 『역사를 위한 변명—역사가의 일(歷史のための弁明—歷史家の仕事)』(이와나미쇼텐, 1956, 8쪽), [마르크 블로크, 『역사를 위한 변명』, 고봉만 옮김, 한길사, 2007]).

19. 야나기타 구니오, 『콩의 잎과 태양』, 앞의 책, 211~215쪽.

20. 같은 책, 91쪽.

21. 같은 책, 92쪽.

22. 같은 책, 94쪽.

23. "적어도 그 보존에는 사람의 힘이 들어갔기에, 만약 천연기념물이라고 부른다면 그것은 인간의 마음까지도 포괄한 '천연'이라 하겠습니다. 그러므로 앞으로도 그냥 진기하니까 보존은 하겠지만 예전부터 있어온 마음은 사라질지 모르겠습니다("동백은 봄의 나무

(椿は春の木)」,『콩의 잎과 태양』, 같은 책, 44쪽)."

24. 같은 책, 10~12쪽.

25. 같은 책, 72쪽.

26. "구니기타 군은 지금부터 21년 전(메이지 30년대), 시부야의 정거장에서 살짝 북서쪽으로 들어가면 있는 언덕의 뒤편에 살고 있었다. 그는 시간만 나면 도쿄 반대편을 산책했다. 물론 그 무렵에는 그곳에 화강암 문으로 된 별장도 없었고, '타바코'라고 쓴 붉은 간판도 없었다. 주민들 대다수는 시내에서 생계를 유지하며 모이기만 하면 도쿄 이야기를 해댔다. 구니기타군은 그런 건 하나도 괘념치 않고, 무밭 앞의 억새 벌판이나 그 옆의 참나무 숲 등을 매우 사랑하여 그 숲의 때까치 소리나 바람 소리를 들으며 고슈(甲州) 접경의 산들에 켜켜이 쌓여 있던 눈의 풍광들을 바라보았다. (중략) 지금 보면, 그는 교호(享保) 겐분(元文) 시대의 에도 사람이 무사시노에 가지고 있던 관념을 갖고 있었던 것이다(「무사시노의 예전(武蔵野の昔)」,『콩의 잎과 태양』, 같은 책, 121~122쪽)."

27. 같은 책, 261쪽.

28. 같은 책, 83쪽.

29. 같은 책, 278쪽.

30. 「강(川)」,『콩의 잎과 태양』, 같은 책, 141~162쪽

31. 같은 책, 261쪽.

32. 같은 책, 228~229쪽.

33. "의식이나 주택을 향유하듯이, 인간의 힘으로 풍경을 통제하는 것은 불가능하다고 생각해 포기하는 경우가 많다. 따라서 무언가 새로이 생겨난 아름다움으로 무언가 중요한 것을 잃게 될 수 있음을

정말 소수의 사람만이 생각하게 된다. 이러한 무관심으로 인해 미래의 행복을 망가뜨리려고 하는 것이다. 특히 풍경을 만들어내거나 풍경을 고르고 정하는 기술은 그 졸렬함에도 불구하고, 인구가 늘어나면서 파괴력은 더욱 맹렬해지고 있다. 이에 맞서려고 하는 자는 대부분이 옛 취향에 사로잡힌 이들이고, 이 무리들은 무언가 생겨나고 성장하는 것 자체를 증오한다. 거기에서 풍경에 대한 비평은 혼란을 겪게 되었다. 어느 시대에나 여행에 열광하면서도 명소만 들르는 이들이 많은 것은 번거롭게 풍경을 관찰하는 방법을 배울 여유가 없기 때문이다(『메이지 다이쇼사 생활문화편』, 앞의 책, 115~116쪽)."

제5장

1. 후루카와 아키라(古川彰)·오니시 유키오(大西行雄), 『환경 이미지론—인간환경의 중층적 풍경(環境イメージ論—人間環境の重層的風景)』, 고분도(弘文堂), 1992.
2. 야나기타 구니오, 『설국의 봄(雪国の春)』, 소겐샤, 1940, 92쪽.
3. 같은 책, 94쪽.
4. 야나기타 구니오, 『콩의 잎과 태양』, 같은 책, 122쪽.
5. 야나기타 구니오, 『설국의 봄』, 같은 책, 113쪽.
6. 같은 책, 241쪽.
7. 시로하타 요자부로(白幡洋三郎), 「일본 팔경의 탄생—쇼와 초기 일본인의 풍경론(日本八景の誕生—昭和初期の日本人の風景論)」, 후루카와·오니시 편, 같은 책, 277~307쪽.

8. 야나기타 구니오, 『콩의 잎과 태양』, 같은 책, 290쪽.

9. 야나기타 구니오, 『설국의 봄』, 같은 책, 112쪽.

10. 같은 책, 113쪽.

11. 야나기타 구니오, 『콩의 잎과 태양』, 같은 책, 230쪽.

12. 같은 책, 10쪽.

13. 같은 책, 276쪽.

14. 야나기타 구니오, 『메이지 다이쇼사 생활문화편』, 앞의 책, 142쪽.

15. 야나기타 구니오, 『콩의 잎과 태양』, 같은 책, 261쪽.

16. 볼프강 쉬벨부쉬, 『철도여행의 역사─19세기 공간과 시간의 공업화(鉄道旅行の歴史─十九世紀における空間と時間の工業化)』, 호세이대학 출판국(法政大学出版局), 1982, 75~76쪽, [『철도여행의 역사』, 박진희 옮김, 궁리, 1999].

17. 야나기타 구니오, 『설국의 봄』, 같은 책, 140~141쪽.

18. 같은 책, 143쪽.

19. 같은 책, 247쪽.

20. 야나기타 구니오, 『콩의 잎과 태양』, 같은 책, 83쪽.

부록

● 〈부록1〉 그림엽서 논문 및 문헌 연표 (28쪽 참조)

(서지정보는 각주에 자세히 밝혔으므로, 여기서는 간략히 기재하였음.)

	《풍속화보》, 「그림엽서 유행(絵葉書の流行)」
1905	이시이 겐도, 「일본 최초의 그림엽서(本邦に於けるる最初の絵葉書)」
	「시적 착상 그림엽서 사용법(詩的新案 絵はがき使用法)」
1906	일본엽서회편집국 편, 「그림엽서 취미(絵葉書趣味)」
1907	이와야 사자나미, 「그림엽서통(絵葉書通)」
1911	오다케 주자부로, 「일본 전국 명소 엽서 목록(日本全国名所葉書目録)」
1913	이시이 겐도, 「그림엽서점(絵葉書店)」
1926	가네다 하레마사·후지이 에이지로 편, 「기념 그림엽서 취록(記念絵葉書聚録)」 1, 2
1928	이치시마 슌조, 「그림엽서 예찬(絵はがき礼賛)」
1931	"일본 회화 출판업 조합 20주년 기념호"
	이토 지쿠스이, 「그림엽서 열광시대(絵葉書熱狂時代)」
1936	히바타 세코, 「일본 그림엽서 사조(日本絵葉書史潮)」
	야마모토 쇼게쓰, 「메이지 세태 백 가지 이야기(明治世相百話)」
1939	오에 소텐, 「사진태평기(写真太平記)」
1961	마스오 노부유키, 「그림엽서 유행(絵葉書の流行)」, 「도판인쇄주식회사 60년사(凸版印刷株式会社六拾年史)」
1971	기타가와 지카시, 「그림엽서 콜렉션 이야기(絵葉書コレクションの話)」
1972	기타가와 지카시, 「그림엽서 근대사(絵はがき近代史)」 전 60회 연재
1976	료지 구마타, 「그림엽서 유행과 신판화(絵はがきの流行と新版画)」
1977	「쇼비도 80년·다나카 데이조 회고록(尚美堂80年·田中貞三聞き書)」
1978	기타가와 지카시, 「좋았던 시절의 도쿄―그림엽서는 말한다(古き良き東京―絵はがきは語る)」
	고모리 다카유키, 「그림엽서 메이지·다이쇼·쇼와(絵葉書 明治·大正·昭和)」

1979	쓰치다 미쓰후미, 「기념 그림엽서(記念絵葉書)」
1980	오가타 미쓰히코, 『거리 메이지·다이쇼·쇼와(街 明治·大正·昭和)』
	닐 페들러 편, 『요코하마 그림엽서(横浜絵葉書)』
	기타가와 지카시, 「일본의 명소와 그림엽서(日本の名所と絵葉書)」
1981	로카쿠 히로시, 『그림엽서가 말하는 메이지·다이쇼·쇼와사(絵はがきが語る明治·大正·昭和史)』 상, 하
1982	요코야마 카나메, 『히바타 세코 연보(樋畑雪湖年譜)』
1983	다키 고지, 「19세기 사진사 노트(19世紀写真史ノート)」
1986	마쓰다 데쓰오, 「가이고쓰 『그림엽서 집성』의 매력(外骨『絵葉書集成』の魅力)」 1, 2
1987	가야노 야쓰카, 「그림엽서 디자인(絵はがきのデザイン)」
	가시와기 히로시, 『초상 안의 권력(肖像のなかの権力)』
1988	기사와기 히로시, 「그림엽서·화보(絵葉書·画報)」
	아키야마 고도 편, 『그림엽서 이야기(絵はがき物語)』
1989	한자와 마사토키 편, 『요코하마 그림엽서(横浜絵葉書)』
	나카가와 고이치, 『그림엽서의 여행, 역사의 여행(絵はがきの旅·歴史の旅)』
1990	기무라 마쓰오·이시이 도시오, 『그림엽서가 이야기하는 관동대지진(絵はがきが語る関東大震災[石井敏雄コレクション])』
1992	가야노 야쓰카, 『근대 일본 디자인 문화사(近代日本デザイン文化史)』
	『필립 바로스 그림엽서 예술의 즐거움전(フィリップ·バロス 絵はがき芸術の愉しみ展)』

● 〈부록2〉 체신성 발행 기념 그림엽서 (56~57쪽 참조)

1902	6. 18	만국우편연합 가입 25주년 기념	6종 1세트 5전
1904	9. 5	러일전쟁 제1회	6매 1세트 12전
	12. 25	러일전쟁 제2회	3매 1세트 6전
1905	2. 11	러일전쟁 제3회	(5종류)
		랴오량 부	3매 1세트 6전
		뤼순커우구 부	3매 1세트 6전
		일왕 탄생일 부	3매 1세트 6전
		적십자 사업 부	3매 1세트 6전
		해군 부	3매 1세트 6전
	10. 15	제4회	(5종류)

		사허 부		3매 1세트 6전
		해군 부		3매 1세트 6전
		펑톈 부		3매 1세트 6전
		뤼순 부		3매 1세트 6전
		전쟁지 교통기관 부		3매 1세트 6전
	10. 22	해군 개선 관함식 기념		2매 1세트 10전
	12. 7	만주군 총사령부 개선 기념		1매 1세트 5전
1906	4. 29	육군 개선 관병식 기념	갑	1매 5전
			을	1매 10전
	5. 6	러일전쟁 기념 제5회		3매 1세트 20전
1908	10. 17	미국 함대 환영 기념		2매 1세트 10전
1909	10. 20	신궁 식년 천궁 기념		2매 1세트 10전
1910	5. 14	일-영 박람회 기념		3종 1세트 20전
1915	11. 10	대지폐 기념		2종 1세트 10전
1919	7. 1	대지폐 기념		2종 1세트 10전
1921	4. 20	통신사업 창시 50주년 기념		2종 1세트 10전
1925	5. 10	황실 결혼 25년 기념		2종 1세트 10전
1928	11. 10	대지폐 기념		2종 1세트 15전
1929	10. 2	신궁 식년 천궁 기념		2종 1세트 10전
1936	11. 7	제국의회의사당 준공 기념		1종 1세트 10전 (요금 부착 인쇄 1전 5리)
1937	6. 1	애국 기부금 우편엽서		1종 1매 5전 (요금 부착 인쇄 2전)
1943	12. 8	대동아전쟁 기념 보고 엽서		3종 1세트 30전 (요금 부착 인쇄 2전. 판매가에 국방헌금 10전 포함)
1946	12. 27	일본 그림엽서 일본국 헌법 공포 기념		3종 1세트 3엔 (요금 부착 인쇄 15전)

● 〈부록3〉 1931년 조합 자료에 등장하는 그림엽서 호칭 (257쪽 참조)

(괄호 속 숫자는 그림엽서를 가리키는 각 용어의 사용빈도를 의미하며. 우측 숫자는 유사한 명칭들의 사용빈도의 합을 의미함.)

명승 그림엽서(8) 명소 그림엽서(4) 명승물(2) 도쿄 명소 그림엽서(2)	16
신년 그림엽서(13) 신년 엽서(2)	15
기념 그림엽서(9) 기념 엽서(3) 기념물(2)	14
유행 그림엽서(2) 유행 출판(1) 유행(7)	10
미인 그림엽서(7) 교토 미인 그림엽서 (1) 석판 미인 그림엽서(1)	7
복중 문안엽서(5) 복중 그림엽서(2) 복중 엽서(2)	8
외래 그림엽서(2) 외래 엽서(1)	3
배우 그림엽서(1) 키네마 배우 엽서(1)	2
헌상 그림엽서(2)	2
연극 무대 그림엽서	1
방언 그림엽서	1
소설 그림엽서	1
유행가 그림엽서	1
코우타집 그림엽서	1
서정 그림엽서	1
유메지(夢二) 그림 하지키	1
신야(真也) 그림 하지키	1
스미카즈 그림엽서	1
초상 그림엽서	1
노가쿠 탈 그림엽서	1
크리스마스 그림엽서	1
아이디어 특허 표식 그림엽서	1
미술 그림엽서	1
조각 그림엽서	1
살롱 명화 그림엽서	1
일본 미술원 전람회 그림엽서	1
니카카이(二科会) 그림엽서	1
풍경물	1

타이자 시로시마 그림엽서	1
미야즈 그림엽서	1
독일 잠수함 그림엽서	1

● 〈부록4〉 고현학 채집 조사 연표 (96쪽 참조)

채집일	채집 테마	장소	채집자	비고
1922년				
7.	기구 소유 상태 조사	치치부 우라야마	곤 와지로	b
1925년				
5. 7~16	복장 등 풍속 통계	긴자	곤 와지로, 요시다 겐키지 외 15명	
5. 23~25	카페 출입, 노점	긴자	요시다 겐키치	※
9. 9	사이고 동상 앞 석단을 오르는 사람	우에노 공원	곤 와지로	※
9. 20	입장자 신분별	미술원 전람회	이시카와 마사미	
9. 20	입장자 신분별	니카(二科) 전람회	무라야마 니이치로, 이시카와 마사미	*○
9. 23	입장자 신분별	산카(三科) 전람회	곤 와지로	*○
	입장자 신분별	프랑스 전람회	히라오카 마사오, 곤 와지로	*○
	입장자 신분별	미술원 전람회	니시나 아키오, 곤 와지로	*○
	입장자 신분별	니카(二科) 전람회	이시카와 마사미, 고이케 도미히사	*○
	입장자 신분별	우에노 동물원	아라이 이즈미	*○
	입장자 신분별	우에노 박물관		
9. 25	개인 소지품 전수 조사	하숙방	곤 와지로, 요시다 겐키치, 아라이 이즈미, 오쿠다 마사노리, 마쓰하라	
10. 1	입장자 신분별	일본 난가인 전람회		※
10. 8~10	복장 외 풍속 통계	빈민굴 부근	무라이 히데오	
10. 9	통행인 신분별	혼조	곤 와지로	

10. 11	통행인 신분별	아오야마 거리	아라이 이즈미	*○
10. 15~ 1927. 9. 16	바닥 이용 휴식 풍속	우에노 공원	아라이 이즈미, 고이케 후쿠타로	
11. 19	입장자 신분별	제국미술전람회	곤 와지로	
11. 19~ 1929. 2. 7	자살자 분포	이노카시라 공원	곤 와지로, 무라야마 니이치로, 쓰치하시 나가토시	
11. 22	상점가 구성	아사가야	곤 와지로, 무라야마 니이치로, 쓰치하시 나가토시,	a
11.	가옥 통계	아사가야		
暮	가옥 양식, 지붕 재료	이사가야	니시나 아키오, 나카야마 가츠미, 히라사와 교유, 사와키 히데오, 세키야 마사토미 (무서명)	
11.	개인 소지품 전수 조사	새 가정	곤 와지로	
12. 31~ 1926. 1. 1	실내·식사 스케치	이즈의 여인숙	곤 와지로	※
不明	입장자 신분별	미술원 전람회	-	

1926년

2. 1	깨진 유리 형태와 수리법	긴자	요시다 겐키치
2. 21	자살 장소의 실측	이노카시라 공원	곤 와지로, 무라야마 니이치로
3. 29	노상 채집·마주친 사람	이사가야부터 고엔지까지	아라이 이즈미
3. 30	쇼센 전차 내 풍속	기치조지 승차 신주쿠 요도바시 거리	곤 와지로
3. 30	신발 조사	고엔지역	아라이 이즈미
3. 30~31	교외 통행인 구성	고엔지	곤 와지로, 아라이 이즈미
4. 1	어린이 복장 조사	나가노, 고엔지	아라이 이즈미
4. 8~5. 12	대학 주변 조사	와세다, 게이오, 혼고	곤 와지로, 오카다 다쓰야, 아라이 이즈미

4. 17	관음당 주변 노점	아사쿠사	요시다 겐키치, 곤 와지로	
4. 18	꽃놀이 시즌 인파	이노카시라 공원	곤 와지로 외	
4. 19	음식점 분포	와세다	요시다 겐키치, 오카다 다쓰야	*
4.	머리 모양	신주쿠 요도바시	곤 와지로	
5. 1	춘계 대제 노점 (이름만)	구단 야스쿠니 신사	오카다 다쓰야	*
5. 4	회화 단편 속기	긴자	요시다 겐키치	
5. 15	제일(祭日)노점 (이름만)	간다 묘진	오카다 타쓰야, 하치노에 모리조	
5. 15	경마 기수의 유니폼	요코하마 네기시	요시다 겐키치	
5. 23	스모 출장 진전의 선수 보행 속도	국기관	사토 다케오 고마쓰 마사요시, 가쿠 요시토모	c
6. 15	하코네 민가의 지붕	하코네	곤 와지로	*
6. 16~ 7. 28	승객 소지품	시덴 전차 내	다나카 도미요시	e
6. 29	상점가	긴자	아라이 이즈미	
8. 17	셋집 조사	도쿄 교외 오모리	오카다 다쓰야	b
8. 29	짐말 끄는 마부의 복장	고슈	곤 와지로	
8.	말 작업복 채집 통계	야마나시	곤, 모라야마	e
9. 7	유리 수리법	교바시	요시다 겐키치	
9. 8	셋집 조사	도쿄 교외 오모리	오카다 다쓰야	a
初秋	카페 여급 유니폼	긴자	곤 와지로, 요시다 겐키치	
10. 10~15	통행인 신분별	오사카 신사이바시	이와타 고타로	
10. 17	여학생의 스포츠 모습	오사카	요시다 겐키치	*
10. 28	여러 도구의 스케치, 생태	화가의 응접실	요시다 겐키치	
10. 31	입장자 신분별	와세다대학 건축전	오카다 다쓰야, 다이라 마사시게	
11. 1	●기입 수첩 기입 개시			a

11. 16	허리띠 매는 법	오사카 도톤보리	요시다 겐키치	
11. 17	부인의 묶은 머리	오사카 신사이바시 거리	이와타 고타로	
11. 24	풍선가게 도구 복장	긴자	요시다 겐키치	
11. 30	무산자 아동의 겨울 복장, 남	혼조 야나기시마	아라이 이즈미	*
11.	학생 자화상	여학교	아라이 이즈미	
12. 4	긴자 인파 분포표	긴자	곤 와지로, 오카다 다쓰야, 가쓰라 마사시게	*
12. 5	단발 학생수 조사	메지로의 여자대학	X씨	*
12. 6	노점의 군중	간다 진보초	곤 와지로	
12. 13	도서관 내 열람자 분포	와세다대학	히라노 구니오	
12. 24	무산자 아동의 겨울 복장, 여	혼조 야나기시마	아라이 이즈미	
不明	어물전 빈 상자 표식 채집	교바시, 쓰키지 카시	요시다 겐키치	

1927년

2.	눈 녹는 방식	아오모리시	곤 준조	b
2. 14	노점의 군중	우에노 히로코지	곤 와지로	
2. 27	욕실 선반 스케치	이즈 유가시마	요시다 겐키치	*
3. 2	숙박인 명부의 직업, 연령	이즈 유가시마	요시다 겐키치	
3. 3	유리 수리법	아사쿠사바시	요시다 겐키치	
3. 5	유리 수리법	핫초보리	요시다 겐키치	a
3. 6	유리 수리법	긴자	요시다 겐키치	
3. 9	이른 봄의 모자 조사	아오모리	곤 준조	*○
3. 10~11	다리(橋)의 여러 가지	아오모리	곤 준조	b
3. 14	시험 중 학생 하이칼라 조사	와세다대학	곤 와지로, 사토 다케오	*○
4. 4~10	직공의 일주일 식사	아오모리시	곤 준조	*○
4. 10	산책자의 짝, 일행	이노카시라 공원	곤 와지로	*○
4. 16	산책자의 짝, 일행	히비야 공원	곤 와지로, 오카다 다쓰야	*

4. 17	산책자의 짝, 일행	우에노 동물원	오카다 다쓰야	
4. 17	산책자의 짝, 일행	오에노 사이고 동상 옆	오카다 다쓰야	
6. 21	벤치에서 쉬는 사람 복장	아타고 산 위	요시다 겐키치	
7. 4	지붕 위 비둘기	쓰키지 소극장	요시다 겐키치	
7. 10	벤치에서 쉬는 사람 복장	아사쿠사 공원 뒤	요시다 겐키치	
8. 22~10.	모던걸 산책 코스 조사	마루비루	고이케 도미히사	
夏	책방에 서서 책 읽기	마루비루	고이케 도미히사	
夏	신사의 말뚝잠 상태	마루비루 교바시 쓰키지	요시다 겐키치, 고이케 도미히사	
9. 5	석단을 올라서는 사람	우에노 공원	요시다 겐키치	
9. 16	온천장 통행인 조사	소슈 유가와라	요시다 겐키치	c
10. 15~21	●시라베모노 전람회	신주쿠 기노쿠니야		a
11. 28	와세다 학생의 집산(集散) 상태	와세다대학 주변	(무기명)	*
12. 18	모던걸	신바시역	고이케 도미히사	
12. 27	연말 통행인 조사	긴자	야노	
不明	구걸 풍속	아사쿠사 경내	아라이 이즈미	
不明	허리띠 매는 법	–	고이케 도미히사	

1928년

1. 7	어부의 풍속	이즈 이토	요시다 겐키치	a
2. 4	학교 숙직실 조사	불명	곤 준조	b
2. 5	개 껍질을 입은 사람들	아오모리	곤 준조	
2. 12	애견 모임도	아오모리	곤 준조	
5. 27	정류장 전의 차량 조사	히로사키, 아오모리	곤 준조	
5. 30~ 10. 13	강매 기록	자택	요시다 겐키치	
6. 9	대합실 사람들의 이동	히가시나가노역	요시다 겐키치	

7. 7(구)	네부타 연합 운행도	아오모리 시내	곤 준조	
7. 17	별장지 지붕	가루이자와	곤 와지로	c
7. 19	여관 식사	군마현	곤 와지로	b
8. 5	여름 오비 무늬 조사	긴자	요시다 겐키치	
8. 6	여급 앞치마	교바시 고비키마치	요시다 겐키치	
8. 9~9. 4	복장 외 풍속 통계	오타루 대로	오마치 도시코, 나토리 마쓰코	
8. 13	여관 식사	노토	곤 와지로	b
8. 28	백중 춤의 원과 발동작	히로사키 스미요시 신사	곤 준조	
10. 23	영화 상설관 풍속	아사쿠사 공원	요시다 겐키치	
10. 27	담배꽁초 통계	요코하마 사쿠라기초	이와모토 가메사부로 하야시 이사미, 요시다 겐키치	
11. 25	백화점을 나오는 사람 풍속	미쓰코시	곤 와지로 《후진노토모(夫人之友)》 편집부	
不明	개집 스케치	–	요시다 겐키치 외	

1929년

2.	상점가의 구성 도식과 점원의 복장 외 조사	신주쿠, 닌교초, 가쿠라자카	요시다 겐키치	
5. 22	승하차 승객 조사 재집계	쇼덴	쓰치하시 나가토시	
8.~ 1930년 9.	입욕자의 코스	고엔지, 우시고메, 고이시카와, 도쿄 등의 목욕탕	요시다 겐키치 외	
9.	번화가 인파 신분별	긴자, 아사쿠사 가쿠라자카, 신주쿠, 우에노, 닌교초, 도겐자카 등	쓰치하시 나가토시	
9. 19	음식점 분포 상태	간다, 긴자	곤 와지로, 요시다 겐키치	

1930년

2. 15	사범학교 수험자 복장	아오모리	곤 준조	b
4. 9	통행인 멜로디	긴자	요시다 겐키치	

5.	보트 놀이	오시고메 미츠케	요시다 겐키치	
7. 25	●「모데르노로지오」			
8. 11~26	음식점 단골의 풍속	혼고	(무서명)	
10.	연인 산책 코스 러브레터를 숨기는 장소	긴자	요시다 겐키치	
10. 22	온천의 하루	노토 와쿠라	스기에 주세이	
不明	모든 장면 채집 (채집 잡경)	도쿄 외	요시다 겐키치	

1931년

1. 6	팻말과 벽보	각지	요시다 겐키치	d
3.	문의 스케치	도쿄 각지	요시다 겐키치	
3. 25	광고 문화의 요소 분석	긴자	요시다 겐키치, 나가오카 이쓰로	
4. 4~4. 5	긴자 조사	긴자	곤 와지로 외	
	양말 주름 등의 '각선'	긴자 외	요시다 겐키치, 아라이 이즈미	
4. 10	구걸 스케치	아오모리	곤 준조	
4. 14~ 6. 26	암흑가 분석	타마노이	아라이 이즈미	
7. 1~11	구내 광고 분석	도쿄역, 신주쿠역	이와타 요시유키	
7. 3	야시장 일람표	신주쿠	이와타 요시유키	
7. 7	번화가 음식점 분포	신주쿠	이와타 요시유키, 곤 와지로	
7. 13	레뷰 분장실 조사	나고야 오스	가메야마 이와오, 가도타 유타카	
7. 13	니코 백화점 휴게실	신주쿠	구로타 신지	
7. 13	니코 백화점 식당 진열 샘플	신주쿠	구로타 신지	
7. 13	찻집 여급의 움직임	와세다	구로타 신지	
7. 13	미츠코시 백화점 마담 미행기	신주쿠	이와타 요시유키	
7. 15	게이오 학생 미행기	신주쿠	이와타 요시유키	
7. 30	아가씨의 화장하는 방	미에현	구로타 신지	

8. 12	자기 책상 위 스케치	자택	스기에 주세이	
9. 13	댄스홀 배치도	요코하마	히야시 이사미	
10. 14	집 안의 교통도	교외 중류 가족	이케타니 사다오, 곤 와지로	
10. 26	붉은 글씨가 붙은 전단 채집	긴자	요시다 겐키치	
12.	각 댄스홀 티켓	도쿄	쓰보타 교자부로	
不明	문단 제가의 서재 스케치	–	요시다 겐키치	
不明	구매품 보따리를 드는 방법	–	요시다 겐키치	
12. 25	●「고현학 채집」			

1932년

2.	하녀 의복 소유 상태 조사	도쿄 교외	곤 와지로 외	b

1. 이 표는 「모데르노로지오」와 「고현학 조사」 두 권을 중심으로 채집 시기별로 배열한 것이다. 채집 날짜를 전혀 알 수 없는 것은 생략했다.
2. *는 곤 와지로(현 고가쿠인대학 소장)의 기입 수첩에 있는 조사이며, ○는 그중에서 앞의 두 저서에 이용된 것이다. a는 《현대풍속》, b는 「향토고현학」, c는 곤 와지로 전집 「고현학」, d는 고가쿠인 자료 중의 일부분, e는 「겐치쿠 신조(建築新潮)」에서 얻은 정보이다. ●는 고현학파의 주요 사건을 표기한 것이다.

● 〈부록5〉 도쿄시의 쥐잡이 실적 (165쪽 참조)

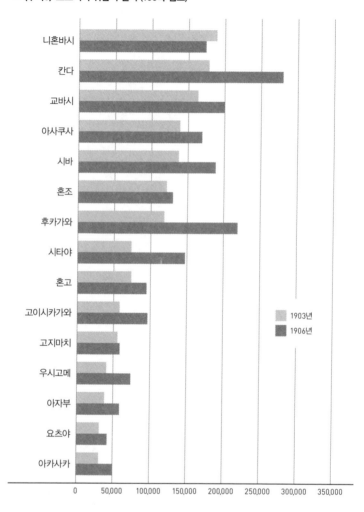

그림 출처

제1장

20쪽: 〈가메이도 마을의 옥상 생활〉, 그림엽서, 저자 소장

21쪽: 〈도쿄 대홍수(1910년 8월)〉, 그림엽서, 저자 소장

23쪽: 〈혼조 피복창, 조난자의 유골〉, 그림엽서, 저자 소장

27쪽: 신문 니시키에, 도쿄대학 사회정보연구소 소장

36~37쪽: 〈메이지왕의 장례 행렬〉, 『그림엽서 이야기』(후지단기대학)

38쪽: 〈식물 표본〉, 그림엽서, 도쿄도 에도 도쿄박물관 소장

41쪽(상): 〈감자 먹는 여자〉, 그림엽서, 도쿄도 에도 도쿄박물관 소장

41쪽(하): 〈워터슈트〉, 그림엽서, 도쿄도 에도 도쿄박물관 소장

42쪽: 〈히비야 폭동〉, 그림엽서, 도쿄도 에도 도쿄박물관 소장

45쪽: 다테반코, 『다테반코』(INAX), 히다 코조(肥田晧三) 소장, 사지 야
　　　스오(佐治康生) 촬영

46쪽: 국세조사 기념 그림엽서 교환회 취지문, 저자 소장

55쪽: 〈우편국을 에워싼 군중〉, 그림엽서, 저자 소장

67쪽: 〈미인 그림엽서〉, 그림엽서, 도쿄도 에도 도쿄박물관 소장

69쪽: 〈뉴기니의 족장〉, 그림엽서, 저자 소장

73쪽: 〈관동대지진〉, 그림엽서, 저자 소장

77쪽: 〈신슈 가루이자와 대수해의 참상〉, 그림엽서, 저자 소장

78쪽: 톨테일 그림엽서, 『Larger Than Life』(Abbeville Press)

80쪽: 〈철도 5000마일 기념〉, 그림엽서, 도쿄도 에도 도쿄박물관 소장

제2장

98쪽: 〈1925년 당시 긴자 거리〉, 『마쓰야 백년사』(주식회사 마쓰야)

113쪽: 〈긴자 풍속 조사 색인도〉, 『고현학(곤와지로 전집1)』(도메스 출판)

114~115쪽: 〈혼조 후카가와 빈민굴 근처의 풍속 채집〉, 『고현학』

118쪽: 〈담배꽁초 분석〉, 풍속 채집, 『모데르노로지오(고현학)』(가쿠요쇼보)

123쪽: 〈나마코 담장과 벽돌 담장〉, 『무대 장치가의 수첩』

130쪽: 〈목매단 자살 장소 실측〉, 풍속 채집, 『고현학』

132쪽: 〈여성의 머리 모양〉, 풍속 채집, 『고현학』

135쪽: 〈거리의 선율〉, 풍속 채집, 『모데르노로지오』

136쪽: 〈백중맞이 춤〉, 풍속 채집, 『모데르노로지오』

138쪽: 〈무산자 아동의 겨울 복장〉, 풍속 채집, 『모데르노로지오』

139쪽(좌): 〈양복이 찢어진 모양〉, 풍속 채집, 『모데르노로지오』

139쪽(우): 〈식당의 깨진 밥공기〉, 풍속 채집, 『모데르노로지오』

141쪽: 〈자살자의 분포〉, 풍속 채집, 『고현학』

142쪽: 〈요코하마 댄스홀〉, 풍속 채집, 『고현학 채집(모데르노로지오)』
(가쿠요쇼보)

143쪽: 〈소유품 전수 조사〉, 풍속 채집, 『모데르노로지오』

149쪽: 〈피구호세대 조사 중에서〉, 『피구호자에 관한 조사』(도쿄시 사회
국)

제3장

161쪽: 매서권, 기타가와 지카시 소장

163쪽: 〈쥐를 사들이는 그림〉, 《풍속화보》, 204호

172쪽: 〈페스트 소독 복장〉, 『오사카 역사 이야기』(소겐샤)

188쪽: 〈페스트 유행을 풍자한 만화〉, 『라쿠텐 만화 집대성 메이지편』 (기타자와 라쿠텐 표창회)

후기

이 책의 모종판이 된 것은 벌써 7년째 만나고 있는 '풍경론 연구회'이다. 이 연구회에서 자유롭게 토론하면서 나는 풍경에 대해 자각하기 시작했다. 후루카와 아키라古川彰의 소개로 1987년부터 이 연구회에 참여하면서 당시 막 흥미를 갖기 시작한 그림엽서에 대해 이야기하고, 고현학의 가능성과 사회조사의 현재에 대해 문제를 제기하며, 야나기타 구니오의 풍경론에 대한 시론을 펼치기도 했다. 하지만 이 연구회는 당시 아직은 씨앗에 불과한 생각들을 실험하는 작은 시험밭이었다.

1992년 3월이 되었을 때 『환경 이미지론—인간 환경의 중층적 풍경環境イメ-ジ論—人間環境の重層的風景』(후루카와 아키라·오니시 유키오古川彰·大西行雄 편, 고분도)이라는 공동 논집을 출간했다. 거기에 썼던 「일본 근대의 '풍경' 의식—야나기타 구니오의 풍경론으로부터日本近代の『風景』意識—柳田国男の風景論から」라는 400자 원고지 70매 분량 논문을 고단샤 학술국의 와시오 켄야鷲尾賢也 씨가 읽고 책 한 권으로 만들어보지 않겠냐고 제안한 것이 이 책의 발단이 되었다. 좋은 기회였기에 씨앗인 채로 툭툭 던져놓았던 논점을 발전시키자고 생각했다.

제1장 '그림엽서 메모'는 새로 쓴 부분이다. 본문과 각주에 적었듯이, 「메이지의 FOCUS─그림엽서론 노트」(《호세이法政》 제13권 제7호, 호세이대학, 1986)라는 15매짜리 짧은 글에서 소재를 찾아 고찰을 시작하기는 했지만, 그 뒤에 거의 손을 대지 못하고 남겨뒀었다. 그 글을 쓸 때에는 전혀 보이지 않던 부분이 이번에 새로 검토하면서 떠오르기도 했다.

1장의 제목은 『옛 이야기 메모昔話覚書』『민요 메모民謡覚書』『방언 메모方言覚書』『연중행사 메모年中行事覚書』와 같은 야나기타의 서적에서 빌려온 것이기는 하지만, 그게 전부는 아니다. 미디어론으로서는 아직 연구 노트 단계에 머물고 있다는 쓰디쓴 자각이 이 제목에 담겨 있다고 하겠다. 논의를 더 진척시키려면 방대한 양의 실제 그림엽서들을 더 많이 보고 분석하는 것이 필요한데, 이를 위해서는 기타가와 컬렉션을 비롯해 종종 부당한 대접을 받는 수집가들의 노고가 인정되어 이러한 연구의 기초 구축을 위해 활용되어야 할 것이다.

제2장의 '산책자의 과학'은 기존에 발표한 논문 두 편을 재료로 새롭게 재구성해 작성했다. 『모데르노로지오』 2부작 복각판의 해설을 위해 쓴 「고현학의 고고학考現学の考古学」(가와조에 노보루 복각 감수, 『고현학 채집考現学採集』, 가쿠요쇼보, 1986)과 방법론에 초점을 맞춰 소개했던 「고현학적 방법의 탄생과 쇼와考現学的方法の誕生と昭和」(《춘추생활학春秋生活学》, 쇼가쿠칸, 1989)가 그것이다.

「고현학의 고고학」은 고현학론과 관련한 나의 첫 논문이었다.

고현학이라는 실천 그 자체를 전체적으로 다루고자 한 것은 해설이라는 위치 설정을 의식한 탓이다. '고현학 채집 조사 연표'(300쪽 참조)와 '긴자 조사의 구조'(100쪽 참조)라는 두 개의 표는 채집이라는 실천을 총체적으로 부각시키기 위해서 그 당시 작성한 것이다. 자료 처리의 기초적인 고안으로서 중요하다고 좋은 평가를 내린 사람도 있었지만, 사실 작은 실수들도 있었다. 몇몇 사람에게 지적을 받은 사항들은 이번 집필 과정을 기회로 재검토해 새롭게 정리했다. 한눈에 표를 들여다볼 수 있도록 양면에 배치하려고 노력하였고, 그 결과 채집 연표는 부록으로 실을 수밖에 없었다. 그런 점에서 이 책도 시각적인 힘을 중시한 셈이다. 덧붙여 표 제목은 곤 와지로의 '긴부라 구조'를 의식적으로 따와서 지은 것으로 기억한다.

제3장 '삽화의 광경'은 새로 썼다기보다는 증보 개정했다고 하는 편이 옳을 것이다. 씨앗이 된 것은 1985년 4월 발행된 주오대학 학내 잡지에 쓴 「매서권의 주변買鼠券の周辺」(《주오효론中央評論》, 제37권 제1호, 주오대학출판부)이다. 단독 논문이 부족한 것을 알고 자유롭게 쓰도록 해준 이는 주오대학의 가와사키 요시모토川崎嘉元 교수였다.

이 장에서도 라쿠고인 '야부이리藪入り'를 '쥐구멍鼠穴'으로 지레짐작해 틀리게 쓴 부분도 있어 이번에 수정하였고, 「통계집지」의 쥐잡이 성적이나 페스트 유행 실태 등의 자료를 덧붙이거나 책의 흐름과 맞지 않는 부분은 삭제하는 등 절반 가까이는 새롭게 쓴 논고가 되었다.

제4장 및 제5장은 앞서 언급한 『환경 이미지론』에 실었던 논문을 두 개 파트로 나누어 작성한 것이다. 최소한의 수정만 있었기에 기본 뼈대는 그대로이다.

야나기타 구니오의 풍경론이라는 테마는 나의 전작인 독서공간론 단계에서는 거의 생각을 못했던 것인데, 다시 읽어보니 야나기타는 사실 많은 논고에서 풍경의 생산을 논한 바 있다. 이 장에서 다룬 것들은 그 단편들이다. 그의 논조에 대해 경관주의의 표층을 지레짐작한 방관자라고 힐난하는 입장도 있지만 나는 그렇게 생각하지 않는다. 대상과의 동일화를 이상으로 내세우는 그저 정념적인 사상이라기보다는 풍경을 읽어내는 이의 자각적 모색이라고 보는 편이 자신의 한계를 넘어서서 나아갈 길로서 바람직하다고 생각하기 때문이다. 어쩌면 해방이라는 표현은 그 작은 길에 걸어둬야 할 깃발일지도 모르겠다.

본 책의 인용은 원 표기대로가 아니며, 한자와 가나(가타카나, 히라가나)를 적절히 바꾸어 쉼표를 덧붙였다. 역사가의 엄밀함에서 보면, 자료의 취급 면에서 부정확하거나 불성실하지 않은가 하는 이견도 있겠지만, 불성실의 판단 기준은 저자가 논증해야 할 것과의 관련성 속에서 변화해가는 것도 사실이다. 언급된 인용문들은 본문을 구축하는 데 있어 일부가 됨을 중요하게 생각했으므로, 저자의 책임하에 표기를 택한다는 입장을 원칙으로 삼고, 출처에 대한 주를 상세히 달아 그 책임의 윤곽을 명확히 했다. 이러한 원리 원칙을 굳건히 세웠지만, 완벽을 기하는 것은 쉽지 않다. 이전에도 사진을 잘못 올린 걸 뒤늦게 발견하고 맥이 빠진 적이 있다.

그림 출처는 편집 관계상 부록 뒤편에 정리해서 넣었다. 그림 이용을 허락해주신 분들에게 감사 인사를 올린다.

그럭저럭 쓰고자 한 것들을 쓰긴 했지만, 사실 더 명확히 여쭙고 싶은 것이 있었다. 더 가르쳐주셨으면 했던 부분이 있었다. 이미 때를 놓친 것이 후회스러울 뿐이다. 이 책을 기타가와 지카시 씨에게 바친다.

1993년 12월 다카사키에서

사토 겐지

옮긴이 후기

이 책은 1994년 일본에서 출간된 후 26년 만에 국내에 번역되는 책이다. 저자인 도쿄대 사회학과 교수 사토 겐지는 민속학과 문화사회학, 사회사와 관련한 연구를 꾸준히 해온 학자로 국내에는 처음 소개되는 셈이다. 이 책을 처음 발견한 것은 2010년 내가 일본 유학길에 오를 즈음이었는데, 어설픈 일본어 실력에도 너무나 재미있어 며칠간 사전과 씨름하며 읽었던 기억이 있다. 처음에는 어떻게 이 풍경이라는 서정적 주제가 사회학의 대상이 될 수 있을까 궁금했다. 대체 그림엽서와 삽화, 근대의 쥐잡기와 페스트, 긴자 산책자들의 관찰 등의 흥미로운 소재들이 풍경, 텍스트, 미디어라는 키워드들과 어떻게 만날 수 있는 것인지 호기심이 일었던 것이다.

그리고 이 책을 번역하며 다시 여러 번 곱씹다 보니, 2010년 전에 나는 이 책을 반도 제대로 이해하지 못하고 읽었구나 하는 생각이 든다. 사실 이 책이 채용하고 있는 소재들은 매우 흥미롭다. 원저는 오래된 책이다 보니 비록 시각 자료들을 효과적으로 보여주지 못했지만, 그림엽서나 삽화 등을 주 자료로 활용하고 있으며, 각 장에서 다루고 있는 이야기들 또한 사회사나 문화사에 관심을 가지고 있는 사람이라면 누구나 재미를 느낄 수 있는 주제들이다.

그림엽서라는 것이 일본의 우편제도 속에서 어떻게 유통되기 시작하였고, 근대 대중사회의 미디어로서 어떻게 사람들의 일상생활 속에 유포되었는지, 러일전쟁의 승리가 관제 그림엽서의 수집 붐을 어떻게 견인하였는지 등을 살펴보는 1장을 지나면, 긴자의 산책자와 버려진 담배꽁초, 식당 밥공기의 깨진 모양, 하숙생들의 소지품 등 도시의 모든 것을 관찰하고 기록하고자 했던 고현학 그룹의 조사 실천이 2장에서 상세히 논의된다. 3장에는 쥐를 잡아 가면 포상을 주었던 메이지기의 쥐떼 대학살이 함의하는 바를 근대의 사체 처리와 위생 사상의 탄생과 엮어서 분석하고 있다.

그러나 각 장의 이야기들을 '풍경'이라는 거대한 숲 안에서 보지 않으면 그저 각각의 흥미로운 문화사에 그치고 말 것이다. 나 또한 처음 이 책을 읽었을 때에는 그림엽서의 역사가 흥미로웠고, 고현학이라는 일본 태생의 독특한 학문이 가진 연구 방식에 매료되었으며, 로버트 단턴의 고양이 대학살과 대비시킨 쥐떼 대학살이라는 발상이 재미있었을 뿐이었다. 그러나 번역을 하면서 이 책을 더욱 풍부하게 읽기 위해서는 결국 '풍경'에 대한 이해가 필요하고, 그런 점에서 원저의 제목인 '풍경의 생산, 풍경의 해방'은 단지 수식이 아닌, 본 저서 전체를 관통하고 있는 저자의 관점이라는 것을 이해하게 되었다.

이 책에는 풍경론과 관련한 세 가지 관점이 소개되고 있다. 가라타니 고진의 '풍경의 발견'과 야나기타 구니오의 '풍경의 성장', 그리고 저자의 관점인 '풍경의 해방'이 그것이다. 가라타니 고진은 근대적 풍경의 발견이 자아의 내적 의식의 변화로 인해 일어난 것이라 보았다. 풍경에 대한 그의 관심은 지배 질서(내부)와 식민(외부)과의 관계성으로 인한 것으로, 지배 질서의 외부에 존재하는 풍경을 표상하기 위해서는 그것을 지배 질서의 언어 내로 끌어올 수밖에 없다는 것을 이해하는 것이 중요하다. 마치 서양의 풍경화에 대비되는 동양의 산수화를 표상할 수 있도록 만드는 것이 결국 풍경화인 것처럼 말이다. 그렇기 때문에 그는 외부를 보지 않는 자에 의해 풍경의 발견이 일어난다고 보았고, 이 풍경의 발견이 역사와 타자의 배제를 통해 이루어진다고 생각했다.

가라타니 고진의 '풍경의 발견' 논의가 국내 학자들에게 많은 주목을 받아온 것과 달리 야나기타 구니오의 풍경론은 국내에 거의 소개되지 못하였다. 이 책의 저자는 일본 민속학의 창시자인 야나기타 구니오 연구자로, 사실 이 책은 가라타니 고진의 풍경론보다는 야나기타 구니오의 풍경론에 훨씬 많은 영향을 받고 있다. 변화하는 풍경의 색채를 '성장'이라고 표현한 것처럼, 야나기타는 우리가 흔히 '금수강산'이라 표현하는, 기후나 풍습이 만들어낸 자연 풍경이 아니라 인간의 생활양식이 만들어내는 텍스트의 중층으로서의 풍경에 주목했다. 그에게 풍경은 '자연과 연결된 하나의 역사적 형식'이고 그 풍경 속에서 자라난 인간들의 감각이 또다시 만들어내는 삶의 방식이었다. 그렇기 때문에 그의 풍경 개념은 충분히 사회학적 논의와 맞닿아 있다.

야나기타의 풍경론에 기반한다면, 긴자 거리를 목적 없이 돌아다니는 산책자들, 그림엽서를 사기 위한 군중들의 끝없는 행렬은 근대에 나타나는 새로운 현상일 뿐 아니라, 새로운 정서와 감각 위에 성립하는 풍경이다. 이러한 풍경으로부터 자신을 떼어내어 포착하고자 했던 거리의 박물학자들은 무엇이든 관찰하고자 했고, 사회학과 같은 시기 태동한 사진술은 이 풍경을 도려내었으며, 대량 복제와 인쇄술이 발전시킨 그림엽서, 잡지 등의 대중적 미디어들은 이 풍경을 대량 유포시켰다. 근대적 풍경의 생산과 근대적 미디어의 출현은 서로가 서로를 자극하고 견인하였다고 할 수 있다.

저자의 논점, '풍경의 해방'은 이러한 근대적 미디어가 만들어낸 풍경의 왜소화에 대한 이야기이다. 여행지에서 만나는 사진엽서, 요즘 시대를 반영한다면 인스타그램 속의 여행 사진들은 명소를 명소로서 사람들에게 인식시키고 유포시키는 역할을 한다. 이러한 복제 기술이 오감으로 존재하는 풍경을 평평하고 정적인 것으로 만들어내게 된다. 시선이 유랑자화되면서 생활하는 신체와 어긋나게 되는 것이다. 결국 이러한 왜소화된 풍경을 어떻게 해방시킬 수 있을 것인가, 어떻게 생활인의 정서가 가득 담긴 오감 넘치는 풍경으로 되돌릴 수 있을까, 하는 것은 이 책이 마지막에 남기는 하나의 과제이다. 다만, 이 풍경의 해방에 대한 저자의 관심이 생태주의자 혹은 환경론자의 관심이 아닌, 사회학자로서의 관심이라는 점은 분명히 강조해두고 싶다. 저자가 고현학 그룹의 채집 활동을 이러한 풍경의 해방과 연관해 생각한 것은 저자가 사회학자로서 관찰이라는 조사 방법이 갖는 힘에 주목했기 때문이다.

이 책의 전체를 관통하는 주제로서 풍경론을 염두에 둔다면 더욱 재미있는 책읽기가 되겠지만, 그렇지 않고 각 장을 하나씩 떼어놓고 보아도 하나의 완결된 구조를 가지고 있다. 저자가 후기에서 밝히고 있듯이, 이 책의 각 장들은 각각 독립적으로 써졌고 이후 단행본으로 엮어낸 것이기 때문이다. 25년이나 지난 책이다 보니 원저에 담겨 있는 시각 자료를 확보하는 데에 많은 시간이 필요하였다. 저자인 사토 겐지 교수는 오래된 자료들을 새삼스레 찾는 수고를 기꺼이 해주었을 뿐 아니라, 『고현학 채집』과 『모데르노로지오』를 통해 원저에는 없는 새로운 삽화들을 본저에 추가할 수 있도록 제공해주었다. 이 과정이 예상 외로 오래 걸렸는데, 현실문화에서는 이 지난한 작업이 순조로이 이루어질 수 있도록 기다리고 배려해주었다. 깊은 감사의 말씀을 드린다.

2020년 5월
정인선

찾아보기

풍경의 생산, 풍경의 해방

미디어의 고고학

1판 1쇄 2020년 6월 25일

지은이 사토 겐지
옮긴이 정인선
펴낸이 김수기

펴낸곳 현실문화연구
등록 1999년 4월 23일 / 제25100-2015-000091호
주소 서울시 은평구 통일로 684 서울혁신파크 1동 403호
전화 02-393-1125 / 팩스 02-393-1128 / 전자우편 hyunsilbook@daum.net
ⓗ hyunsilbook.blog.me ⓕ hyunsilbook ⓣ hyunsilbook

만든 사람들 허원 송연승

ISBN 978-89-6564-254-1 (03910)

이 도서의 국립중앙도서관 출판예정도서목록(CIP)은
서지정보유통지원시스템 홈페이지(http://seoji.nl.go.kr)와
국가자료종합목록 구축시스템(http://kolis-net.nl.go.kr)에서 이용하실 수 있습니다.
(CIP제어번호: CIP2020022472)